全国中医药行业高等教育"十三五"规划教材

全国高等中医药院校规划教材（第十版）

中西医文献检索

（新世纪第二版）

（供中医学、针灸推拿学、中西医临床医学等专业用）

主　编

陆伟路（上海中医药大学）

副主编

孙　玲（湖北中医药大学）　　苏晓宇（福建中医药大学）

常傲冰（云南中医学院）　　　钱俊华（浙江中医药大学）

编　委（以姓氏笔画为序）

王喜臣（长春中医药大学）　　刘仙菊（湖南中医药大学）

杜晓峰（辽宁中医药大学）　　李培硕（山西中医学院）

周满英（上海中医药大学）　　侯　艳（成都中医药大学）

学术秘书

罗晓兰（上海中医药大学）

中国中医药出版社

·北　京·

图书在版编目（CIP）数据

中西医文献检索/陆伟路主编 .-2 版 .—北京：中国中医药出版社，2016.7（2018.7 重印）

全国中医药行业高等教育"十三五"规划教材

ISBN 978 - 7 - 5132 - 3432 - 0

Ⅰ.①中…　Ⅱ.①陆…　Ⅲ.①医学—情报检索—中医药院校—教材　Ⅳ.① G252.7

中国版本图书馆 CIP 数据核字（2016）第 114694 号

请到"医开讲 & 医教在线"（网址：www.e-lesson.cn）
注册登录后，刮开封底"序列号"激活本教材数字化内容。

中国中医药出版社出版

北京市朝阳区北三环东路 28 号易亨大厦 16 层
邮政编码　100013
传真　010 64405750
保定市西城胶印有限公司印刷
各地新华书店经销

开本 850 × 1168　1/16　印张 12　字数 240 千字
2016 年 7 月第 2 版　2018 年 7 月第 4 次印刷
书号　ISBN 978 - 7 - 5132 - 3432 - 0

定价　29.00 元
网址　www.cptcm.com

如有印装质量问题请与本社出版部调换（010-64405510）

社长热线　010 64405720
购书热线　010 64065415　010 64065413
微信服务号　zgzyycbs

书店网址　csln.net/qksd/
官方微博　http://e.weibo.com/cptcm

淘宝天猫网址　http://zgzyycbs.tmall.com

全国中医药行业高等教育"十三五"规划教材

全国高等中医药院校规划教材（第十版）

专家指导委员会

严世芸（上海中医药大学教授）

李灿东（福建中医药大学校长）

李青山（山西中医药大学校长）

李金田（甘肃中医药大学校长）

杨　柱（贵阳中医学院院长）

杨关林（辽宁中医药大学校长）

余曙光（成都中医药大学校长）

宋柏林（长春中医药大学校长）

张欣霞（国家中医药管理局人事教育司师承继教处处长）

陈可冀（中国中医科学院研究员　中国科学院院士　国医大师）

陈明人（江西中医药大学校长）

武继彪（山东中医药大学校长）

范吉平（中国中医药出版社社长）

周仲瑛（南京中医药大学教授　国医大师）

周景玉（国家中医药管理局人事教育司综合协调处处长）

胡　刚（南京中医药大学校长）

谭元生（湖南中医药大学校长）

徐安龙（北京中医药大学校长）

徐建光（上海中医药大学校长）

唐　农（广西中医药大学校长）

彭代银（安徽中医药大学校长）

路志正（中国中医科学院研究员　国医大师）

熊　磊（云南中医学院院长）

秘　书　长

王　键（安徽中医药大学教授）

卢国慧（国家中医药管理局人事教育司司长）

范吉平（中国中医药出版社社长）

办公室主任

周景玉（国家中医药管理局人事教育司综合协调处处长）

林超岱（中国中医药出版社副社长）

李秀明（中国中医药出版社副社长）

李占永（中国中医药出版社副总编辑）

全国中医药行业高等教育"十三五"规划教材

编审专家组

组　长

王国强（国家卫生计生委副主任　国家中医药管理局局长）

副组长

张伯礼（中国工程院院士　天津中医药大学教授）

王志勇（国家中医药管理局副局长）

组　员

卢国慧（国家中医药管理局人事教育司司长）

严世芸（上海中医药大学教授）

吴勉华（南京中医药大学教授）

王之虹（长春中医药大学教授）

匡海学（黑龙江中医药大学教授）

王　键（安徽中医药大学教授）

刘红宁（江西中医药大学教授）

翟双庆（北京中医药大学教授）

胡鸿毅（上海中医药大学教授）

余曙光（成都中医药大学教授）

周桂桐（天津中医药大学教授）

石　岩（辽宁中医药大学教授）

黄必胜（湖北中医药大学教授）

前　言

为落实《国家中长期教育改革和发展规划纲要（2010-2020 年）》《关于医教协同深化临床医学人才培养改革的意见》，适应新形势下我国中医药行业高等教育教学改革和中医药人才培养的需要，国家中医药管理局教材建设工作委员会办公室（以下简称"教材办"）、中国中医药出版社在国家中医药管理局领导下，在全国中医药行业高等教育规划教材专家指导委员会指导下，总结全国中医药行业历版教材特别是新世纪以来全国高等中医药院校规划教材建设的经验，制定了"'十三五'中医药教材改革工作方案"和"'十三五'中医药行业本科规划教材建设工作总体方案"，全面组织和规划了全国中医药行业高等教育"十三五"规划教材。鉴于由全国中医药行业主管部门主持编写的全国高等中医药院校规划教材目前已出版九版，为体现其系统性和传承性，本套教材在中国中医药教育史上称为第十版。

本套教材规划过程中，教材办认真听取了教育部中医学、中药学等专业教学指导委员会相关专家的意见，结合中医药教育教学一线教师的反馈意见，加强顶层设计和组织管理，在新世纪以来三版优秀教材的基础上，进一步明确了"正本清源，突出中医药特色，弘扬中医药优势，优化知识结构，做好基础课程和专业核心课程衔接"的建设目标，旨在适应新时期中医药教育事业发展和教学手段变革的需要，彰显现代中医药教育理念，在继承中创新，在发展中提高，打造符合中医药教育教学规律的经典教材。

本套教材建设过程中，教材办还聘请中医学、中药学、针灸推拿学三个专业德高望重的专家组成编审专家组，请他们参与主编确定，列席编写会议和定稿会议，对编写过程中遇到的问题提出指导性意见，参加教材间内容统筹、审读稿件等。

本套教材具有以下特点：

1. 加强顶层设计，强化中医经典地位

针对中医药人才成长的规律，正本清源，突出中医思维方式，体现中医药学科的人文特色和"读经典，做临床"的实践特点，突出中医理论在中医药教育教学和实践工作中的核心地位，与执业中医（药）师资格考试、中医住院医师规范化培训等工作对接，更具有针对性和实践性。

2. 精选编写队伍，汇集权威专家智慧

主编遴选严格按照程序进行，经过院校推荐、国家中医药管理局教材建设专家指导委员会专家评审、编审专家组认可后确定，确保公开、公平、公正。编委优先吸纳教学名师、学科带头人和一线优秀教师，集中了全国范围内各高等中医药院校的权威专家，确保了编写队伍的水平，体现了中医药行业规划教材的整体优势。

3. 突出精品意识，完善学科知识体系

结合教学实践环节的反馈意见，精心组织编写队伍进行编写大纲和样稿的讨论，要求每门教材立足专业需求，在保持内容稳定性、先进性、适用性的基础上，根据其在整个中医知识体系中的地位、学生知识结构和课程开设时间，突出本学科的教学重点，努力处理好继承与创新、理论与实践、基础与临床的关系。

4. 尝试形式创新，注重实践技能培养

为提升对学生实践技能的培养，配合高等中医药院校数字化教学的发展，更好地服务于中医药教学改革，本套教材在传承历版教材基本知识、基本理论、基本技能主体框架的基础上，将数字化作为重点建设目标，在中医药行业教育云平台的总体构架下，借助网络信息技术，为广大师生提供了丰富的教学资源和广阔的互动空间。

本套教材的建设，得到国家中医药管理局领导的指导与大力支持，凝聚了全国中医药行业高等教育工作者的集体智慧，体现了全国中医药行业齐心协力、求真务实的工作作风，代表了全国中医药行业为"十三五"期间中医药事业发展和人才培养所做的共同努力，谨向有关单位和个人致以衷心的感谢！希望本套教材的出版，能够对全国中医药行业高等教育教学的发展和中医药人才的培养产生积极的推动作用。

需要说明的是，尽管所有组织者与编写者竭尽心智，精益求精，本套教材仍有一定的提升空间，敬请各高等中医药院校广大师生提出宝贵意见和建议，以便今后修订和提高。

国家中医药管理局教材建设工作委员会办公室

中国中医药出版社

2016 年 6 月

编写说明

　　当今社会信息检索技能是科研素质、创新素质的必备基础。本教材以中医药专业本科教学为主，以培养专业人才信息素质目标为编写宗旨，力求提高学生的信息意识和快速、准确获取信息的能力。

　　全书共七章，第一章为绪论，论述信息检索基本概念、原理、检索技术和检索策略；第二章为中医古代文献检索；第三章介绍中文生物医学文献数据库；第四章介绍外文生物医药文献数据库；第五章为特种文献信息检索；第六章为网络资源利用；第七章为图书馆信息资源共享与利用。本教材力求突出中医药信息资源，侧重检索技巧和技能培养。数据库、网络的截图尽量做到采用交稿前的最新界面。教材全部选择医学、药学及中医药特点和内容的检索示例和综合应用。为能更好地提高教学效果，具有操作性，根据课时需要，每章后设置了相关思考题和练习题。

　　具体编写分工如下：编写说明和第一章由陆伟路完成；第二章由钱俊华完成；第三章由王喜臣、侯艳完成；第四章由孙玲、苏晓宇完成；第五章由李培硕完成；第六章由周满英、常傲冰完成；第七章由刘仙菊、杜晓峰完成；附录由罗晓兰完成。

　　本教材数字化工作是在国家中医药管理局教育教学改革项目的支持下，由中国中医药出版社资助展开的。该项目（GJYJS16040）除主编总负责外，由福建中医药大学苏晓宇具体负责，其他编委会成员共同参与。

　　本教材编写过程中，得到国家中医药管理局、中国中医药出版社领导和编辑的指导和支持，以及全国各中医药院校领导和同行的支持和参与，在此表示万分感谢。教材编写借鉴了前人研究的成果，这里也要感谢参考文献的相关作者。信息检索是一门随网络技术发展而不断变化的课程，在今后使用中需不断补充更新。本教材虽然由全国从事多年文献信息教学的专业教师联合编写，但难免存在不足之处，敬请读者和教师提出宝贵意见，以便再版时修订提高。

《中西医文献检索》编委会

2016 年 5 月

目　录

第一章 绪 论

第一节 信息素养与相关概念

一、信息素养

在信息时代，面对浩瀚、动荡而又缺乏组织与控制的海量信息世界，人们普遍感到信息超载而引发的困惑和茫然，过多未经整理、评价的信息，对选择、吸收、消化有价值的信息造成干扰，从而影响人们做出正确的决策。信息素质作为人所必备的基本素养，已成为大家的共识。

信息素养（Information literacy），又称信息素质、信息教养、资讯素养等，最早于 1974 年由美国信息产业协会（IAI）主席保罗·泽考斯基（Pual.Zurkowski）提出，并将之解释为："经培训后能够在工作中运用信息的人即认为具备了信息素养，他们掌握了利用大量的信息工具及主要信息源使问题得到解答的技术和技能。"到 1979 年，全美信息产业协会在此基础上更新了该定义，认为具备信息素养的人是那些"掌握了信息工具利用的知识与技能，并能够将之应用于解决实际问题的人"。这时，人们普遍将信息素养看作是运用计算机的能力。到了 20 世纪80 年代，该概念得到进一步的扩展，信息素养的含义不断深化，领域也更加广泛，信息素养教育首次在美国出现。1989 年，美国图书馆协会认为："具有信息素养的人，是那些知道如何进行学习的人，他们已经为终身学习做好了准备。"同年，美国图书馆协会（ALA）理事会就信息素养问题在其总结报告中将信息素养界定为四个方面：需要信息时具有确认信息、寻找信息、评价和有效使用所需要信息的能力。1992 年，美国图书馆协会给信息素养下的定义是："信息素养是个人判断何时需要信息并能够对信息进行检索、评价和有效利用的能力。"该定义得到人们的广泛认可和接受。目前，信息素养教育已在我国和世界许多国家普遍开展，不少国家将信息素养教育作为一项重要战略进行研究和实施。

一般认为，信息素质包含四要素：信息意识、信息知识、信息能力、信息道德。其中信息意识是先导，信息知识是基础，信息能力是核心，信息道德是保证。信息意识是人们对信息的捕捉、分析、判断和吸收的自觉程度，体现出人们对信息的敏感性和洞察力，以及对信息的重视程度。信息知识是有关信息的本质和特征、运动的规律、信息系统的构成和原则、信息技术、信息方法等方面的基本知识。具体包括信息伦理知识、信息组织、检索方法、信息系统的构成及工作原理、信息资源的形式及存取特征等。信息能力是人们对信息确认、评价、加工、利用、交流的综合能力，是信息素养的核心，决定了人们对信息的应用程度。信息道德是涉及信息开发、利用、传播等方面的伦理道德要求、准则和规约，是调节信息创造者、信息服务者、信息使用者之间相互关系的行为规范的总和。

NOTE

2000 年美国大学与研究型图书馆协会（ACRL）批准并颁布的《高等教育信息素养能力标准》（ACRL 标准）已成为国际上公认的最具影响力的高等教育信息素养能力评估标准，为评价学生是否具有信息素养提供了具体的指标。该标准共分为 5 项一级指标、22 项执行指标和 87 项参考指标。其一级指标、执行指标如下（表 1-1）。

表 1-1　《高等教育信息素养能力标准》（ACRL 标准）

一级指标	执行指标
标准一：能明确所需信息的类型和范围	1. 能限定和阐明自己的信息需求 2. 鉴别各种类型和形式的、潜在的信息来源 3. 考虑到获取所需信息的成本和收益 4. 重新评估所需信息的类型和范围
标准二：能有效而又高效率地评估所需信息	1. 能选择最为适宜的调查方法或是信息检索系统来获取所需的信息 2. 能构思和实施有效的检索策略 3. 能检索线上信息，或是利用其他各种方法检索各种载体形式的信息资源 4. 如果有必要，能使自己的检索策略变得更为完善 5. 能摘录、标明和管理信息以及信息的来源
标准三：能批判性地评估信息和它的来源，并将精选的信息纳入到自己的知识基础和价值系统中去	1. 能从收集、摘录的信息中概括出主要的观点 2. 能阐明和应用最初的标准来评估信息和它的来源 3. 能综合主要的观点来重建新的概念 4. 能将新的知识与以前的知识进行对比，以确定信息增值、信息的矛盾性，以及信息的其他特性 5. 能够确定新的知识是否会对个人的价值系统产生影响，以及是否需要采取措施来解释它们的不同 6. 能通过与他人、与学科专家和从事实践工作的专家的交流来证实自己对信息的理解和解释 7. 能确定是否需要对最初的问题进行修改
标准四：具有信息素质的学生，无论是个人还是作为一个小组的成员，能有效地利用信息来完成一项特殊的研究	1. 能将新的和先前的信息应用到一项特殊的计划或要完成的项目的设计和创造中去 2. 能改变一项计划和项目的发展过程 3. 能与他人有效地交流成果或方案
标准五：具有信息素质的学生懂得许多有关信息利用的经济、法律和社会问题，能够合乎伦理道德，合法地获取和利用信息	1. 懂得许多有关信息和信息技术的道德、法律和社会经济问题 2. 能遵守关于信息资源获取和利用的法律、规定、政策及礼节 3. 在交流成果或业绩时能利用信息资源

二、信息、知识、情报、文献

（一）信息

我国国家标准《情报与文献工作词汇基本术语》（GB 4894-85）中对信息的定义是："信息

是物质存在的一种方式、形态或运动状态，是事物的一种普遍属性，一般指数据、消息中包含的意义，可以使消息中所描述事件的不定性减少。"最新《信息与文献术语》（GB4894–2009）中对信息的概念定义为："信息是指被交流的知识，涉及事实、概念、对象、事件、观念、过程等。""信息是指通信过程中为了增加知识用以代表信息的一般消息。"由此可以认为，信息的广义含义为：信息是事物发出的、人类感官可以直接感知的一切有意义的信号和消息，是客观事物的表征；狭义的含义为：信息是指文献资源或数据资源，包括任何媒体中的片段、文章、图书、情报、事实等。

信息具有 10 个基本特征。

1. 可量度 信息可采用某种度量单位进行度量，并进行信息编码。如现代计算机使用的二进制。

2. 可识别 信息可采用直观识别、比较识别和间接识别等多种方式来把握。

3. 可转换 信息可以从一种形态转换为另一种形态。如自然信息可转换为语言、文字和图像等形态，也可转换为电磁波信号和计算机代码。

4. 可存储 信息可以存储，大脑就是一个天然信息存储器。人类发明的文字、摄影、录音、录像，以及计算机存储器等都可以进行信息存储。

5. 可处理 人脑就是最佳的信息处理器。人脑的思维功能可以进行决策、设计、研究、写作、改进、发明、创造等多种信息处理活动。计算机也具有信息处理功能。

6. 可传递 信息的传递是与物质和能量的传递同时进行的。语言、表情、动作、报刊、书籍、广播、电视、电话等是人类常用的信息传递方式。

7. 可再生 信息经过处理后，可以其他形式再生。如自然信息经过人工处理后，可用语言或图形等方式再生成信息；输入计算机的各种数据文字等信息，可用显示、打印、绘图等方式再生成信息。

8. 可压缩 信息可以进行压缩，可以用不同信息量来描述同一事物。人们常常用尽可能少的信息量描述一件事物的主要特征。

9. 可利用 信息具有一定的实效性和可利用性。

10. 可共享 信息具有扩散性，因此可共享。

（二）知识

知识是人们在认识和改造客观世界的实践中所获得的认识和经验的总和，是人类通过对信息的感知、获取、选择、处理、加工等思维过程，形成的对客观事物的本质和规律的认识。从信息论的角度出发可以认为，人类大脑中的产物是以信息为原料，以信息的获取为前提，知识是人类大脑中重新组合形成的系列化信息的集合。国家标准《信息与文献术语》（GB4894–2009）将知识定义为："基于推理并经过证实的认识。"

知识的初级形态是经验知识，高级形态是系统科学理论。根据获得方式可分为直接知识和间接知识；内容可分为自然科学知识、社会科学知识和思维科学知识；哲学知识则是关于自然、社会和思维知识的概括和总结。知识的总体在社会实践的世代延续中不断积累和发展。

（三）情报

当人们为了解决某一个特定问题去寻找所需要的知识，那一部分具有使用价值的知识就是情报，是激活了、活化了的知识。国际标准的情报定义是：被传递的知识或事实。因为情报来

NOTE

源于知识，在特定的时间里经过传递，能为用户所接受、利用，并经过使用产生效益，所以情报包含 3 个基本属性：①知识性：情报来源于知识，经过加工并为用户所需要的特定知识或信息。②传递性：知识、信息要转化成为情报，必须经过传递，并为用户接受和利用。③效用性：启迪思维，增长见识，改变知识结构，提高认知能力，帮助人们改造世界，情报的最终目的在于利用。

（四）文献

国际标准局于 1983 年颁布的《文献著录总则》（GB3792.1-83）中将文献一词定义为："文献是记录有知识的一切载体。"国家标准《信息与文献术语》（GB4894-2009）将文献定义为在存储、分类、利用和传递信息的过程中作为一个单位处理的记录信息或实物对象。文献包含四个基本要素：记录知识的具体内容；记录知识的手段，如文字、图像、符号、声频、视频等；记录知识的载体，如纸张、光盘、录像带、计算机存储介质等；记录知识的表现形态，如图书、期刊、专利说明书、电子图书、电子杂志等。所以凡是以文字、图形、符号、音频、视频等手段记录下来，并保存在一定的物质形态载体上的结合体，都可以称为文献。

文献作为记录、积累、传播和继承知识的载体，是人类社会活动中获取信息和情报最基本、最主要的来源，也是交流、传播知识最基本的手段。作为社会发展的产物，文献是社会精神财富的重要组成部分。文献中所存在的知识信息，可以帮助人类提高认识社会、改造社会的能力。这些信息的获得推动了社会进步和科技发展，使得文献的保存与流传更有价值和意义。

信息、知识、情报与文献之间的相互关系：知识是信息的一部分，信息则是构成知识的原材料。这些原材料经过人脑接受、选择、处理之后才能组合成新的知识（即系统化了的信息），将这些认识结果记录在载体上，便形成了文献。情报是为了解决特定问题而需要的知识。

根据不同的划分标准，文献可分为不同类型。

1. 根据载体形式分类　常将文献分为印刷型、书写型、缩微型、视听型和电子型。

（1）印刷型　以纸张为载体，以印刷技术、计算机打印复印等为记录手段而产生的文献，便于阅读，可广泛流传，但信息存储密度小，占用空间大。

（2）书写型　以纸张为载体，以人工抄写而成，多用于手稿、原始记录、档案、病历等，中医文献中常见的抄本或稿本也属于这一类型。

（3）缩微型　以感光材料为载体，利用光学记录技术产生的文献，包括缩微胶卷、缩微平片等形式。与印刷型文献相比，缩微型文献具有信息储存量大、体积小、保存时间长等特点，但阅读必须借助于机器。缩微型文献常用于绝版书、珍本书、建筑图纸等。

（4）视听型　指直接记录声音和图像的文献，如唱片、录音带、录像带、电影拷贝、教学视听资料等。记录知识的形式较为直观、生动。目前网络上的音频或视频等电子形式均可以归入这一类型。

（5）电子型　通过编码和程序设计将文献原有语言形式转换为计算机可存取、阅读的数字化形式，即文献信息数字化，储存于磁盘、光盘等载体上，并借助于计算机和通信手段传播利用的一种文献类型，主要包括电子期刊、电子图书和各种类型的数据库等。

电子出版物的问世是信息时代的重要标志。电子型文献的特点是存储容量大，节省存放空间，检索速度快捷、灵活，使用方便，易于实现资源共享。目前，电子型文献不仅改变了书刊的物理形态，还开辟了一种新的、效率更快的信息传播渠道，极大地提高了文献信息的传递效率，加快了社会信息化的进程。随着计算机技术特别是网络技术的迅猛发展和普及，电子型文献作为一种新型的文献信息载体方式，已经成为一种占据重要地位的文献信息形式，为越来越多的人所接受和利用。

2. 根据出版形式分类 文献又可分为图书、期刊和特种文献。

（1）图书 图书是一种成熟定型的出版物，目前仍是出版物中品种最多、数量最大的一种，也是图书馆主要馆藏之一。联合国教科文组织对图书的定义是："凡由出版社（商）出版的不包括封面和封底在内的 49 页以上的印刷品，具有特定的书名和著者名，编有国际标准书号（ISBN），有定价并取得版权保护的出版物称为图书。"图书所记载的知识，内容系统、全面、成熟、可靠，是学习与研究中不可缺少的、有完整装帧形式的出版物资源。从时间上看，图书出版的周期长，内容成熟定型，多是各学科总结性的系统知识。

（2）期刊 期刊是指有固定的刊名、编辑出版单位、内容范围，定期或不定期的连续性出版物，以报道最新知识和研究成果为主。期刊所刊载的论文包含许多新成果、新水平、新动向，具有出版周期短、报道速度快、内容新颖、学科广泛、种类多样、信息量大、影响面宽等特点。

（3）特种文献 特种文献是指图书、期刊以外的、出版形式比较特殊的文献资料，又称"非书非刊资料"。特种文献从不同角度反映了科学技术的发明创造、最新研究成果和国家法规，对社会生产和科学研究有重要参考价值，主要包括以下几种。

①政府出版物 指各国政府部门及其专设机构出版的文件。政府出版物内容涉及广泛，可分为行政性文件和科技文献。行政文件包括政府法令、方针政策、指示决议等。科技文献包括科技报告、科技成果公告和技术政策文件等。科技文件占整个政府出版物的 30%～40%。政府出版物内容可靠，对于了解某一国家的科技政策、科技活动、科技成果等有一定的参考作用。

②会议文献 学术会议是进行学术交流的一种重要方式和渠道。在世界范围和专业范围内，每年的学术会议非常频繁，产生的会议文献数以万计。会议文献往往反映专业领域最新研究成果或阶段性成果及发展趋势，具有学术水平较高、专业性和权威性强的特点，有助于研究人员了解有关领域的新发现、新动向和新成就。利用会议文献，可以获取许多有价值的信息和开拓性的启示。

③专利文献 专利文献是指围绕专利制度而产生的一系列文献资料，包括专利说明书、专利公报和专利检索工具。这类文献的特点是技术内容广泛、新颖、内容详尽可靠，是集技术、法律、经济信息于一体的特殊类型的文献，是科技研究人员选择研究方向、学习和引进先进技术、解决技术难题、开展创新活动等需要参考和借鉴的文献信息。

④标准文献 标准文献是指对工业产品和工程建设的质量、规格及其检验方法等方面所做的技术规定，是从事生产、建设、贸易的一个共同技术依据。它有很多种类，可分为国际标准、区域标准、国家标准、部门标准、专业标准、药品标准和企业标准等。标准文献具有计划性、协调性和法律约束性的特点，它可以促使产品规格化、系列化和产品质量标准化，对提高生产水平、产品质量，合理利用资源，推广应用研究成果，增强行业交流，促进科技发展等有着非常重要的意义。

⑤学位论文 学位论文是指在申请授予相应的学位时评审所用的学术论文。国家标准（GB7713-87）将其定义为："学位论文是表明著者从事科学研究取得创造性的结果或有了新的

NOTE

见解，并以此为内容撰写而成、作为提出申请授予相应的学位时评审用的学术论文。"根据学位的不同，可分为学士学位论文、硕士学位论文和博士学位论文。学位论文是一种原始研究的成果，其理论性、系统性较强，内容专一，阐述详细，具有一定的独创性和学术价值。

⑥科技报告　国家标准（GB7713-87）对科技报告的定义是："科技报告是描述一项科学技术研究的结果或进展；或一项技术研制试验和评价的结果；或是论述一项科学技术问题的现状和发展的文件。"可以说，科技报告就是记录某一科研项目调查、实验、研究成果或进展情况的报告。内容包括科学研究过程中的立项报告、中期报告、结题报告、鉴定报告等，其专业性强，论述深刻，完整可靠，能及时反映某一领域科研进展状况、发展动态，具有较高的学术价值。科技报告的特点是时滞短，失效快，出版速度快，篇幅长短和出版日期不定。由于科技报告涉及的内容具有一定的保密性和专门性，因此，一般采用出版单行本的形式在一定范围内流通。

⑦技术档案　技术档案是生产和科学研究部门在某种科研生产活动中所形成的技术文件、设计图纸、照片、图表、原始记录的原本及复制件等。技术档案包括研究计划、审批文件、技术措施、实施方案、技术合同、试验方案、试验数据、设计图纸、任务书、协议书等。这些材料是科研工作中用以积累经验、吸取教训的重要文献。技术档案一般内部使用，不公开出版发行，在参考文献和检索工具中极少引用。技术档案内容准确、真实、可靠，它不仅能反映生产和科技活动的最后结果，还能反映生产和科技活动的过程。

3. 根据文献内容的加工深度和使用功能不同分类　文献可分为零次文献、一次文献、二次文献和三次文献。

（1）零次文献　零次文献主要是原始的、未经任何加工处理或者未正式出版的文献，比如口头交流、书信、设计草图、实验记录、手稿等。在网络时代，个人博客、论坛、微博等都可归为零次信息。零次文献所承载的信息能够弥补正式公开文献的滞后性。

（2）一次文献　一次文献是指著者以本人的工作经验和研究成果为基本素材写成的原始论文，包括专著、期刊论文、科技报告、学位论文等。

一次文献所记录的是作者的新见解、新理论、新方法、新发现或新发明，是科技工作中最主要的信息来源。由于其数量多，分散而无序，给查找和利用带来极大的不便。

（3）二次文献　二次文献是将大量分散无序的原始文献进行收集、分析、整理，按照其外部特征或内部特征，并按一定的规则加以编排，供检索一次文献时使用，包括目录、索引（题录）、文摘和各种数据库。因此，具有检索功能的二次文献形式，称之为检索工具或检索系统。

随着网络的发展，网上各种主题指南、搜索引擎的检索功能实际上与二次文献一样。它们对采集到的网上信息进行加工整理，并提供网上信息检索和导航服务，为网络检索工具。

（4）三次文献　三次文献是在充分利用二次文献提供的文献线索，找到大量的一次文献，并将这些原始文献通过阅读、分析、归纳、概括撰写而成的新的文献。如综述、述评、进展、指南等文献，以及百科全书、年鉴、手册等参考工具书。

三次文献具有信息含量大、综合性强和参考价值大等特点，不必大量阅读原始文献，就能比较全面地了解某一专题、某一领域的研究水平、动态等信息。

从零次文献到一次文献、二次文献、三次文献，是一个由分散到集中、由无序到系统化的过程。对于使用者来说，零次文献可能是尚未形成文字记载或未出版的文献，是科学研究过程中最原始的资料；一次文献全面记录科学研究成果，是检索的对象；二次文献是通过整理、加工大量的一次文献而形成的，是检索的工具；三次文献是在一次文献、二次文献的基础上，经过分析、归纳、概括所形成的综合性、系统性的文献类型，是情报调研的结果。

三、医学文献的特点与意义

（一）医学文献的特点

随着人类社会的不断进步，科学技术不断发展，特别是进入20世纪以来，科学技术以前所未有的速度向前发展，科学研究呈现出整体化、综合化趋势。随着新的学科和各种研究成果的大量涌现，科技文献的数量急剧增长，其中医学文献约占整个科技文献的1/5。随着科学技术发展和人类文明不断进化，医学领域的进步也是日新月异，表现在医学文献上主要有以下特点。

1.增长迅速，种类繁多　据资料报道，近20年的科技文献的数量相当于人类几千年文献的总和，并以每5～10年翻一番的速度递增。医学文献的产出数量也呈指数级增长，目前医学文献每天发表约1.2万篇。20世纪初，医学期刊约1600种，目前医学期刊已达到3.7万多种。同时，医学文献的文种以过去用少数大语种发表为主，向多语种快速发展，美国的《医学索引》已收录文种70多种。文种的增加丰富了医学文献，但对文献的利用也造成了阻碍。

2.发表分散，老化加快　随着学科高速发展，知识内容彼此相融、交叉，出现了大量的医学分支学科、边缘学科，医学论文发表分散现象相当普遍，免疫学的文献就可能在肿瘤学、分子生物学、医学工程等多种杂志发表。知识的更新加快也促使了文献的快速老化。据研究，90%左右的科技文献使用寿命为5～7年，医学领域的特殊性使医学文献比一般科技文献老化得更快，其"半衰期"一般为4～5年。

3.数字化获取及交流传播变化加快　与10年前相比，目前国内外生物医学全文数据库大量呈现，开放获取的OA资源等，通过网络数字化载体，提供用户数以万种电子期刊，用户可以更快捷地检索全文，直接获取原始文献。同时，网络的发展使医学领域最新成果快速传播，在线医疗咨询、学术交流、各种论坛、微信、微博等形式，使信息传播瞬息之间达成。数字化的发展大大提高了医学信息利用效率。

中医文献除了一般医学文献的特点外，自身还具有明显特点。最显著的是中医文献相当丰富，数量庞大，又由于年代久远，名词术语与今天差别较大，知识系统复杂重叠，使检索利用古代中医文献较为困难。有效利用中医古籍文献必须熟悉经、史、子、集"四部分类"，古籍书目检索，善于利用字词典扫除古体字、通假字、异体字等的阅读障碍。目前，有关中医古籍文献数据库研制步伐也在加快，今后通过数字化检索工具将更加有效挖掘中医经典文献的价值。

（二）医学文献的意义

在今天这样的信息社会中，信息量以铺天盖地来形容也不为过。信息检索就是要在这些浩如烟海的文献信息中迅速、准确地查找到特定的知识信息，有效利用医学文献对于医学专业人员具有重要意义。

1.有继承才能创新　科学技术的发展具有连续性和继承性，科学技术的发明创新需要依靠经验、材料和理论的不断积累。没有借鉴和交流就没有提高，没有积累和继承就没有发展。任何一种知识、一项学术成果或科学发明都是直接或间接地参考了有关文献，在前人已取得的成果或研究进展的基础上进行新的探索的结果。信息检索是科学研究的重要环节。科技工作者在科学研究中，从选题、立项、试验、撰写研究报告、研究成果鉴定到申报奖项，每一环节都离不开信息检索。他们是在检索、收集大量文献信息的基础上，分析、掌握有关领域的研究水平和动向，以寻找和获得科学创造的新起点。所以信息检索是科学创新必不可少的手段。

2. 节省查找文献的时间　无论在计算机网络，还是在图书馆，我们都面临着信息和文献的汪洋大海。仅生物医学文献，每年就有 400 多万篇之多。掌握文献检索与利用的基本知识，熟练使用检索工具和检索系统，就能用较少的时间迅速、准确地获取所需文献信息。忽视信息搜集与利用，将会导致重复劳动，造成人力、物力和财力的巨大浪费。掌握正确的信息检索技术与方法，可以大大提高信息检索效率，为科研工作赢得大量宝贵时间，缩短科研周期，加速科研进程，创造出更多的高附加值的技术成果。

3. 减少语言障碍　全世界出版文献的文种可达数十种，除英、日、法、俄、德等文种对我国科研工作者来说较少有语言障碍外，其他许多语种文献既难以阅读也较少购买引进。而许多文献检索工具和数据库都能做到收集几十种文种的文献，以英文一个文种报道文献资料的信息，为检索者扫除了语言障碍，扩大了信息检索的范围。

第二节　文献信息检索原理、途径、策略

信息时代的来临，最大的特征是海量信息充斥着、影响着人们的生活，信息的获取日渐成为组织或个人的核心竞争力。信息检索不仅是人类获取知识的捷径，更是信息控制的有效手段。信息检索可以极大提高文献信息的甄别和利用率，对确定选题方向、把握研究范围和深度、节省科研时间有着重要的意义。

一、定义、原理与类型

1. 文献检索与信息检索　文献检索是收集、组织、存储一定范围的知识信息，并可供用户按需查寻信息的过程。广义的文献检索包括存储和检索两者的过程和技术，称为"信息存储和检索"（information storage and retrieval）。狭义的文献检索是从用户的角度理解，仅指从已经存储的具有检索功能的信息集合中查寻所需文献的过程。

信息是信息检索的对象，它包含广泛的内容，其中许多学术性、知识性信息被记录在文献之中。因此可以认为，信息比文献具有更广泛的概念内涵，信息检索包含文献检索。文献检索是信息检索的一个重要部分。

2. 文献检索原理　文献检索包括文献的存储和文献的检索两个过程。为了使海量文献能够有效利用，为了使用户在无序文献中准确、快速、全面地获取特定文献，需对分散的文献进行搜集整理、加工标引和组织存储，建成各种类型、各种功能的检索工具。在存储过程中，使用检索语言规范统一检索标识，使用户的检索提问与检索系统中的检索标识高度一致，以达到最佳的检索效果。

3. 检索工具类型　目前，文献信息检索工具根据不同的划分标准可分为许多种，概括起来

主要有手工检索工具和计算机检索工具两种类型和方式。

（1）手工检索 手工检索简称手检，是指利用各种印刷型检索工具，包括目录、索引（题录）、文摘等，通过手工翻阅的方式获取所需的信息。手检首先必须了解所查文献有哪些相关检索工具，再熟悉这些检索工具的编排规则、标引原则、检索途径和方法，最终熟练运用获得所需文献。手工检索的优点是无需辅助设备，检索成本低，查找方便，检索方法简便。不足之处是检索速度慢，不能多元组配检索，效率较低。

（2）计算机检索 计算机检索简称机检，是利用计算机储存和检索信息的方式，包括各种专题数据库检索和网络信息检索。机检首先必须具备计算机设备、相关数据库及网络设备，能熟练运用计算机的各种功能，并学习掌握计算机检索功能所使用的各种检索技术。随着信息科学与技术的发展，计算机的应用越来越普及，计算机网络信息已成为日常学习、工作、生活不可缺少的重要信息资源。机检的优点是检索速度快，效率高，组配灵活方便，数据信息更新快，内容丰富多样，信息量大。

二、检索方法、途径与策略

（一）检索方法

文献检索方法即查找文献的方法，主要与检索的课题类别、性质、时间及文献的类型有关，通用的检索方法大体可分为5种。

1. 顺查法 顺查法是一种以课题的起始年代，按时间顺序由远而近查找文献的方法。这种方法能满足查全的需要，检出的文献能反映课题的全貌，但前期需了解课题提出的背景及大致发展历史，后期须对检索结果进行筛选。

2. 追溯法 追溯法又叫回溯法，是以课题相关文献末尾所附的参考文献为线索进行逐一追踪查找的方法。这是一种有效追溯某一研究课题发展脉络、扩大相关信息源的检索方法，缺点是检索不够全面，漏检较大。

3. 倒查法 倒查法是一种由近而远查找文献的方法。这种方法主要用于检索最新科研成果，重点在近期文献，时限可长可短，以查到所需文献为限。该法的优点是节约时间成本，但会造成漏检现象。

4. 抽查法 抽查法是一种根据学科文献的起伏变化规律，抽取学科发展高峰期的大量文献，以较少时间获取高质量、高数量的文献。使用这种方法需要以熟悉所查课题发展脉络为前提，这样方能取得较好效果。

5. 浏览法 通过浏览近期发布的信息资源获得文献线索，进而查找相关文献的方法。浏览法作为检索线索的一个突破口，主要作用在于查检最新文献，可作为文献检索的辅助方法灵活运用，有时可能会有意外收获。

（二）检索途径

检索途径是指根据文献信息的特征进行检索的途径。通过对文献特征的描述、标引和组织，构成各种目录、索引、文摘等检索工具，这些检索工具为检索文献信息提供了多种途径。

1. 书名、篇名途径 利用书名、篇名途径查找文献，是一种最方便、快捷的途径。通常以文献书名、题名的字顺排列。检索方便、简洁，但必须有已知条件。

2. 著者途径 以文献著者（个人与团体著者、编者、译者、专利权人、专利申请人等）姓名和名称为检索途径进行查找的一种方法。通常以著者姓名与团体著者名称的字顺混合编排，个人作者均采用姓在前、名在后排列，使用著者途径必须掌握这一规律。

3. 序号途径　以文献的各种代码、数字编制的检索标识查找文献，如专利号、化学物质登记号、技术标准的标准号、药品的审批号等。通常按代码字顺或数字的次序由小到大排列。

4. 分类途径　根据文献主题内容所属的学科分类体系中的分类号或分类名为标识检索文献的途径。利用分类途径查找文献，必须了解分类法。我国高校和公共图书馆均采用《中国图书馆分类法》进行文献分类。目前常用的检索工具正文部分大多按分类排列，或者正文部分按主题概念排列，但附有分类索引。

分类检索的特点是能完整体现学科体系，有利于通过族性检索，快速获得同一学科或同一专业的文献；还可以通过某一类目的上位类目和下位类目的浏览，灵活地选择扩大和缩小检索范围。分类途径虽有利于族性检索，却不利于特性检索。另外，从分类途径查找文献需了解一定的学科分类体系及其规则。

5. 主题途径　这是通过揭示文献内容的、经过规范化处理的主题词进行检索的途径。主题词表是标引人员和检索用户交流信息的共同依据。目前，与医学相关的主题词表有《汉语主题词表》、Medical Subject Headings（MeSH）、《中医药主题词表》《中医药学主题词表》等。主题词表通过参照关系将主题词做规范化处理，使同义词、近义词、同族词、相关词等用标准主题词表述，从而有效提高文献的查全率和查准率。词表还规定了副主题词与主题词的组配，用来限定主题词，使主题词的专指性更强。主题检索系统标引有一定深度，比较严密、完善，组配表达概念的能力较强，而且主题词比较接近自然语言，容易被人接受。主题途径能满足特性检索，是一种高效率的检索途径。

6. 关键词途径　是以直接从文献中抽取的具有实质意义的自由词作标识进行检索的途径。其重要特征是取词未经规范化处理，能及时标引最新名词术语，编制、更新速度较快。由于同一概念可能有不同的关键词来表述，造成漏检较大，因而影响查准率、查全率。但关键词检索不受词表限制，简单方便。在选择关键词或自由词检索时，应多考虑多义词、同义词的关系，充分考虑概念相关的词进行检索，尽量减少漏检。

（三）检索策略

文献信息检索策略有广义和狭义之分。

1. 广义检索策略　广义的检索策略包括分析检索课题的检索需求、选择检索工具、确定检索词和检索途径、构建检索式、上机检索，然后浏览结果查看是否符合检索需求。如果检索结果符合检索需求，则输出检索结果；若不符合检索需求，则需要继续调整检索式，再上机操作。如此反复之后得到满意的结果（图1-1）。

2. 狭义检索策略　狭义的检索策略主要指确定检索词，并通

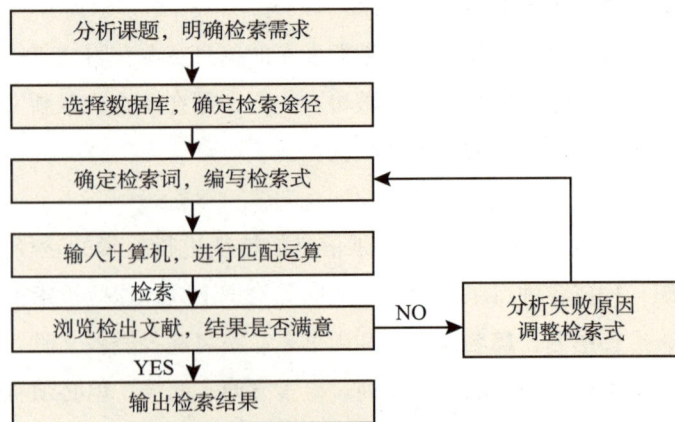

图1-1　检索策略构建流程图

过布尔逻辑运算符、截词符、限定检索等与检索词构成检索式。检索式的构成非常灵活，可分为简单提问式或者复合提问式。简单提问式可以是一个词，比如 hepatitis B（检索乙肝的文献）、liver cancer in TI（检索题名字段中包含肝癌的文献）、PY=2011（检索 2011 年发表的文献），复合提问式由多个检索词和检索方法组成，比如 asthma and（child*or infant）（检索儿童或婴幼儿哮喘的文献）。

检索式还有 1 种常见的方式，即通过检索历史进行逻辑运算，比如：

#1 Search"Renal Insufficiency/surgery"［Majr］

#2 Search transplantation［Title/Abstract］

#3 Search #1 AND #2

（四）检索策略的实施

1. 明确课题要求、选择数据库　检索的首要环节是明确课题要求，如果大方向错了，就谈不上检索结果的正确、有效。由于检索者对自己的需求，特别是潜在的、不怎么清晰的需求还缺乏明确的认识，因此需要进行多层次分析，以求得一个完整而明确的检索表达。其中，需要分析课题的检索目的，明确课题所涉及的学科范围、专业层次和深度，明确对文献的新颖程度要求，明确对检索的查全与查准要求。

2. 完成主题分析　检索者需对课题研究内涵、主题概念，以及课题需要解决的问题进行分析，并用一定的概念词来表达这些主题内容，同时明确概念与概念之间的逻辑关系。这一环节是正确选择检索词和相应检索技术运用的关键，它决定检索策略的质量并影响检索效果。需要注意概念的表达是否确切，并找出核心概念、隐含概念、外延概念等，明确概念之间的关系，从而制定较为完善的检索式。

3. 调整检索策略　为了克服检索失误和满足完整的检索要求，需要对检索策略进一步调节，或进行多次调整，使检索策略逐步完善，接近理想状态。如可以通过选择同义词、采用截词技术、选用上位词、增加检索途径等进行扩展检索，也可以通过限定检索条件（时间、文献类型等）、选用专指性强的下位词、采用加权检索技术、精确检索技术等实现缩小检索范围的效果。

三、检索效果评价

检索效果是指检索过程的有效程度和质量。目前采用的最为普遍的检索效果量化指标有查全率、查准率、漏检率、误检率等，其中较为重要的指标是查全率和查准率。

1. 查准率　查准率（Precision ratio，P），是指检出的相关文献数占检出文献总数的百分比。查准率反映检索准确性，其补数就是误检率。查准率高则误检率低。

2. 查全率　查全率（Recall ratio，R），是指检出的相关文献数占系统中相关文献总数的百分比。查全率反映检索全面性，其补数就是漏检率。查全率高则漏检率低。

查全率和查准率可以用来衡量文献信息检索的检索效果。需要注意的是，查全率与查准率是一种互逆关系，在具体检索时要根据课题要求调整查全和查准的关系，使检索结果查全率和查准率达到最佳比例。

在信息检索系统中，每进行 1 次检索，就把系统中所有的文献分为四个部分。

NOTE

	相关的	不相关的	总计
检出的	a 命中的	b 误检的	a+b
未检出的	c 漏检的	d 应拒的	c+d
总计	a+c	b+d	a+b+c+d

其中，a 表示检出的相关文献，即合理的命中；b 表示检出的非相关文献，即误检；c 表示未检出的相关文献，即漏检；d 表示未检出的非相关文献，即合理的排除。A+b 表示检出的全部文献；c+d 表示未检出的全部文献；a+c 表示与提问相关的全部文献；b+d 表示与提问不相关的全部文献；a+b+c+d 则表示检索系统中的所有文献。

查准率和查全率的计算公式分别为：

$$查准率 P = (a/a+b) \times 100\%$$
$$查全率 R = (a/a+c) \times 100\%$$

第三节　检索语言和检索技术

一、检索语言概述

检索语言是文献检索中用来描述文献特征和表达情报提问内容的一种专门人工语言，是文献信息的标识系统，其作用是为文献标引者和文献检索者之间提供共同语言，以保证概念表达上的一致性，保证信息检索能尽量避免误检和漏检。

检索语言的种类很多，表达文献外部特征的检索语言比较简单，主要是题名（篇名）、著者姓名、文献序号等。描述文献内容特征的检索语言主要有分类检索语言和主题描述语言等。

在检索工具中，对文献的特征用各种检索语言进行描述，可以得到各种不同的文献标识。将大量的文献标识按一定规则和次序排列起来，就产生了各种类型的索引（表 1-2）。这些索引是用户检索文献最有效的入口和途径。

表 1-2　检索语言与索引类型

	文献特征	文献标识	索引类型
检索语言	外表特征	文献名称	书名索引 刊名索引 篇名索引 引文索引
		文献序号	专利号索引 化学物质登记号索引
	内容特征	分类类目 主题语言 关键词	分类索引 主题词索引 关键词索引

二、分类检索语言与《中国图书馆分类法》

分类检索语言是以科学分类为基础，以文献内容的学科性质为对象，运用概念划分的方法，按照知识门类的逻辑次序，从上位类属概念到下位类属概念逐级区分到最小的类目，用层层展开的树状结构形式将类目系统排列起来，组成一个层累制等级号码体系。它直接体现知识分类的概念等级，以学科、专业集中文献，从知识分类角度揭示文献在内容上的区别和联系，提供从学科为出发点的检索途径。

在分类语言中，具有某种（或某些）共同属性的事物的集合称为类目，分类表由成千上万个表示特定学科或专业概念的类目组成，每个类目包括类名和类号，有的类目还有提示性的注释。类名是类目的名称，由词语表示。类号是类目的标记符号，由字母和数字组成。注释则是对类目的补充说明、规定，以及解释类目的含义、范围，或提示此类文献的分类方法。同一类目汇集了同一知识范畴的文献，不同层次的类目之间互为同级类目、上级类目或下级类目的关系，这样就组成了一个逻辑结构严密合理的体系分类检索系统。

国内外有各种体系分类法，我国也曾先后使用过不同的分类法，为使文献分类规范化、标准化。从 20 世纪 90 年代开始，我国统一采用《中国图书馆分类法》（简称《中图法》）进行文献分类和排列。目前《中国图书馆分类法》已出版第 5 版。

《中图法》的结构由基本大类、简表、详表和通用复分表等组成。

1. 基本大类　《中图法》共有 22 个基本大类（表 1-3）。

表 1-3　《中图法》基本大类

A	马克思主义、列宁主义、毛泽东思想、邓小平理论	N	自然科学总论
B	哲学、宗教	O	数理科学和化学
C	社会科学总论	P	天文学、地球科学
D	政治、法律	Q	生物科学
E	军事	R	医药、卫生
F	经济	S	农业科学
G	文化、科学、教育、体育	T	工业技术
H	语言、文字	U	交通运输
I	文学	V	航空、航天
J	艺术	X	环境科学、安全科学
K	历史、地理	Z	综合性图书

2. 类目简表　类目简表是分类法中二级类目下进一步划分出来的三级类目，基本为独立科目。如"R2 中国医学"下三级类目简表（表 1-4）。

表 1-4　《中图法》中医三级类目

R21	中医预防、卫生学	R274	中医骨伤科学
R22	中医基础理论	R275	中医皮肤科学与性病学
R24	中医临床学	R276	中医五官科学
R25	中医内科学	R277	中医其他学科
R26	中医外科学	R278	中医急症学
R271	中医妇产科学	R28	中药学
R272	中医儿科学	R289	方剂学
R273	中医肿瘤科学	R29	中国少数民族医学

NOTE

3. **详表**   详表由各级类目组成，是分类表的主体，也是文献分类标引和分类检索的依据。它是简表内容和结构的扩展，类目的排列严格按概念之间逻辑隶属关系逐级展开，划分出更专指、更具体的类目。主要特点如下。

（1）整体上采用以类相聚的原则，因而反映的是一种文献的族性关系。

（2）类目之间呈倒树状的线性排列，排列的原则是从整体到部分、从大概念到小概念、从抽象到具体、从上位到下位，层层划分到最小类目。

（3）各类目之间表示的是并列、属分或相关关系。

（4）分类号采用字母和0～9十个数字相结合的混合号码。用一个字母表示一个大类，在字母后用数字表示这一大类下各级类目的划分。

4. **层累标记制**   类目按学科概念之间的逻辑隶属关系往下逐级展开，划分出再细分、下位的类目。如"R241.25 舌诊"类目从上而下依次是：

R   医药卫生

R2   中国医学

R24   中医临床学

R241   中医诊断学

R241.2   四诊

R241.24   色诊

R241.25   舌诊

R241.26   腹诊

R241.29   其他

5. **复分表**   复分是增强类目的细化程度，提高类目的专指度的分类措施。《中图法》的复分表有通用复分表和专类复分表两种。这些复分表的号码不能单独使用，只能加在主分类号后作为区分共性的标识。《中图法》的复分表有8个：总论复分表、世界地区表、中国地区表、国际时代表、中国时代表、世界种族与民族表、中国民族表、通用时间和地点表。其中，总论复分表中的描述图书的外部特征如教材、工具书等的复分号及其含义举例如下。

-43	教材	-61	名词术语、词典、百科全书（类书）
-44	习题、试题及题解	-62	手册、名录、指南、一览表、年表
-53	论文集	-64	表解、图解、图册、谱录、数据、公式、地图
-532	会议录	-65	条例、规程、标准
-6	参考工具书	-66	统计资料

例如：中医临床学的号号是R24，中医临床学教材的类号应该标识为R24-43。

专类复分表专供某些类目的进一步细分之用。如专供R-58（临床医学各类）的复分表如下。

01   预防、控制和卫生

02   病理学、病因学

03   医学微生物学、医学免疫学

04   诊断学

05   治疗学

059.7　急症、急救处理

06　　并发症

07　　预后

08　　诊疗器械、用具

09　　康复

例如：高血压的分类号是 R544.1，高血压预防的分类号应该标识为 R544.101。

三、主题检索语言和主题词表

主题语言是建立在表达事物本质特征的概念基础上的，是表达文献主要概念的检索语言。

（一）主题语言的类型

1. 单元词语言　单元词语言是规范语言，它是一种最基本的、不能再进一步分割的单位词语言。单元词也称元词，它能独立表达某一概念。元词语言是后组语言，它将一些元词在检索执行时组合起来使用。比如"科技"和"文献"分别表达两个独立的概念，它们组合成"科技文献"则又形成一个复合概念。元词强调单元化词的组配，仅限字面组配。单元词表比较简单，简单的单元词表只有一个字顺表，较完备的单元词表则由一个字顺词表和一个分类词表组成。单元词字顺表包括全部单元词和大量非单元词，非单元词列在单元词条目下，或有参照指向。单元词检索具有灵活、自由的组配功能。

2. 标题词语言　标题词语言是以标题词作为文献内容标识和检索依据的一种主题语言。标题词是通过对文献的内容分析，从中找出具有实质意义，能表达文献内容特征，并经过规范化处理的词、词组或短语，通常由主标题词和副标题词组配而成。

例如：heart 作为主标题词，与副标题词组配为 heart disease；heart neoplasm 等。

利用标题词检索语言编制的检索工具质量较好，组配固定，不易混乱，并通过"见"和"参见"扩大检索途径，查全率较高。美国《化学文摘》中的普通主题索引和化学物质索引是国外检索工具中使用标题语言的典型。但标题词法在检索上表现的是一种单线序列逐级查阅的方式，很少采用并列交叉概念的主题组配，对文献内容的表达有不少局限性，尤其是内容广泛、主题交叉较多的文献，标题词法适应性较差。

3. 关键词检索语言　关键词语言是从文献的标题、内容中抽取能表达文献主题的、有实质意义的词汇作为标引文献内容特征的标识，是不受词表控制，未经规范化处理的自然语言，主要是为适应计算机自动编制索引的需要。只要指令计算机排除不具有检索意义的非关键词，就可用计算机自动抽词标引。这些非关键词是指：①冠词、代词、连词、感叹词、介词、系动词和某些助动词、形容词。②某些缺乏检索意义的通用性名词，如设计、性质、研究进展、意义等。

由于关键词检索语言能适应计算机自动标引的需要，随着计算机和网上检索的发展，这种检索语言的应用将更为广泛，大大缩短检索工具编制的时间，便于用户检索最新信息。由于自然语言中的多义词、同义词、近义词会造成标引的关键词不统一，查准率和查全率较低。

4. 叙词检索语言　叙词检索语言又称主题词检索语言。所谓叙词是指从文献内容中抽取出来的能概括表达文献基本内容的名词或术语。叙词检索语言是在综合以往使用过的多种检索语言原理和方法基础上，适应计算机检索的特点而产生的。它用经过规范化处理的词语作标识，

NOTE

采用概念组配的方法。主题词检索语言组配表达概念能力强，标引深度大，比较严密、完善，规范化程度较高。医学文献普遍使用的《医学主题词表》（MeSH）就属于这一类型。

主题词检索语言的特点是规范化和组配性。

（1）规范化　主题词接近自然语言，较易被人理解接受。但自然语言中的词汇普遍存在多义、同义、词义不清、同形异义、同义异形等现象，从而大大影响了文献标引的一致性。因此，必须对自然语词进行规范，使同一概念的事物只能用一个标准语词来表达，也称受控词汇，由主题词表来担当这样的规范处理。

（2）组配性　一篇文献往往涉及多个主题，因此，对一篇文献的正确描述需要多个概念组配方能完成，这就是主题词与副主题词的组配。组配性是主题词的重要特性，受词表规则控制。副主题词组配是主题词检索比其他检索方法具有更强的专指性和灵活性，能有效扩大检索范围，并能及时反映新事物、新概念。

（二）《医学主题词表》

《医学主题词表》（Medical Subject Headings）简称 MeSH 词表，是美国国立医学图书馆（NLM）1963 年编制的用于对生物医学文献进行标引和检索的权威性主题术语控制工具，MeSH 词表由字顺表和树状结构表两部分组成。2004 年开始，仅更新网络版 MeSH Browser，网址为 http：//www.nlm.nih.gov/mesh/MBrowser.html（图 1-2）。

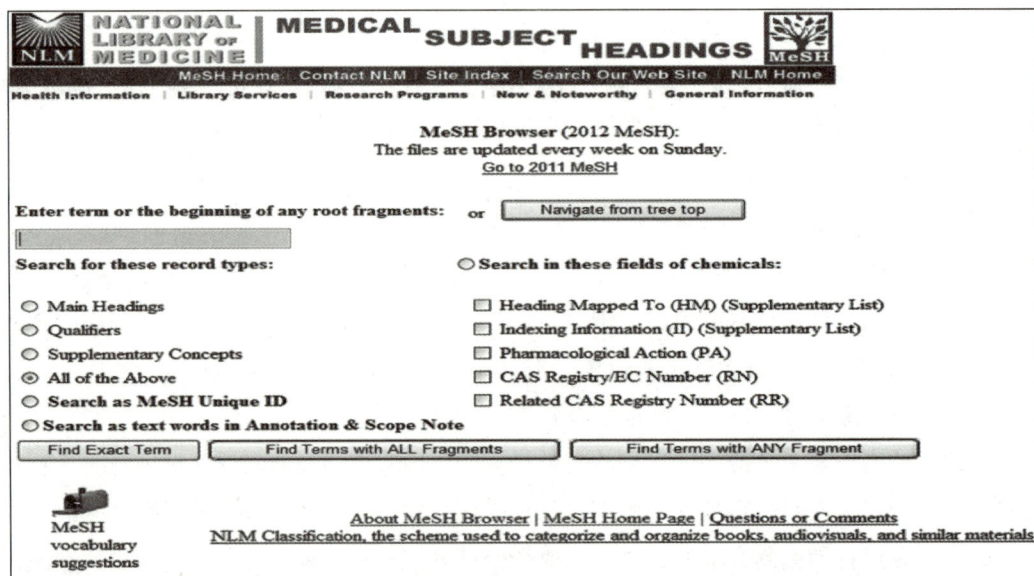

图 1-2　MeSH Browser 主页

1. MeSH 词表收词范围　MeSH 词表字顺表中的词分为 5 种类型，即主题词、款目词、类目词、副主题词和特征词。

（1）主题词　主题词也称叙词，是构成主题词表的主体，由生物医学领域经过规范化的名词术语构成，有独立检索意义。在字顺表的每一个主题词下均注以 3 种注释：即树状结构号、历史注释和参考注释。

（2）款目词　款目词也称入口词，起将自由词引见到主题词的作用。例如：肾衰竭见肾功能衰竭、昏睡见睡眠期等。其中"肾衰竭"和"昏睡"都是入口词，"肾功能衰竭"和"睡眠期"都是主题词。

（3）类目词 类目词是为保证分类表体系的完整性而设立的一类词汇，通常都是一些学科范围较大的词，它们不作为主题词使用。例如：新生儿疾病和畸形。

（4）副主题词 副主题词对文献主题起限定作用，构成主题的一些通用性概念，本身无独立检索意义。例如，肾功能衰竭的中药治疗，中药治疗可作为副主题词，对主题词肾功能衰竭起限定作用。2016 版 MeSH 词表共有 82 个副主题词，删除了旧版中的 Diagnostic Use（DU，诊断应用）。副主题词按英文字母顺序排列，同时给予每个词词义的解释，还限定各个副主题词允许组配的主题词范围，以及副主题词的等级范围。

（5）特征词 特征词用于表达文献中的某些特征，作用在于检索时对文献集合中有某种特征的文献进行限定或排除。特征词的种类分对象特征词、时间特征词、位置特征词和文献类型特征词。

①对象特征词：指文献研究的对象，包括种属（动物）、性别、年龄、是否妊娠状态、病例报告等。例如，新生儿、人类、动物、妊娠、儿童、学龄前、女（雌）性、病例报告等。

②时间特征词：包括年代、时代、朝代等方面。例如，清、南北朝、民国、中世纪、19世纪等。

③位置特征词：包括国家、地区等方面。例如，北京、英国、加州等。

④文献类型特征词：包括临床文献、教材、历史传记、专题讨论、综述、读者来信等。

2. MeSH Browser 主题词注释表 主题词注释表显示该主题词及其注释、参照系统与树状结构号等，表达该主题词的历史变迁、主题词的族性类别、揭示主题词之间的语义关系，用于查询、选择主题词及相关信息。如输入"traditional Chinese medicine"时可获得该主题词相关信息（表 1-5）。

表 1-5 主题词注释

MeSH Heading[①]	Medicine，Chinese Traditional
Tree Number[②]	E02.190.488.585.520
Tree Number	I01.076.201.450.654.558.520
Annotation[③]	is not medicine in China（= MEDICINE+CHINA）；Manual 32.13；medicinal plants in Chinese med：consider DRUGS，CHINESE HERBAL；index differentiation of signs & symptoms（bianzheng shizhi）under MEDICINE，CHINESE TRADITIONAL（IM）+ DIAGNOSIS，DIFFERENTIAL（IM）；Oriental taking of pulses= PULSE+appropriate acu-puncture or Oriental medicine terms；DF：MED CHINESE TRADITIONAL
Scope Note[④]	A system of traditional medicine which is based on the beliefs and practices of the Chinese culture
Entry Term[⑤]	Chinese Medicine，Traditional
Entry Term	Chinese Traditional Medicine
Entry Term	Chung I Hsueh
Entry Term	Traditional Chinese Medicine
Entry Term	Traditional Medicine，Chinese
Entry Term	Zhong Yi Xue
See Also[⑥]	Acupuncture Therapy

NOTE

续表

See Also	Drugs，Chinese Herbal
See Also	Medicine，Tibetan Traditional
See Also	Yang Deficiency
See Also	Yin Deficiency
Allowable Qualifiers⑦	AE EC HI IS MT PX ST TD UT
Entry Version⑧	MED CHINESE TRADITIONAL
Online Note⑨	to search MEDICINE，CHINESE & CHINESE MEDICINE use MEDICINE，CHINESE TRADITIONAL 1975–1983 & MEDICINE，ORIENTAL TRADITIONAL 1967–1974
History Note⑩	88（84）；was see under MEDICINE，ORIENTAL TRADITIONAL 1984–1987；was MEDICINE，CHINESE see under MEDICINE，ORIENTAL 1981–1983；was CHINESE MEDICINE see under MEDICINE，ORIENTAL 1967–1980
Date of Entry⑪	19990101
Unique ID⑫	D008516

注：①主题词。②树状结构号。③主题词含义注释。④概念范围。⑤款目词。⑥相关主题词参照。⑦组配注释（该主题词可以组配的副主题词缩写）。⑧版本情况（多为缩写形式）。⑨联机检索注释。⑩历史注释（历史变化）。⑪收入 MeSH 主题词表时间。⑫主题词 ID 号。

3. 参照系统 印刷版 MeSH 有用代参照、相关参照、属分参照。网络版 MeSH Browser 常见 Entry Term、See Also 和 Consider Also 参照。Entry Term 揭示该主题词的款目词；See Also 是提示该主题词的相关主题词，选择这些词可以提高检全率；Consider Also 常用在解剖类主题词，比如主题词"Liver"，其 Consider Also terms at HEPAT–，表示以 HEPAT 开头的这类词与 liver 有关。

4. 树状结构表 树状结构表（Tree Structures）是从学科分类角度对所有主题词进行编排而成的等级制分类表。

（1）结构 为了显示主题词的学科体系，词表将 MeSH 字顺表中的所有主题词（包括类目词）按学科属性从分类角度进行划分，编制了树状结构表（也称范畴表）。树状结构表共分 16 个大类，再细分 118 个二级子类目，各子类目下又层层划分，逐级展开，最多可达 11 级。有的主题词可能同属于两个或多个子类目。这种主题词后同时列出了多个树状结构号，并分别排在其所归属的类目中，其一级类目和著录格式如下（图 1–3、图 1–4）。

```
1.  ⊞ Anatomy [A]
2.  ⊞ Organisms [B]
3.  ⊞ Diseases [C]
4.  ⊞ Chemicals and Drugs [D]
5.  ⊞ Analytical, Diagnostic and Therapeutic Techniques and Equipment [E]
6.  ⊞ Psychiatry and Psychology [F]
7.  ⊞ Phenomena and Processes [G]
8.  ⊞ Disciplines and Occupations [H]
9.  ⊞ Anthropology, Education, Sociology and Social Phenomena [I]
10. ⊞ Technology, Industry, Agriculture [J]
11. ⊞ Humanities [K]
12. ⊞ Information Science [L]
13. ⊞ Named Groups [M]
14. ⊞ Health Care [N]
15. ⊞ Publication Characteristics [V]
16. ⊞ Geographicals [Z]
```

图 1–3 树状结构表一级类目

```
Neoplasms [C04]
Neoplasms by Site [C04.588]
        Abdominal Neoplasms [C04.588.033] +
        Anal Gland Neoplasms [C04.588.083]
        Bone Neoplasms [C04.588.149] +
    ▶ Breast Neoplasms [C04.588.180]
            Breast Neoplasms, Male [C04.588.180.260]
            Carcinoma, Ductal, Breast [C04.588.180.390]
            Hereditary Breast and Ovarian Cancer Syndrome [C04.588.180.483]
            Inflammatory Breast Neoplasms [C04.588.180.576]
```

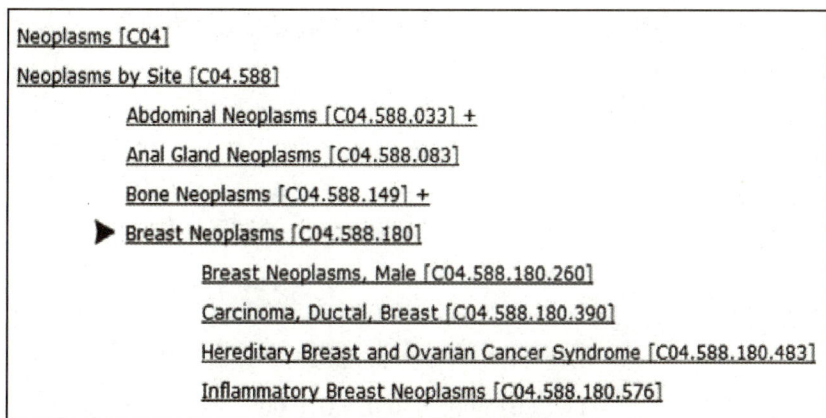

图 1-4　树状结构表著录格式

（2）作用

1）用树状结构号确定主题词在分类表中的位置，是字顺表和范畴表相互联系的桥梁和媒介，是副主题词组配范围的依据。

2）是选择专指词（下位词）的依据。便于缩小检索范围，提高查准率。同时，又是选择上位词的依据，便于扩展检索，提高查全率。

3）通过树状结构号可以了解某主题词的学科属性及该词与其他词的隶属关系，加深对医学知识的了解。例如，重链病 C15.604.515.435，依据其分类号，可以找到该病的上位类是淋巴组织增生性疾病 C15.604.515，再上位类是淋巴疾病 C15.601，故由此可以确定重链病属于淋巴疾病的范围。

5. 使用 MeSH 词表的注意事项

（1）注意主题词的增补和修改，每年 MeSH 词表都有主题词变更情况说明。

（2）选准主题词，主题词越专指越好。如 Vitamins A，不用 Vitamins（维生素）。

（3）注意参照系统，它可以帮助你选准主题词，扩大检索面。

（4）主题词倒置，有的词按字顺找不到，可试试倒置的形式。为了将医学概念相近的词集中在一起，MeSH 词表常采用倒置形式，即把主题词中的中心词放在最前面，其他修饰词放在中心词之后。如 Shock，Cardiogenic（心源性休克）。

（三）《中国中医药学主题词表》

《中国中医药学主题词表》由中国中医科学院中医药信息研究所编制。为了促进中医药学词语标准化，更好地标引中医、中药学文献，满足中医、中药特有的文献特点，在借鉴 MeSH 词表的基础上，研究人员编制了中医药学主题词表。1987 年《中医药学主题词表》首次面世。1996 年研究人员在大量词频统计及用户意见反馈的基础上，对《中医药学主题词表》进行了增补修订，推出第 2 版并更名为《中国中医药学主题词表》，以印刷版和电子版两种形式出版。2007 年又修订出版了第 3 版《中国中医药学主题词表》。新版《中国中医药学主题词表》在保持原词表的体系结构及与 MeSH 兼容外，融会了近年来中医药词语标准化和规范化研究成果，调整了部分树形结构的设置，对主题词重新注释和定义，增补了新词，删除了个别低频词。

《中国中医药学主题词表》的特色主要体现在以下几方面。

1. 主表与 MeSH 结构基本相同　主表包括主题词、款目词、类目词和副主题词 4 种类型。

NOTE

全部主题词和入口词按汉语拼音顺序排列。主题词款目结构包括汉语拼音、主题词名称、主题词英译名、树形结构号、注释和参照项。

主题词款目的著录格式如下。

汉语拼音	gan jing
主题词名称	肝经
主题词英译名	Liver Meridian
树形结构号	TA17.015.005.010.030.005.005
	TA17.015.005.010.030.025.005
	TA17.015.005.010.035.010.005
标引注释	属厥阴经和足三阴经
定义	十二经脉之一；起于足大趾爪甲后……（下略）
历史注释	1995（1998）年；1987～1994 年为足厥阴肝经或肝经
检索注释	1995 年前用足厥阴肝经或肝经检索
参照项	C　穴位，肝经
代参照项	D　足厥阴肝经
	D　足厥阴经

2. 树形结构表　又称范畴表，是将主题词按学科门类划分，分列于 15 个类目 68 个子类，各类目之下列出隶属于该类目的主题词，按属分类关系逐级展开，呈树状结构，每个主题词均有双字母数字号码以显示主题词的级别。分类体系仿 MeSH 分类，为突出中医特点，将主表中的主题词根据学科仅在其前冠以 T（Tradition Chinese Medical）组成双字母。如 TA，表明收录的是中医方面的解剖学名词，TC 表明收录的是中医疾病名词。

树形结构表的著录格式如下。

［中医病证］		［TC］
第一级　症状体征和证候		TC23+
第二级　　证候		TC23.005+
第三级　　　气血津液证候		TC23.005.040+
第四级　　　　津液病		TC23.005.040.005+
第五级　　　　　津液内停		TC23.005.040.005.020+
第六级　　　　　　痰饮		TC23.005.040.005.020.015+
第七级　　　　　　　痰证		TC23.005.040.005.020.015.005+
第八级　　　　　　　　痰湿		TC23.005.040.005.020.015.005.065+
第九级　　　　　　　　　痰湿中阻		TC23.005.040.005.020.015.005.065.015

3. 副主题词　收录了 93 个副主题词，83 个为 MeSH 副主题词，另有中医药副主题词 10 个，如中医药疗法、中西医结合疗法、针灸疗法、穴位疗法、针灸效应、按摩疗法、气功疗法、气功效应、中医病机、生产和制备。

4. 附表　收录有针灸穴位名称主题词，包括国际标准针灸穴位名称主题词字顺表和国际标准化针灸穴位名称范畴表两部分。

5. 索引表　提供了 3 种主题词索引表，包括汉语拼音索引、汉字笔画索引和英（拉丁）与汉对照索引，对照索引分中医主题词英汉对照索引和中草药及药用植物拉丁名称索引两部分。

四、检索技术

检索技术主要指计算机检索中使用的技术，依赖于信息在计算机中的存储方式及提问表达的方法。目前的计算机技术还不能有效处理直接运用自然语言表达的提问，因此常用布尔逻辑式、截词符、字段限定等来表示检索提问，并构成检索式。

（一）布尔逻辑检索

布尔逻辑检索是计算机检索常用的技术，其通过布尔逻辑算符将简单概念的检索词连接组配成为一个具有复杂概念的检索式，用以表达用户的检索要求。布尔逻辑算符有"与（AND）""或（OR）""非（NOT）"3种。其逻辑运算优级为 NOT 最高，AND 其次，OR 最低，如要改变运算顺序需要用"（ ）"表示。但需要注意的是，部分检索系统中3种逻辑运算符的优先级相同。

1. 逻辑"与"　逻辑"与"的运算符常为"AND"或"*"，其构成的表达式形式为"A AND B"或"A * B"。逻辑"与"表达式"A AND B"表示文献中同时包含检索词 A 和检索词 B 的文献才能命中（图 1-5）。它的基本作用是对检索词加以限定，逐步缩小检索范围，减少命中文献量，提高查准率。例如，检索"肺炎的中医药疗法"的文献，可表示为肺炎 and 中医药疗法。

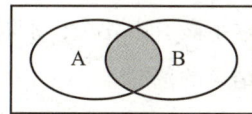
图 1-5　逻辑"与"

2. 逻辑"或"　逻辑"或"运算符为"OR"或"+"。其构成的表达式形式为"A OR B"或"A+B"。逻辑"或"表达式"A OR B"表示包含检索词 A 的文献或者包含检索词 B 的文献，或者同时包含检索词 A 和 B 的文献都会被命中（图 1-6）。它的基本作用是扩大检索范围，增加命中的文献量，防止漏检，提高查全率。例如"脑出血"又名为"脑溢血"，如果考虑查全率，那么检索"脑出血"的有关文献可写成检索式脑出血 or 脑溢血。

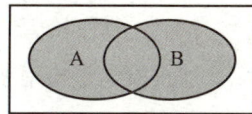
图 1-6　逻辑"或"

3. 逻辑"非"　逻辑"非"运算符为"NOT"或"—"，其构成的表达式形式为"A NOT B"或"A — B"。逻辑"非"表达式"A NOT B"表示包含检索词 A 同时不包含检索词 B 的文献才被命中（图 1-7）。它的基本作用也是缩小检索范围，提高查准率。例如，检索"除风寒型感冒以外的感冒疾病"的有关文献，可构成检索式感冒 not 风寒型。

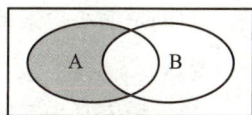
图 1-7　逻辑"非"

（二）截词检索

截词检索是指使用截词符在检索词的适当位置进行截断检索的方法，常用于西文检索系统中，对于提高查全率、预防漏检有较明显的效果。截词的方法有前截词、中截词和后截词3种，后两种截词方法较为常用。此外，按截词字符数目分，有无限截词和有限截词两种。有限截词即一个截词符只代表一个字符；无限截词即一个截词符可代表多个字符。不同的检索系统使用的截词符不同，常用的有 #、?、$、* 等。截词检索可解决检索词的单复数问题、词干相同而词尾不同问题，以及英美单词的拼写差异问题，为英文检索所常用。如检索系统中输入 comput* 可查到 computer、computing、computerized 等所有以 comput 开头的检索词，最终的

NOTE

检索结果相当于这些检索词做逻辑"或"运算的结果。又如输入 wom？ n 可同时查到包含有 woman 和 women 这两个检索词的文献。

（三）同义词检索

同义词检索是指检索系统自动按照用户输入的检索词及该词的同义词进行检索的方法。同义词检索无需用户提供检索词的相关同义词，由检索系统集成配置。也可通过同义词词表由用户自主选择相关同义词实现这一检索功能。同义词检索是查全文献非常有效的一种检索策略。

（四）位置检索

位置检索又称临近检索，是运用位置算符表达检索词之间的位置关系进行检索的技术方法。位置算符主要有同句、同字段、相邻等，其构建方法及表达方式依检索系统不同而不同。位置检索的检索技术运用要求较高，主要用于提高文献的查准效率。

（五）限定字段检索

限定字段检索是指用户在检索过程中，限定检索词在检索系统特定字段进行检索，即为某种检索效果限定检索入口。如"针灸 in ti"，检索词针灸限定在题名字段进行检索。常用的检索字段有十几个，不同的计算机检索系统提供的检索字段不同，通过限定字段检索可限定检索结果的范围。

（六）主题词检索

主题词检索即主题词表检索，指用表达文献主题的规范化的词或词组进行检索，即用规范主题词代替自然语言作为检索词进行的检索。主题词检索必须了解主题词的构成，熟悉和掌握主题词词表。利用主题词检索对于提高检索的查准率和查全率都具有显著效果。

（七）加权检索

加权检索是检索系统根据每个检索词在文献中的重要程度赋予一定的数值或权重设置的检索技术。选择加权检索功能，系统除了命中含有检索词的文献，还会根据检索词在文献中的重要程度命中核心概念文献。不同检索系统的加权方式有不同的定义与规则，如对检索词的权值，有的通过检索者给定检索词的数值表示，有的通过标引者对文献主题标引主要概念体现，有的根据检索词在记录中出现的频次表示。加权检索主要运用系统给定的检索技术进行精确检索，目的是缩小检索范围，提高核心概念文献的查准率。

（八）聚类检索

聚类检索是指系统自动实现关联紧密文献的检索，具有族性检索和特性检索的功能。通过一定的聚类方法，系统计算出文献与文献之间的相似度，并将相似度较高的文献集中在一起，形成一个个的文献类。根据不同聚类水平的要求，可以形成不同聚类层次的类目体系。在这样的类目体系中，主题相近、内容相关的文献便聚在一起，如检索系统中的相似文献的检索功能、引用文献的检索功能等都属于聚类检索。

（九）词组精确检索

词组精确检索又称短语检索，一般用在输入的检索词是两个或两个以上单词或字组成的词组需作为一个整体概念进行整体检索，此时需要将词组用引号表示做精确检索，否则系统会默认对输入的多个单词或字拆分检索。

（十）默认检索

默认检索又称缺省检索、隐含检索，是指数据库系统预先设定的检索范围。

（十一）扩展检索

扩展检索主要见于有主题词检索途径的数据库，其功能主要有选择"不扩展"，表示仅对单个主题词或副主题词进行查找；选择"扩展全部树"，表示对输入的主题词或类目，以及它的所有下位词或下位类目进行扩展检索。主要用来扩大检索范围。

（十二）二次检索

二次检索是指在前一次的检索结果基础上，增加检索条件，进一步缩小检索范围。比如增加检索词、限定时间范围、限定来源期刊等，主要用来提高查准率。

（十三）模糊检索

模糊检索允许被检索信息与检索提问之间存在一定的差异，与检索词相关或相似的词都会被命中，其可扩大检索范围。

（十四）精确检索

表示检索范围仅限于输入的检索词，与检索词完全匹配才会被命中，用于精确检索，缩小检索范围。

【思考题】

1. 简述各级别文献之间的关系与演化的意义。

2. 什么是文献的外表特征和内容特征，它们分别有哪些检索语言标识？

3. 解释主题词和关键词，并指出它们的不同。

4. MeSH 字顺表有哪五类词，分别解释这些词的功能。

5. 主要用于计算机检索的检索技术有哪些？

NOTE

第二章　中医古代文献检索

第一节　古代文献的范围与分类

在漫长的 5000 多年的历史征程中，中华民族创造出无比灿烂的文化，并取得过许多值得华夏大地炎黄子孙引以为自豪的科学发明和发现。回顾世界历史我们不难发现，在古代相当长的一段历史时期内，中国的科学文化一直处于世界领先地位，中国的文明和进步为世界增添了耀眼的光辉。那么，这些先贤们智慧凝结的累累硕果是如何传承至今的呢？除了极少数言传身教外，更多的是通过各种方式纪录并保存下来，由此形成了我国浩如烟海的古代文献。中医药古代文献也不例外，在我国古代文献中数量极其庞大，为今人的临床治病和科学研究以诸多启发。2015 年 10 月，屠呦呦因发现青蒿素而获得诺贝尔生理学或医学奖，离不开我国古代青蒿善治疟疾的记载。因此，多学一点古代文献知识、充分利用古代文献资源是十分必要的。

一、古代文献的范围

关于古代文献的时限划分，学界主要有 4 种观点：一是以 1840 年鸦片战争爆发为界，由于英国的入侵，清代的闭关锁国政策被打破，我国社会形态开始发生巨变，开启了近代史的进程。二是以 1911 年辛亥革命为界。辛亥革命推翻了清朝封建腐朽的统治，结束了两千多年的君主专制制度，建立了新民主国家，具有划时代性。三是以 1919 年"五四运动"为界。"五四运动"是一场广泛传播民主和科学的新文化运动，白话文运动由此兴起。四是以 1873 年艾小梅在汉口创刊《昭文日报》为界，此事件为近代铅字印刷之开始。4 种时限的划分虽有争议，但都有各自理由。本教材趋向于多数学者普遍认可的以辛亥革命为界，即清朝及清朝以前的各种图书典籍均归入古代文献范畴。

古代文献的内容范围广泛，涉及政治、经济、文学、史学、哲学、法学、军事、天文、地理、术数、医药、农学、方志、民族、民俗及宗教等各领域，本教材讨论的范围以古代医药文献为核心。

二、古代文献的分类

古代文献分类可根据问世朝代、文字载体和书籍内容进行划分。根据朝代可分为秦、汉、晋、隋、唐、五代、辽、金、宋、元、明、清文献等，根据载体可分为甲骨、金石、竹木、缣帛、纸等。与前两种分类不同，根据书籍内容分类在文献检索上更具有重要意义。回顾我国古代文献划分不难发现，在不同的历史时期，根据内容分类的体系也各不相同，如西汉时期《七略》有六部分类法，魏晋时期《晋元帝四部书目》有四分法，南北朝时《七志》《七录》有七分法，南宋时期《通志》有十二分法，明时《文渊阁书目》有二十分法等，影响较大的有六分法、四分法和七分法等。

（一）六分法

六分法为刘向、刘歆父子《七略》中所创，它开创了我国图书分类的先河。七略之首是"辑略"。它是全书的总序和总目，不作为单独一类，其余六略才是具体目录，故梁阮孝绪《七录序》说："其一篇即六篇之总最，故以《辑略》为名。"显然，《七略》分类法实际上是一种六分法。《七略》一书早已失佚，但其分类方法在班固《汉书·艺文志》中得到了保存。

《七略》将图书分成六大类，称为略，每略下设若干种，每种下分若干家，共成 6 略 38 种 603 家 13219 卷，医学著作归入方技略中。

1.六艺略　下设易、书、诗、礼、乐、春秋、论语、孝经、小学 9 种，收录儒家经典著作。

2.诸子略　下设儒、道、阴阳、法、名、墨、纵横、杂、农、小说 10 种，收录诸子百家的著作。

3.诗赋略　下设屈原赋之属、陆贾赋之属、孙卿赋之属、杂赋、歌诗 5 种，收录诗赋等文学著作。

4.兵书略　下设兵权谋、兵形势、兵阴阳、兵技巧 4 种，收录军事著作。

5.术数略　下设天文、历谱、五行、蓍龟、杂占、形法 6 种，收录古代天文、地理、历法、占卜、星象等著作。

6.方技略　下设医经、经方、房中、神仙 4 种，收录医药卫生、养生保健及巫术等著作。医学著作归入方技略。

（二）四分法

三国时，魏秘书郎郑默编撰了一部宫廷藏书目录《中经》（又称《魏中经簿》）。受《中经》的影响，西晋武帝时，秘书监荀勖编制了影响更为深远的国家藏书书目《中经新簿》（又称《晋中新簿》）。该书以甲、乙、丙、丁四部总括群书，开创了历史上的四部分类法。甲、乙、丙、丁四部与后世所称的经、子、史、集四部基本对应，荀勖的最大贡献是将史籍从经部中分离出来，并独立成部。

1.甲部　包括六艺和小学。

2.乙部　包括诸子、兵书、兵家和术数（医书附于术数中）。

3.丙部　包括史记、皇览和杂事。

4.丁部　包括诗赋、图赞和汲冢书。

东晋初年，李充编《晋元帝四部目录》，将《中经新簿》中乙、丙两类次序对调，从而奠定了四分法的分类次序。但此四部分类的甲、乙、丙、丁在名称上能体现排列的顺序，不能反映所包含图书的实质内容，弥补这一缺陷的是《隋书·经籍志》。唐初魏徵在受诏编撰此书时，将目录的名称与书籍的内容进行了统一，以经、史、子、集取代了甲、乙、丙、丁，从而完善了四部分类法。至此，在我国图书分类史上具有深远影响的经、史、子、集四部分类法正式定型确立，医学书籍归入子部的医方类。

（三）七分法

南北朝时期，为了切合图书实际发展需求，一些私家学者开始编撰私家目录，并探索新的图书分类，有代表性的如南齐王俭《七志》的七分法和南梁阮孝绪《七录》的七分法。

NOTE

1.《七志》七分法　《七志》在分类法上基本沿用了《七略》的六分法，增加"图谱志"一类，又附道、佛二部，实际可称为九分法。在分类方面，王俭刻意沿用《七略》分类体系，改变魏晋以来的四分法，重新将四分法改为七分法，医学著作则归于术艺志的方技中，具体分类见下。

（1）经典志　纪六艺、小学、史记、杂传。

（2）诸子志　纪古今诸子。

（3）文翰志　纪诗赋文集。

（4）军书志　纪兵书。

（5）阴阳志　纪阴阳、图纬。

（6）术艺志　纪方技。

（7）图谱志　纪地域及图谱书。

另附道、佛类，分别纪道经和纪佛经。

2.《七录》七分法　《七录》分类体系参考了《七略》和《七志》，同时吸收了四部分类法的优点。《七录》原书已失佚，但其总序、目录等被唐释道宣《广弘明集》所收录，医学著作主要归于术技录中。

（1）经典录　易、书、诗、礼、乐、春秋、论语、孝经、小学。

（2）纪传录　国史、注历、旧事、职官、仪典、法制、伪史、杂传、鬼神、土地、谱状、簿录。

（3）子兵录　儒、道、阴阳、法、名、墨、纵横、杂、农、小说、兵。

（4）文集录　楚辞、别集、总集、杂文。

（5）术技录　天文、谶纬、历算、五行、卜巫、杂占、形法、医经、经方、杂艺。

（6）佛法录　戒律、禅定、智慧、疑似、论记。

（7）仙道录　经戒、服饵、房中、符图。

第二节　查阅古代文献常用字词典

汉字是世界上使用时间最久、空间最广、人数最多的文字，汉字的创制和应用不仅推进了中华文化的发展，也推进了中医学的发展。汉字自诞生之日起，已有 6000 多年的历史，经历了甲骨文、金文、小篆、隶书、楷书、行书的字体变化和读音变化，以及文字含义的变化。汉字的种种演变，无疑会给今人阅读古代文献带来许多困难。为了阅读研究古代文献，准确把握古代文献的真实含义，我们需借助于各种古汉语字词典。

一般来说，字典汇集单字，注明其字形、读音、意义和用法，词典主要解释词语的概念、意义和用法，又称"辞典"。与古代不同，现代的字典和词典大多同时收录并解释字、词，故两者并无本质上的区别。

一、常用排检法

排检法是指对一定数量的文献或其他信息记录或文献实体按某一标识和规则进行排序，并按同一标识和规则进行查检的组织方法。排检法在各种字词典的目录和索引中得到广泛应用，常用的排检法有部首排检法、笔画笔形排检法、四角号码排检法和拼音排检法等。

（一）部首排检法

部首排检法是根据汉字的形体特征，按部首进行归类，再按除部首外的笔画数来排检汉字的一种查字法，为多数字典、辞典采用。部首排检法始创于东汉许慎的《说文解字》。该书共列 540 个部首，《康熙字典》将其压缩为 214 个部首，《辞源》与此同，《中文大辞典》基本照此，但略有改动。字体简化后，《辞海》将部首确定为 250 个，《汉语大字典》和《汉语大词典》则统一为 200 个。

目前，多数人习惯于采用《新华字典》的部首检索汉字，但检索古代文献字词的常用工具书《康熙字典》《辞源》《中文大辞典》《辞海》《汉语大字典》《汉语大词典》等制定的部首与《新华字典》有较多出入，故使用此类字词典时要特别留意《新华字典》未列入的部首，如八、匕、氏、爫、舛、韭、飞、高、邑、鬲、黍、黹、鼎、鼓、齐、龟、龠等。另外，在《康熙字典》《辞源》等字词典中，因部首设置注重字的源流变化，故还需熟悉部首的变体，如"刀"与"刂"在《新华字典》中分别归属两个不同的部首，但"刀"由"刂"变化而来，在《康熙字典》和《辞源》中"刂"同"刀"，即"刂"附属于"刀"部，检索宜从"刀"入手。其他如"忄"同"心"、"月"同"肉"、"王"同"玉"、"艹"同"艸"、"辶"同"辵"、"灬"同"火"、"犭"同"犬"、"阝"在左同"阜"、"阝"在右同"邑"等，与此类同。

部首检索时首先要确定部首，如"疗、疖、疠、症、疤"，属"疒部"；"汁、汉、汗、江、汤"，属"氵"部；"弗、弘、张、弱、强"，属"弓"部等。部首排检法的优点在于检索时不涉及读音，不足之处是不同字词典部首归类不同，难以确定，如"水"与"氵"、"火"与"灬"、"刀"与"刂"等在《辞海》中分属两部，在《辞源》中则归属一部。

（二）笔画笔形排检法

笔画笔形排检法是按每个字笔画的多少和起笔笔形编排和查检的一种排检法，是笔画法和笔形法的结合。首先将笔画数相同的字编排在一起，笔画相同的则按起笔笔形归类。笔画上按笔画多少排序，笔形上按一定的起笔笔形顺序排列。一般起笔笔形有四分法和五分法两种。四分法如"一、丿丨""、一丿丨"和"一丨丿、"，以后者为常见；五分法如"、一丨丿乛"和"一丨丿、乛"，也以后者为常用。笔画笔形法规则简单，掌握容易，但笔画数有时较难确定，且不同字词典所用笔画笔形不尽一致，需要区别对待。

（三）汉语拼音排检法

拼音字母排检法是以《汉语拼音方案》中的字母表顺序排列字头 A、B、C、D、E、F、G、H、J、K、L、M、N、O、P、Q、R、S、T、W、X、Y、Z。在 26 个字母中，V 除外，韵母"i""u"前加声母"Y"和"W"，分别归入"Y""W"中，故共计 23 部。第一字母相同者，再按第二字母顺序排列，其余依此类推。同音字再按声调（阴平、阳平、上声、去声）排列。此排检法查检迅捷，不利之处是汉字存在同字不同音现象，譬如"阿"有"ā"与"ē"的两种读法，当用于中药"阿胶"时，读"ē"不读"ā"；又如"禅"字，用于"禅师"时读"chán"，用于"禅让"时读"shàn"等。因此，使用拼音排检法前，首先要准确掌握某些汉字在特定语言条件下的正确读音。

NOTE

（四）四角号码排检法

四角号码排检法是 1923 年王云五先生根据汉字方块结构特点拟定的一种排检法。它将汉字笔形分为十类，用"0～9"十个数字表示。按照汉字左上、右上、左下、右下四角顺序依次取对应笔形代号，无角则取中以代左上或左下，右上或右下则以 0 补之。"0～9"笔形代码的简单记法是：横 1 竖 2 3 点捺，叉 4 插 5 方框 6，7 角 8 八 9 是小，点下有横变 0 头。四角同码字较多时，以右下角上方最贴近而露锋芒的一笔作为附角，以更小的字体附于四角号之后，如疗 0012_1。它的优点是使用简捷方便，缺点是需要记诵代号和经过一定时间的训练。

二、常用古汉语字词典

古汉语字词典本教材分为综合性字词典和中医字词典两类，前者如《说文解字》《康熙字典》《中文大辞典》《汉语大字典》《汉语大词典》《辞源》《辞海》等，后者如《中医难字字典》《医籍文言虚词手册》《古医籍通假字集释》《中国医学大辞典》《简明中医字典》《中医大辞典》《中医辞海》等。

（一）综合性字词典

1.《说文解字》 《说文解字》简称《说文》，东汉许慎所著。它是我国第一部以六书（象形、会意、转注、指事、假借、形声）理论系统分析字形、解释字义的字典。全书分 14 篇，叙目 1 篇，正文以小篆为主，共收录 9353 字，另有古文、籀文等异体同文 1163 字。每字的解释，通常先解释字义，再解释形体结构和读音。本书保存了大量的古代文字资料，对于探讨古代文化、研究古代文献具有重要参考价值。它是我国第一部按部首编排的字典，共计部首 540 个。由于成书较早，文字深奥，部首庞杂，不便检索，实际使用时可参阅 1981 年上海古籍出版社影印的清代段玉裁的《说文解字注》，后者弥补了前者的诸多不足，且书后附有笔画检字表，便于检索。

【检索示例】利用《说文解字注》查检"治肺痈，用百年芥菜卤，久窨地中者，饮数匙立效"（《神农本草经疏·芥》）中"窨"的含义。

检索步骤：先确定"窨"字的笔画数为十四画，在该书后所附"检字"索引的十四画下的 29 页第 6 列中找到"窨"字，其下有"三四三下"的页码提示，根据"窨"字的页码提示，在 343 页下半页的右侧找到"窨"字含义与反切注音如下。

窨　地室也，今俗语以酒水等埋藏地下曰窨。读阴去声。从穴音声，于禁切。七部。

注："窨"的本义为地下室、地窖。后世字义扩展，用酒水等埋藏地下也叫"窨"。本句中，"窨"显然是引申义"埋藏"，即治疗肺痈可饮服几汤匙久藏地下的芥菜卤，便可起到立竿见影的效果。

2.《康熙字典》 《康熙字典》是我国第一部以"字典"命名的大型字书，为清代张玉书、陈廷敬、王景曾等奉敕编撰。编撰工作始于康熙四十九年（1710 年），成书于康熙五十五年（1716 年），历时 6 年，故名《康熙字典》。全书按十二地支顺序（子、丑、寅、卯、辰、巳、午、未、申、酉、戌、亥）分为 12 集，每集又分上、中、下三卷，分别排列 214 个部首，收录 47000 多字。采用繁体字，正文单字先按部首分类，部首排列顺序以笔画多少为依据，笔画相同则按照字义、形体进行归类编排，部首相同的字按笔画数从小到大排列。字的解释，一般先注音、后释义。解释字义时，先解释字的本义，后解释引申义和假借义。由于《康熙字典》

部首设置与现代字词典差异明显，故部首检索需要一个熟悉过程，但新版《康熙字典》大都附有四角号码索引，这给检索带来很大方便。

【检索示例】利用《康熙字典》部首法查检"疒䏍"的读音与含义。

检索步骤：先确定"疒䏍"的部首为"疒"，其笔画数为五画，从该字典部首索引五画中找到"疒"部，五画归属"午集"。"午集"分上、中、下，"疒"部位于"午集中"中的第一个部首，从正文中确定"午集中"的位置，除去"疒"部笔画数，"䏍"字笔画数为十二画，在十二画中依次排查每一字，即可快速找到"疒䏍"，其读音和释义如下。

"疒䏍"《集韵》：止忍切，音䏍，痹病。《正字通》：俗疹字。

注：《集韵》反切法表明该字读音是"止"字声母"zh"和"忍"字韵母"ěn"的结合，与"䏍"字读音同，"疒䏍"是指一种叫"痹病"的皮肤病。《正字通》认为，"疒䏍"与"疹"同，民间流行用"疹"代替"疒䏍"。

《康熙字典》代表了清代文字学研究的最高水平，书中引证丰富，考证详尽，是阅读古籍、整理古代文献、从事古文化研究的重要参考工具书。

3.《中文大辞典》《中文大辞典》编纂委员会编纂，台北中国文化研究所出版发行，初版于 1968 年。全书共 40 册，其中正文 38 册。每册册首有"部首检字法"和"笔画检字表"，第 39 册是针对全书的"中文大辞典部首索引表"，第 40 册是针对全书的"中文大辞典索引笔画检字表"。全书采用繁体字，收录单字近 5 万个，词语 37 万多条。该书释义依照本义、引申义、假借义的顺序排列，注重考源。单字的排列，按《康熙字典》214 个部首分类排列。部首相同的字，先分笔画多少，再按字形起笔的点、横、直、撇为序排列。单字的收录以《康熙字典》为主，包括正体、或体、古字略字及俗字、后起字，词汇收录来源于经史子集、历代文献、类书、辞典等，内容包括成语、术语、格言、叠字、诗词歌曲、人名、地名、职官名、年号、书名、动植物名和名物制度 12 个方面。字义的解释主要说明字的构造与本意，以及形、音、义之间的关系。

【检索示例】利用《中文大辞典》查检"当补则补，当泻则泻，毋逆天时，是谓至治"（《灵枢·百病始生第六十六》）中加点词"天时"的含义。

检索步骤：先确定"天时"首字"天"的笔画数为四画，在第 40 册"中文大辞典索引笔画检字表"四画下的第 5 页中找到"天"字，根据"天"字下的册数提示"8"和页码提示"二七五"，在第 8 册 275 页中找到"天"字的起始位置，再依次向后查检，在 312 页中栏中找到词组"天时"。

天時　①天道以時運行，因謂天道曰天時……（余略）。②猶言天災……（余略）。③謂天子之機嫌也……（余略）。

注：比较"天时"的 3 种解释，"天道"之说最切本题含义，"毋逆天时"是指治病时不要违背大自然的运行规律。

《中文大辞典》的编撰，注重中国文字的源流，对于字的形、音、义变迁十分重视。单字的选录从甲骨文起，收录历代金文、篆体、隶书、楷体和历代名家书法字体等，对于字体演变过程有一定启示作用。全书词汇收录十分丰富，解说广征博引，是阅读古代文献的重要工具书。

4.《汉语大词典》《汉语大词典》编辑委员会编，罗竹风主编，汉语大词典出版社出版。

全书正文 12 卷，共收单字 2.27 万，复词 37.5 万，约 5000 万字，并配有插图两千余幅。另有《附录·索引》1 卷，为检索工具，包括"度量衡测算简表""历代帝王纪年干支纪年公元纪年对照表""两晋南北朝时期的十六国政权简表""五代时期的十国政权简表""单字笔画索引""单字汉语拼音索引"等。

全书从古今数千种汉语典籍著作中广泛收词，以"古今兼收，源流并重"为编纂原则，所收单字以带复词并有引文例证者为限。按部首归类编排，以《康熙字典》的 214 部首为基础，改进删减为 200 个部首。以繁体字立目，简化字括注于后。单字先按部首排列，部首相同则按笔画数排列，笔画数相同则按"一丨丿、乙"的顺序排列。全书"以字带词"，词目排列时按第二字的笔画数排列，并在词条左上角标有笔画数，便于检索。单字下用汉语拼音标注现代音，并征引古代字韵书中的反切古音。复词广泛收列古今汉语中的词语、熟语、成语、典故和较常见的百科词，集古今汉语词汇之大成。

【检索示例】利用《汉语大词典》拼音索引查检"故夫药中肯綮，如鼓应桴"（《本草通玄·硫黄》）中加点词"肯綮"的含义。

检索步骤：先确定"肯綮"首字"肯"的拼音为"kěn"，在该书"附录·索引"的"单字汉语拼音索引"119 页中找到"k"字母下的拼音"kěn"，其下第 6 字便是"肯"。根据"肯"字后的卷页提示"⑥"和"1177"，在第 6 卷正文 1177 页中找到"肯"字，"肯"字所属的"肯綮"在 1178 页上，其释义如下：

【肯綮】①筋骨结合的地方……（余略）。②比喻要害或最重要的关键……（余略）

注：与本句切合的含义是第二种解释，即"最重要的关键"。

《汉语大字典》古今兼收，注重汉字形、音、义的密切结合，历史地、正确地反映了汉字形、音、义的源流变化情况，为汉语研究者必备实用的工具书。该书被联合国教科文组织列为世界权威工具书。

5.《辞源》（修订本） 始编于 1908 年（清光绪三十四年），新中国成立后经修订，至 1983 年出版了修订本。修订版《辞源》定位于阅读古籍的常用工具书和古典文史研究工作者的参考书，故侧重收载古汉语词语典故和古代名物典章制度等方面的内容，收词下限截止于 1840 年鸦片战争。

全书 4 册，繁体编排，收录字头约 1.3 万个，按《康熙字典》214 个部首归类及排序。部首和单字都以笔画多少顺序排列，单字笔画数相同的按起笔笔形排列，笔形顺序为"、一丨丿"。词条随字，近十万条，先按字数多少排列，再按第二字笔画数排列，最后按第二字起笔笔形排列。字头下先注音，后释义及引书证。词条按义项、书证秩序叙述。各册正文前有该册的"部首目录"和"难检字表"，各册正文后有该册的"四角号码索引"。第四册书末有《辞源》修订本单字汉语拼音索引""繁简字对照表""新旧字形对照表""历代建元表"等。

【检索示例】利用部首检索法查检"瞤"字在《辞源》中读音和字义：

检索步骤：先确定该字的部首是"目"，目部在《辞源》第三册中，"部首目录"提示页码 2197 页。"瞤"的笔画数为十二画，在该册 2222 页第一栏"目"部下的十二画中找到"瞤"，其读音和字义解释如下。

瞤　shùn　如匀切，平，諄韻，日。

①目動。俗謂眼跳。舊題漢劉歆西京雜記三："夫目瞤得酒食。"唐張文成遊仙窟："昨夜眼

皮瞤，今朝見好人。"②肌肉瞤動。素問氣交變大論："筋骨繇復，肌肉瞤酸。"

注："瞤"有两种读音，一种读作"shùn"，音同"舜"；另一种是"如"的声母"r"与"匀"的韵母"ún"结合的读音"rún"，音同"润"。含义也有两层，一为眼睑跳动，一为肌肉瞤动。

6.《辞海》（2009 年第六版）《辞海》编辑委员会编，夏征农、陈至立主编。《辞海》是一本兼有字典、语文词典和百科性质的综合性辞典，收词主要考虑知识性，其次是稳定性，范围包括成语、典故、人物、著作、历史事件、古今地名、团体组织及各学科名词术语等。该书初版于 1936 年，后历经修订，出现多种版本，主要有 1979 年、1989 年、1999 年和 2009 年（第六版）版本。

六版《辞海》有典藏本（9 册）、彩图本（5 册）、普及本（3 册）、缩印本（1 册）等不同，但结构与内容一致。全书按汉语拼音字母次序排列，共收单字字头 17914 个，字头下所列词条 127200 余条。使用简体字编排，但附有相应繁体字。书前有汉语拼音音节表，书后附有"部首索引""笔画索引""四角号码索引""词目外文索引"，还附有"中国历史纪年表""计量单位表""汉语拼音方案""国际音标表"等附录，以方诗铭所编"中国历史纪年表"为例。

中国古代纪年方法主要是帝王年号纪年法和干支纪年法，又有王位纪年、星岁纪年、黄帝纪年、生肖纪年等多种。如果想知道中国纪年对应的公元纪年，就需要借助年表等工具。《中国历史纪年表》就是其中一种。该表起于公元前 841 年西周共和元年，到 1949 年中华人民共和国成立为止。按年代先后分成十二诸侯、战国、秦、汉、三国……清、民国，共十五个纪年表。该表左起第一栏为公元纪年，第二栏为干支纪年，第三栏一般为王朝，以下罗列重要的封建割据、少数民族政权，以及农民起义及战争等。自公元 1 年起，在第三栏左侧加注公历 12 月 31 日对应的阴历月日。帝王及年号名后圆圈内数字为即位或覆灭、建号或改号所属阴历月份。凡是对年号等有异说及干支改动等，以"*"号标记，加以说明。

【检索示例】查检《辞海》，判断"大庇苍生，普济黔首"（《新修本草·孔志约序》）中带点词"黔首"的含义。

检索步骤：先确定"黔"字的部首为"黑"，笔画数为十二画，在第三册书后"部首索引"十二画下的 5517 页中找到部首"黑"。根据"黑"后的页码提示，在"部首索引"5567 页中找到"黑部"，其下"一至四画"中的第九字为"黔"字。根据"黔"字后的页码提示，在正文 3108 页右栏中找到"黔"字，"黔"字条下的 3109 页左栏中有"黔首"一词，释义如下。

黔首　战国及秦代对国民的称谓。初见于《战国策·魏策》《吕氏春秋》的《振乱》《怀宠》，《韩非子·忠孝》和李斯《谏逐客书》等。《史记·秦始皇本纪》："二十六年……更名民曰黔首。"裴骃集解引应劭曰："黔亦黎，黑也。"《说文解字·黑部》："秦谓民为黔首，谓黑色也。周谓之黎民。"

注："黔首"即国民，与"苍生"相呼应，均指平民百姓。全句含义是广泛保佑和救助平民百姓。

（二）中医字词典

1.《中医难字字典》李戎编著，1986 年四川科学技术出版社出版。本书参阅数百种中医古籍和各种中医学教材，撷取中医药常见难字（含繁体、异体字）约 2000 个，按其选收来源分类排列，共分中医基础理论、中药学、方剂学、内科学、妇科学、儿科学、外科学、伤科

NOTE

学、眼科学、耳鼻喉科学、针灸学、内经、伤寒论、金匮要略、温病学、医古文等16部分。每个难字先注音，后释义。多义字按基本义、常用义和中医古籍常用义分别介绍。书前有"汉语笔画检字表"，书后有"简化字繁体字对照表""异体字整理表""古今昼夜时间对照表""夏历月份别名表""四季别名表"等。

2.《医籍文言虚词手册》 赖任南编著，1986年福建科学技术出版社出版。本书收集中医药文献，特别是秦汉以前中医典籍中文言虚词209个，较为系统地介绍了每个虚词的意义和用法。书中例句以《素问》《灵枢》《难经》《伤寒论》《金匮要略》五部经典著作为主，兼及其他医学名著和文史典籍。

书中虚词按笔画顺序排列，繁体字附于简体笔画中。书前附有按笔画顺序排列的目录，书后附有"检字"，将书中每个虚词的用法进行归纳、简介，对其实词方面的用法也作了较为详细的介绍。

3.《古医籍通假字集释》 郭辉雄编著，1998年9月广西科学技术出版社出版。本书汇集了中医古典医籍及古典文学部分名篇中常用的通假字413个，引证例句1280余条，标注了通假字与本字的古音相通的声韵关系，阐明了通假字与本字的本义和引申义。所引书证例句，逐句进行译释，译文通俗流畅。书前有按笔画顺序排列的检字表，书后有音序索引。本书是一部查阅中医通假字的工具书，也是一部形音义综合训释的训诂书，又是一部医古文教学的参考书。

【检索示例】查检《古医籍通假字集释》，确定"五脏之色在王时见者，春苍，夏赤，长夏黄，秋白，冬黑"（清·李延昰《脉诀汇辨·望诊》）中加点字"王"的通假含义。

检索步骤：先确定"王"字拼音的第一个字母为"w"，在《古医籍通假字集释》书后"音序索引"字母"w"下的268页找到"王"字。根据"王"字后的页码提示，在正文14页中找到"王"字，其通假有以下两种情况。

①通"旺"，音同通假。旺：于放切，匣母阳韵。本义为光美。《说文》："旺，光美也。"引申有火势炽盛、旺盛等义……（余略）。②通"往"，音同通假。往 wǎng，于两切，匣母阳韵。到、去。《说文》："往，之也。"引申有过去的等义……（余略）。

注：两种通假中，只有第1种通"旺"作"旺盛"解时才符合原文含义。

4.《中国医学大辞典》 谢观编著，1921年商务印书馆初版，1988年中国书店重印。编者从2000多种中医药文献中采集7万余条词目，内容包括病名、药名、方名、身体、医药学家、医药著作、医药理论等七大方面。词目按笔画多少顺序排列。词条的注释较详细，但由于出版年代较早，部分释文和观点较为陈旧。书中使用繁体字，为竖排版，共4册。

1994年中国中医药出版社出版了该书的修订本，将原书4册合为一册，将繁体竖排改为简体横排，并加"汉语拼音索引"和"四角号码索引"，便于阅读及检索。1994年辽宁科学技术出版社也出版了修订本，改名为《中华医学大辞典》，分为上、下两卷。1998年，天津科学技术出版社对该书进行了重新整理，改为一册32开本，词目按简化字笔画和笔形顺序排列，校改了原书的全部错别字。

【检索示例】利用《中国医学大辞典》四角号码法，查检陶华的字号、籍贯、医术及其著作。

检索步骤：先确定"陶"字的四角号码为"772₂"，根据"陶华"后的页码提示，在正文

1164 页右栏中找到"陶华"。

陶华　字尚文，号节庵，明·余杭县人。治病有奇效，一人患病，因食羊肉涉水，结于胸中，其门人请曰：此病下之不能，吐之不可，当用何法。陶曰：宜砒石一钱。门人未敢用也，乃以他药试之，不效，卒依华言，一服而吐，遂愈。门人问之，曰：羊血大能解砒毒，羊肉得砒而吐，而砒得羊肉则不能杀人，是以知其可愈。其治伤寒，一服即愈，名动一时，然非重赂莫能致，论者以是少之。著有《伤寒六书》及《伤寒全生集》。

5.《简明中医字典》　杨华森、吴洪文、钟枢才编著，1985 年贵州人民出版社出版。编者从《内经》《难经》《神农本草经》《伤寒论》等数百种中医古籍中选辑生字难词，以及在中医学中具有特殊音义的常用词共 4000 余条，予以注音、释义，并举例说明。正文前有按笔画顺序排列的"目录"，词条按笔画由少至多的顺序排列，正文后附有"汉语拼音方案""古今度量衡标准参照表""中国医学大事年表""我国历代纪元表""干支次序表""古今昼夜时间对照表"和"节气表"。

2002 年该出版社在不增加篇幅、不增加字词条的前提下，对原书字词不够确切的音义进行了修改，对部分书证进行了更换，对原书中的失误和不当之处进行了纠正，重新出版了《简明中医字典》的修订本。

【检索示例】利用《简明中医字典》，查检"孕妇形体劳苦或过食炙煿等物，小便中带血，宜清膀胱之火"（《绛雪丹书·溺血》）中加点词"炙煿"的含义。

检索步骤：先确定"炙煿"首字"炙"的笔画数为八画，起笔为"丿"，八画且起笔为"丿"下的 52 页第 4 栏中找到"炙煿"一词，根据"炙煿"后的页码提示，在 544 页右栏中找到该词，其含义如下。

炙煿（bó）煎、炒、炸、烤、爆一类的烹调方法。经炙煿的食物，性多燥热，偏嗜则可能损耗胃阴，发生内热病证。

6.《中医大辞典》　中医研究院（现中国中医科学院）、广州中医学院（现广州中医药大学）主编，1981～1987 年人民卫生出版社分册出版试用本，1995 年修订出版第 2 版，为合订本。本书是新中国成立以来由 10 多家高校及科研机构合编的第一部中医药学综合性大型词典。试用本分 8 个分册出版，包括《基础理论分册》《医史文献分册》《中药分册》《方剂分册》《内科分册》《妇科儿科分册》《外科骨科五官科分册》《针灸推拿气功养生分册》，收载中医基础理论、人物、文献、中药、方剂、临床各科、针灸、推拿、气功、养生等类词目 4 万余条（含单字和附条）。

第 1 版以分册形式出版后，由于词目重复现象严重、释文前后不一，1995 年重新出版了修订合编本。后者收录词目 36329 条，插图 140 幅。与第 1 版相比，有 48.6% 的条目经过修订和删并，新增词目 2080 条，着重扩大了收载文献的范围，发掘传统的治疗方法，并在现代中医术语和养生、气功、食疗等领域进行了较多充实，增补了藏、蒙、维等少数民族医学家、医著等词条。词目释文先定义，后解释，力求言简意明，通俗易懂，既引录文献，又结合实际。对于比较成熟和稳定的病证和治疗的概念，加入现代内容予以印证。各类辞目，一般注明出处，以便查核。全书词目按笔画顺序排列，书前有按首字笔画顺序排列的检字表和目录。

7.《中医辞海》　袁钟等主编，分上、中、下三册，1999 年中国医药科技出版社出版。本书是一部中医药学的大型词典，收词 5 万余条（包括互见条）。词条内容包括中医基础理论、中医诊断学、古典医籍、医史文献、中药学、方剂学、中医实验、中医仪器、中西医结合、内科学、外科学、骨科学、妇科学、男科学、儿科学、皮肤科学、耳鼻喉科学、针灸学、推拿学、药膳、养生学、气功学等。全书词条先按词条首字笔画笔形排列，再分别按其余字的笔画笔形顺序排列。正文前列有按词条首字的笔画笔形为序排列的"笔画查字表"，上册首字笔画为一画至六画，中册首字笔画为七画至十一画，下册首字笔画为十二画至三十六画，每册书后有该册词条首字的"汉语拼音索引"。上册书末附"古今度量衡比较表"，下册书末附"中国医史年表""全国中医机构及刊物简介"，以增加检索功能和使用价值。

第三节　古代中医药文献专题检索

古代中医药文献专题检索是指对古代中医药文献的特定内容进行检索，一般可分为本草类文献检索、医经类文献检索、医案类文献检索、针灸类文献检索、方剂类文献检索、养生类文献检索、古代医史人物传记资料检索等七个方面，主要通过各科类书、专著及相关工具书进行检索。新版的类书或专著出版时可能附有索引，查检时宜首选。

一、本草类文献检索

本草是我国古代对药物学或药物学专著的称谓。检索历代有关本草的资料如正名、异名、药性、归经、采收、炮制、用法、用量、功用、主治、禁忌、组方举例、历代论述等内容，主要通过本草专著及其工具书（表 2-1）进行查找。历代本草资料，也可利用一些大型的综合性类书进行查检，如《古今图书集成》禽虫典和草木典、《群芳谱》等。

本专题检索时，一般从药名入手，药名有正名、异名之不同。古今本草专著或工具书对正名与异名的认识是有区别的，即使同为古代本草专著，不同著作的认识也存在差异，故正确选用药名检索词，可以避免漏检情况的发生。

表 2-1　主要本草文献

书　名	编　者	出版情况
重修政和经史证类备用本草	宋·唐慎微撰 金·张存惠等重修	成书于 1204 年，2013 年中国中医药出版社出版
本草纲目	明·李时珍撰	成书于 1578 年，1982 年人民卫生出版社出版
本草纲目拾遗	清·赵学敏编著	成书于 1864 年，1983 年人民卫生出版社出版
珍本医书集成（第二册）·本草类	裘吉生辑	成书于 1936 年，1985 年上海科学技术出版社出版
应用本草分类辑要	华实孚辑	1951 年中华书局出版
历代本草精华丛书	朱大年等编	1994 年上海中医药大学出版社出版
本草名著集成	张瑞贤主编	1998 年华夏出版社出版
中药大辞典	南京中医药大学编	1977 年上海科学技术出版社出版
中华本草	《中华本草》编委会编	1999 年上海科学技术出版社出版

续表

书　名	编　者	出版情况
中华药海	冉先德主编	1993 年哈尔滨出版社出版
中药辞海	《中药辞海》组编	1993 年中国医药科技出版社出版
本草纲目索引	郑金生等编	1999 年人民卫生出版社出版
本草文献药名索引	钱俊华主编	1999 年上海中医药大学出版社出版
中药别名大辞典	刘道清主编	2013 年中原农民出版社出版

【检索示例】查检《重修政和经史证类备用本草》中苍耳子的性味、有毒无毒、功用、别名、产地、采收时间等。

检索步骤：古时"苍耳子"并非该植物的通用名，通过《中药别名大辞典》等工具书可查到"苍耳子"的其他名称，如菜耳实、牛虱子、胡寝子、胡苍子、苍郎种、棉螳螂等，确定苍耳子异名"菜耳实"，首字"菜"的笔画数为十二画，利用新版《重修政和经史证类备用本草》书后的"药名笔画索引"，在"十二画"下的 1548 页右栏中找到"菜耳实"。根据"菜耳实"后的页码提示，在 502 页中找到相关资料如下。

菜（私以切）耳实　味苦、甘，温。叶，味苦、辛，微寒，有小毒。主风头寒痛，风湿周痹，四肢拘挛痛，恶肉死肌，膝痛，溪毒。久服益气，耳目聪明，强志轻身。一名胡菜，一名地葵，一名葹（音施），一名常思。生安陆川谷及六安田野。实熟时采。

二、医经类文献检索

检索古代中医基本理论的源流和历代医家的临证资料，可通过查检中医经典原著或中医类书（表 2-2）。中医类书对中医领域的各个方面进行分类编排，引述广泛，内容丰富，有"中医百科全书"之美誉，常作为医经类文献检索的主要途径。

由于本专题检索的内容涉及中医领域的方方面面，几乎在所有古代中医书籍中均有分布，故本草、方剂、医案、针灸、养生等的专题检索也能为本专题检索提供线索，应引起重视。

表 2-2　主要医经类文献

书　名	编　者	出版情况
诸病源候论	隋·巢元方撰	成书于 610 年，1955 年人民卫生出版社出版
备急千金要方、千金翼方	唐·孙思邈撰	约成书于 652～682 年，1955 年人民卫生出版社影印
古今医统大全	明·徐春甫辑	成书于 1556 年，1991 年人民卫生出版社出版
证治准绳	明·王肯堂撰	成书于 1602 年，1957 年上海卫生出版社影印
东医宝鉴	朝鲜·许浚等撰	成书于 1611 年，1982 年人民卫生出版社影印
类经	明·张介宾撰	成书于 1624 年，1965 年人民卫生出版社影印
古今图书集成医部全录	清·陈梦雷等辑	成书于 1706 年，1959 年人民卫生出版社出版
黄帝内经大词典	周海平等主编	1984 年中医古籍出版社出版
黄帝内经章句索引	任应秋主编	1986 年人民卫生出版社出版

NOTE

续表

书　名	编　者	出版情况
永乐大典医药集	萧源等辑	1986 年人民卫生出版社出版
金匮要略辞典	艾华主编	2005 年学苑出版社出版
伤寒论辞典	刘渡舟主编	2015 年解放军出版社出版
温病学辞典	李湘云主编	1991 年中医古籍出版社出版
温病学大辞典	李顺宝主编	2007 年学苑出版社出版
备急千金要方通检	段逸山编	2010 年上海辞书出版社出版

三、医案类文献检索

　　医案真实记录了医家的诊疗活动，它对于印证中医理论的正确性和提升中医理论的高度极其重要。检索历代医案资料或某一时期专科、专病医家的临证经验，主要通过古代医案汇编类书籍（表 2-3），也可从综合性中医药类书和方书中查找历代医家的临床经验和医案等资料。

　　与医案有紧密关联的医话也是古代中医药文献检索的重要部分。医话是历代医家的随笔记录，包括读书体会、临证心得、学术评论等。要检索历代医话，尤其是散见于临床各类医著，以及文、史、哲等非医学文献中的医话资料，需要借助一些综合性医话著作（表 2-3）。

　　医案医话类书籍后面多无索引等附录，主要通过书前目录进行检索，故首先要熟悉目录中的病证分类规律，其次要对正文中医案医话的编排规律进行分析研究，如是否按年代的久远顺序排列、不同医家排列的先后关系等。

表 2-3　主要医案文献

书　名	编　者	刊行出版情况
名医类案	明·江瓘父子辑	成书于 1591 年，1957 年人民卫生出版社影印
续名医类案	清·魏之琇辑	成书于 1770 年，1957 年人民卫生出版社影印
二续名医类案	鲁兆麟辑	1996 年辽宁科技出版社出版
临证指南医案	清·叶天士著	成书于 1746 年，2011 年中国医药科技出版社出版
古今医案按	清·俞震辑	成书于 1778 年，1959 年上海科学技术出版社出版
冷庐医话	清·陆以湉撰	成书于 1858 年，1959 年上海科学技术出版社出版
全国名医验案类编	何炳元辑	成书于 1927 年，1959 年上海科学技术出版社出版
清代名医医案精华	秦伯未编辑	成书于 1928 年，1981 年上海科学技术出版社出版
清代名医医话精华	秦伯未撰辑	成书于 1928 年，2007 年人民卫生出版社出版
宋元明清名医类案	徐衡之等辑	成书于 1933 年，1988 年天津古籍书店影印
明清十八家名医医案	伊广谦等主编	1996 年中国中医药出版社出版
历代儿科医案集成	何世英等主编	1985 年天津科学技术出版社出版

四、针灸类文献检索

针灸类文献包括针灸推拿，具体包括经络、腧穴理论、针法、灸法、推拿法及其适应证等。本专题检索主要通过历代中医有关针灸推拿的专著、综合性的针灸推拿著作（类书），以及专科辞（词）典工具书等（表2-4）进行查检，也可通过其他中医类书如《古今图书集成医部全录》进行查检。

专科辞（词）典工具书在本专题检索中较为便捷，有时能提供查检原文出处的线索，如《针灸学辞典》载述"鸠尾"穴主治时说："《灵枢·经脉》'腹皮痛，痒搔'。"又说："《玉龙经·玉龙歌》'五痈'。"我们根据其提供的书籍及其章节，可迅速、准确地找到原文的出处，以及"鸠尾"穴在原著中更为详细的论述。

古代针灸推拿专著或类书一般无索引，目录大多按分类编排，因此进行本专题文献检索时，对针灸推拿的基本知识要有一个大致了解，熟悉其分类。如查检"合谷"一穴时，首先要确定其归属何经，然后从经脉入手，在目录的引导下在正文中找到该穴的相关内容。

表2-4　主要针灸文献

书　名	编　者	刊行出版情况
针灸甲乙经	晋·皇甫谧撰	成书于259年，1956年人民卫生出版社出版
针灸资生经	宋·王执中撰	成书于1220年，1959年上海科学技术出版社出版
针经节要	元·杜思敬节辑	成书于1315年，1955年人民卫生出版社出版
针灸大全	明·徐凤编	成书于1439年，1987年人民卫生出版社出版
针灸聚英	明·高武辑	成书于1529年，1961年上海科学技术出版社出版
针灸大成	明·杨继洲辑	成书于1601年，1963年人民卫生出版社出版
针方六集	明·吴崑	成书于1618年，2013年北京科学技术出版社出版
针灸逢源	清·李学川辑	成书于1817年，1987年上海科学技术出版社出版
勉学堂针灸集成	清·廖润鸿补撰	成书于1874年，2008年中国中医药出版社出版
针灸名著集成	黄龙祥主编	1996年华夏出版社出版
针灸学辞典	安徽中医学院等编	1987年上海科学技术出版社出版
新编针灸大辞典	程宝书主编	1995年华夏出版社出版
简明针灸辞典	陈汉平主编	2007年上海科学技术出版社出版
针灸推拿学辞典	梁繁荣主编	2006年人民卫生出版社出版
针灸穴名解	柴铁劬编著	2009年科学技术文献出版社出版

五、方剂类文献检索

方剂类文献检索大多涉及方剂的正名、别名、来源、组成、用法、用量、功用、主治、配伍、临床应用、各家论述等内容，查检主要采用大型综合性方书（类书）和工具书（表2-5），也可利用其他综合性中医药类书查检，如《备急千金要方》《千金翼方》《中国医药汇海》等亦

NOTE

收载丰富的历代方剂资料。

本专题检索一般从方剂名切入，也可从病证名入手。由于古代方剂中同名异方现象十分常见，原因可能是不同书籍取名时的巧合，或传抄之误造成，也可能是后人对前人方剂组成的调整以改变或扩展其应用所致，故方名查检得到的结果需加以分析，比较异同，择善而用。

表 2-5   主要方剂文献

书　名	编　者	出版情况
外台秘要	唐·王焘撰	约成书于 752 年，1955 年人民卫生出版社影印
太平圣惠方	宋·王怀隐等编	成书于 992 年，1958 年人民卫生出版社出版
太平惠民和剂局方	宋·太平惠民和剂局编	成书于 1151 年，1959 年人民卫生出版社出版
普济方	明·朱橚等辑	成书于 1390 年，1958 年人民卫生出版社出版
医方类聚	朝鲜·金礼蒙等辑	成书于 1445 年，1981 年人民卫生出版社出版
伤寒论类方	清·徐大椿编	成书于 1759 年，1956 年人民卫生出版社影印
伤寒论类方汇参	左季云编	成书于 1927 年，1957 年人民卫生出版社出版
本草纲目附方分类选编	陕西省中医研究院编	1982 年人民卫生出版社出版
中华医方精选辞典	彭怀仁主编	1998 年上海科学技术文献出版社出版
中医方剂大辞典	彭怀仁主编	2005 年人民卫生出版社出版

六、养生类文献检索

养生类文献分养生学观点和养生方法两大方面，前者包括怡精神、调饮食、慎起居、适劳逸等，后者包括导引、按摩、食疗、服药等。养生类文献分布极广，在诸多医学著作中均有涉及，但养生类专著则凤毛麟角、屈指可数，对于本专题文献检索，要充分利用数量有限的古代综合性养生著作（表 2-6），同时要特别重视养生类辞典工具书（表 2-6）的运用。

现代养生类辞典分类大都很细，大类之下再分小类，一般均体现在书前目录中。如《中华养生宝典》将养生内容分为养性、情志、雅兴、慎疾、养老等 18 类，其中"养老"类又分养老之宜、养老之道、养老大要、老人日常养生、老人六戒等 12 小类。例如，通过目录中"老人日常养生"后的页码提示，在正文中便可找到古代养生文献的解说。其后的文献出处标注："[唐] 孙思邈：《千金翼方》卷 14《养性》"，其可为查检原始文献提供便捷途径。

表 2-6   主要养生文献

书　名	编　者	出版情况
养生类纂	宋·周守忠撰	成书于 1596 年，2001 年远方出版社出版
寿亲养老新书	宋·陈直原撰，元·邹铉续增	成书于 1307 年，1986 年中国书店影印
养生四要	明·万全撰	成书于 1549 年，2000 年上海科学技术出版社出版
遵生八笺	明·高濂撰	成书于 1591 年，1985 年巴蜀书社出版
寿世青编	清·尤乘辑	成书于 1667 年，1985 年中国书店出版
寿世传真	清·徐文弼	成书于 1771 年，1986 年中医古籍出版社出版

续表

书 名	编 者	出版情况
养生随笔（即老老恒言）	清·曹庭栋撰	成书于 1773 年，2006 年人民卫生出版社出版
医道寿养精编	张继禹等主编	2009 年华夏出版社出版
中国养生说辑览	沈宗元辑	1933 年上海万有书局出版
中国养生宝典	汪茂和主编	1998 年中国医药科技出版社出版
中华养生大全	颜德馨等主编	2001 年上海科学技术出版社出版
中华养生宝典（养生语录白话图本）	倪泰一等编译	2006 年重庆出版社出版

七、古代医史人物传记资料检索

　　古代医史人物传记资料检索涉及的内容包括别名、字号、籍贯、背景、生平、师承、成就、著作等，这些资料对于学习和研究中医药具有重要的参考价值。本专题检索主要通过中医人物辞（词）典等工具书（表 2-7）的查检实现，也可利用中医药类书、史书、方志或者书目提要等工具书进行查检。具体查检时，要特别注意医史人物的名、字、号等，例如《理瀹骈文》作者常见的署名是"吴尚先"或"吴师机"，这都是作者的字，《中医人名辞典》著者索引中查检不到，而不为大家所熟悉的名"樽"，则出现在其著者索引中。

表 2-7　主要医史人物传记文献

书 名	编 者	出版情况
中国医学人名志	陈邦贤等编	1956 年人民卫生出版社出版
中国历代名医列传	黄三元编	1981 年台湾八德教育文化出版社出版
历代医林人物	刘飞白编	1985 年台湾五洲出版社出版
中医人物词典	李经纬主编	1988 年上海科学技术出版社出版
中国历代医家传录	何时希主编	1991 年人民卫生出版社出版
中国历代名医百家传	张志远编	1988 年人民卫生出版社出版
中国医学人名志	陈邦贤等编	1956 年人民卫生出版社出版
中医人物荟萃	吴崇其等编	1993 年中国科学技术出版社出版
中医人名辞典	李云主编	1988 年国际文化出版公司出版

第四节　中医药文献书目检索

　　目录的目是指篇目，即一书篇章或卷次的名称，将诸多篇章和书名汇集编排起来就叫作目。录是指叙录，又称书录、序录，是对目的说明和编次，即逐一介绍某书或某篇的内容提要、学术源流等。目录是目和录的合称，即著录一批相关的文献，按一定的方式编排，用以揭示文献内容的工具。

NOTE

要全面、迅速、准确地检索中医药古代图书，利用书目是重要途径之一，也是中医文献手工检索的重要方法。古代中医药文献书目检索就是利用中医书目类检索工具书和综合性书目类工具书提供的信息，找到所需要的古代中医药文献信息。熟悉相关书目检索工具的收录范围、编写特色、内容提要及检索途径等，有利于提高检索古代中医药文献的效率和准确性。

一、中医药书目检索

中医书目类检索工具书数量较多，有些由于成书年代久远，检索价值有下降趋势；有些由于新书的出现，涵盖了原有著述的内容，故选择书目时应遵循由近及远、由易到难的原则。本节根据实际使用情况，对书目工具书有选择的进行介绍。

1.《中国医籍考》 日本·丹波元胤编，原名《医籍考》，编于 1818 年，1956 年人民卫生出版社据《皇汉医学丛书》本重印出版。据目次统计，该书收辑我国自秦汉至清道光年间历代医书 2383 种。全书分医经、本草、食治、藏象、诊法、经脉、方论、史传、运气 9 类。各类之下再分小类，每小类所列医书以时代先后为序。每书之下注明其出处、卷数、存佚等情况，并详列该书序跋、著者传略、诸家述评、历史考证等资料。该书广征博引，内容丰富。由于历史原因，书中有不少遗漏、讹误和考证失实之处，但对研究与查考中医古籍仍具有较高的参考价值。1956 年人民卫生出版社将其单行铅印出版，改名为《中国医籍考》，书后增编"书名索引"和"人名索引"，皆以首字笔画顺序排列，便于检索。

【检索示例】利用《中国医籍考》查检《活人事证方后集》的卷数与小引。

检索步骤：首先确定"活人事证方后集"首字"活"的笔画数为九画，在书后的"书名索引""九画"下的 17 页右栏中找到"活人事证方后集"，根据"活人事证方后集"后的页码提示，在 638 页查检到相关内容如下。

［活人事證方後集］ 二十卷　存

小引曰：是書前集，盛行於世，第限方之未全，今再求到桃谿劉居士編集常用已效之方，約計一千餘道，分門別類。先原其病候，次引事以證之，使用者無疑，服者必效，此方誠可活天下也。幸詳鑒。

2.《中国医籍续考》 刘时觉编著，2011 年人民卫生出版社出版。本书为日本·丹波元胤《中国医籍考》的续作，收载自清道光元年至宣统末年 91 年间的中医古籍，资料丰富，考证周密，是研究清末中医医术发展脉络的重要学术专著。

全书收载中医古籍 3068 种，分医经、本草、食治、养生、藏象、病机、诊法、明堂经脉、伤寒、温病、金匮、临床综合、方书、内科、外科、伤骨科、妇产科、儿科、喉科、眼科、医论医话、医案、法医、丛书全书、史传书目、运气、其他共 27 个门类。各门类下以书为单位，首列书名、卷数，标注存亡、未见、阙失等情况和出版年代；次列作者籍贯、姓名字号等；再录序跋、题辞等，后加本书作者按语。丛书全书专列一门，医学丛书先列出子目数，后列卷数。子目所包含的内容有医籍的序、跋、题辞、凡例，原作者的传记、墓志铭，目录学著作关于该医籍的提要、按语，兼及史传、地方志、家族宗谱中有关该医籍的记载。本书之后附有按首字笔画顺序编排的"书名索引"和"作者索引"。

3.《中医古籍珍本提要》 余瀛鳌、傅景华主编，1992 年中医古籍出版社出版。本书系中医古籍书目专著，以提要为主，述著者生平、学术价值、内容梗概、主要版本等，并注明收藏单位。收书范围以中国中医研究院（现中国中医科学院）图书馆馆藏为主，兼收全国各馆和中医古籍出版社已出版书目，共1085种。中医古籍中其他版本较多，流传较广，多见于其他书目、辞典者，本书均未收录。全书分内经难经、伤寒金匮、温病、诊法、本草、方书、针灸推拿、临证各科、养生、综合性医书、医案医话医论、医史、丛书、工具书等14类，每类之下以成书年代为序排列，并附序号。书前有"全国部分图书馆馆代号表"，书后附有"书名笔画索引""著者笔画索引"。

【检索示例】利用《中医古籍珍本提要》查检《钱氏秘传产科试验录》的作者简介、内容提要和版本馆藏地。

检索步骤：先确定"钱氏秘传产科试验录"首字"钱"的笔画数为十画，在"书名笔画索引"十画下的15页中找到"钱氏秘传产科试验录"。根据"钱氏秘传产科试验录"后0533的序号提示，在317页找到该书的作者简介、内容提要、主要版本，内容如下。

0533 钱氏秘传产科试验录

［作者简介］钱少楠撰。浙江山阴（今绍兴市）人，清代医家。生活年代约在清末民初年间。

［内容提要］不分卷，成书年不详。本书记载了钱氏世传女科验方，治法简约明允，药味少而精，颇堪效法。但也有若干封建迷信的观点，读者应予鉴别。

［主要版本］抄本 738B

对照刻本后的馆藏代号"738B"，在书前"全国部分图书馆馆代号表"第4页中查检到馆藏地为"浙江中医药研究所"。

4.《现代版中医古籍目录（1949—2012）》 李成文、李建生、司富春主编，2014年中国中医药出版社出版。收录1949~2012年国内出版的中医古籍3600余种，其中包括丛书、类书、全书等中医古籍300余种。全书分中医古籍书名和中医古籍全书、丛书、类书、集成、合编书名两大部分，书后附有"中医古籍书名笔画索引""中医全书、丛书、类书、集成、合编书名笔画索引""中医古籍成书年代及书名音序索引""中医古籍作者笔画索引"和"中医古籍作者音序索引"。本书的特点是方便检索全国各出版社中医古籍出版概况，便于读者从各种途径检索中医古籍目录的书名、作者、成书年代，弥补了中医古籍书目检索工具之不足，对研究和利用中医古籍、医史文献研究有重要的参考价值。

5.《中国医籍大辞典》 裘沛然主编，2002年上海科学技术出版社出版。该书是一部全面反映我国历代中医药文献概况的中医书目辞典，收录了上自先秦、下迄20世纪末的中医药书目2.3万余种，堪称医籍辞书之最。全书分上、下两册，上册分内难经类（A类）、基础理论类（B类）、伤寒金匮类（C类）、诊法类（D类）、本草类（E类）、方书类（F类）、临证综合类（G类）、温病类（H类）、内科类（I类）、妇科类（J类）等10类，下册分儿科类（K类）、外科类（L类）、伤科类（M类）、眼科类（M类）、耳鼻咽喉口齿类（O类）、针灸类（P类）、推拿类（Q类）、养生类（R类）、医案医话类（S类）、医史类（T类）、综合性著作（U类）、其他类（V类）、亡佚类（W类）等13类。每书目下扼要介绍了卷册数、著作者、成书或刊行年代、流传沿革、内容提要、学术特点或价值、出版单位、版本存佚情况、藏书单位等项，内容全面丰富。书后附有按笔画顺序编排的"词目（书名）索引"和"作者索引"，查阅方便。

NOTE

6.《全国中医图书联合目录》 薛清录主编，1991 年中医古籍出版社出版。该书收录了全国 113 个图书馆 1949 年前出版的中医药图书 12124 种。编写体例参考了 1961 年中医研究院和北京图书馆合编的《中医图书联合目录》，采用分类编年的方法，整体反映了中医学术发展的历史源流。分类体系以学科分类为主，兼顾中医古籍的体裁特征，将医书分为医经、基础理论、伤寒金匮、诊法、针灸按摩、本草、方书、临证各科、养生、医案医话医论、医史、综合性著作等 12 大类，大类之下又分成若干小类。各书的著录顺序依次为总序号、书名（包括卷数、异名、附录）、成书年代、著者（包括朝代、姓名、字、号、别名、著作方式）、版本（出版时间、地点、出版者、版本类别）、馆代号等。书前有"参加馆代号表"，书后有"书名笔画索引""书名音序索引""著者笔画索引"和"著者音序索引"。

【检索示例】利用《全国中医图书联合目录》查检《士林余业医学全书》的作者、卷数、成书年代、现存版本、馆藏地等情况。

检索步骤：先确定"士林余业医学全书"首字"士"的笔画数为"三画"，起笔为"一"，在"书名笔画索引"三画且起笔为"一"下的 801 页中找到"士林余业医学全书"，根据"士林余业医学全书"后提示的序号 04930，在 325 页左栏中找到该书的作者、卷数、成书年代、现存版本等内容。

04930　　　士林余业医学全书六卷　　1598

（明）叶云龙撰

明万历刻本　　7

根据"明万历刻本"后的馆藏地代码"7"，在第 6 页"参加馆代号表"中找到对应的馆藏地"北京大学图书馆"。

7.《中国中医古籍总目》 薛清录主编，2007 年上海辞书出版社出版。《中国中医古籍总目》收录了全国 150 个图书馆（博物馆）馆藏的 1949 年以前出版的中医图书 13455 种，比《全国中医图书联合目录》增加了 2263 种，收录古籍版本的数量，较后者增加了 3652 个，其中不乏明以前的珍稀善本图书，如被业内专家评定为国宝级的明宫廷彩绘本《补遗雷公炮制便览》和宋代杨介撰《存真图》等，均为未见史志记载的珍稀孤本。此外，该书还收录了一批流失海外在国内已经失传的中医古籍的影印本、复制本。

在《中医图书联合目录》出版十多年后，在前两次编撰联合目录的基础上，《中国中医古籍总目》重新调查核实整理，收录图书重点仍为 1911 年以前出版的中文中医药古籍和民族医药古籍，以及 1949 年以前民国时期出版的中医药书籍。目录正文前有凡例、收藏馆代号表、类表，分类和著录格式与《全国中医图书联合目录》基本相同。附录包含台湾"中央图书馆"藏中医古籍目录、台北"故宫博物馆"藏中医古籍目录、台湾"中央研究院历史语言研究所"藏中医古籍目录、台湾大学图书馆藏中医古籍目录、台湾宝礼堂藏宋本中医书目、台湾公藏宋元本联合目录 6 部分。书后目录索引分为书名和作者索引，各有音序和笔画两种索引，方便查阅者检索。

《中国中医古籍总目》是当今查找现存中医古籍最重要的联合目录，为中医文献研究人员必备工具书。通过查找目录，可以获取各书现存版本情况，得知图书馆藏分布情况，以便研究者索书。

二、综合性书目检索

综合性书目涉及面广，既包含一般书目，也包含中医书目。本检索主要针对中医书目，但也涉及与中医有关的书目，如经史百家等，这些文献也是中医研究中不可或缺的内容。

1.《四库全书总目》 《四库全书总目》，又称《四库全书总目提要》，清代纪昀总纂，为我国古代最大的官修图书目录，基本上包括了清乾隆以前我国重要的古籍，特别是元代以前的书籍更完备。该书自乾隆三十八年（1773 年）开始编修，乾隆四十六年完成初稿，乾隆四十七年修改定稿。该书由于卷帙浩繁，翻阅不便，后经纪昀等人压缩删节，除去存目，编成《四库全书简明目录》20 卷，著录书籍 3470 种。

该书分上、下两册，共 200 卷，其中著录收入《四库全书》的古籍 3461 种，79309 卷；未收入《四库全书》的存目书 6793 种，93551 卷。卷 103～104 子部 13～14 为医家类书目，著录医书 97 部，1816 卷。子部 15 为医家类存目，著录医书 94 部 682 卷。

全书按部、类、属分为三级，计分经、史、子、集 4 部，44 类，65 属。如子部之下有儒家类、医家类、术数类等 14 类，术数类之下又分数学之属、占候之属、占卜之属、阴阳五行之属等 7 属。书后附有按四角号码顺序编排的书名及著者姓名索引。

【检索示例】利用《四库全书总目》查检《痎疟论疏》的编撰者及提要。

检索步骤：《四库全书总目》按繁体字编排，先认定"痎疟论疏"首字"痎"繁简同体，再分析字体四角，确定其四角号码为 0018_2。根据 0018_2 查检下册中按四角号码编排的书名索引，在第 15 页右栏中找到"痎"字条下的"痎瘧論疏"，其右有"0877 下"的提示，在上册 877 页下中查检到"痎瘧論疏"的编撰者及其提要如下。

痎疟论疏一卷　浙江巡撫　採進本

明盧之頤撰。之頤字子繇，錢塘人。是書論痎瘧證治，於虛實寒熱四者最為詳盡，足以發明素問瘧論刺瘧法諸篇微意。大旨爲瘧屬陽，痎屬陰。日作者屬陽，閒日閒數日作者屬陰。而曰温，曰寒，曰瘴，曰牝，皆可以痎瘧該之。其主方多取王肯堂證治準繩，其餘所列諸方，亦多簡當。雖爲書不過一卷，然治瘧之法約略盡乎是矣。杭世駿道古堂集有之頤小傳，稱所著初有金匱要略模象，其爲父所焚。續著有本草乘雅半偈，今行於世。後著有摩索金匱九卷，又有傷寒金鎞鈔醫難析疑二書，今未見傳本，獨無此書之名。或世駿作傳之時未見其本，故亦疏漏歟。

2.《续修四库全书总目提要（稿本）》 《续修四库全书总目提要（稿本）》由王式通等 71 人参加编撰，其稿本（包括手抄本和誊清本）由中国科学院图书馆整理后，1996 年由齐鲁书社出版影印出版。全书共 38 册，正文 37 册，索引 1 册。索引分"分类索引""书名索引""作者索引"。"分类索引"按经、史、子、集排列，子集包含医家类，"书名索引"和"作者索引"按笔画笔顺排列。

《续修四库全书总目提要（稿本）》是继清乾隆年间所修《四库全书总目提要》之后，于 1931 年 7 月至 1945 年 7 月，由我国经学、史学、文字学、目录学、方志学、敦煌学等各方面的专家学者撰写的又一部十分重要的大型书目提要工具书，共收入古籍 3.3 万余种。其收录范围包括：①《四库全书总目提要》虽已收录，但窜改、删削过甚或版本不佳的书籍。②修改阮元的《四库未收书目提要》。③《四库全书总目提要》遗漏的书籍。④乾隆以后的著作和辑佚

NOTE

书籍。⑤禁毁书和佛、道藏中的重要书籍。⑥词曲、小说及方志等类书籍。⑦敦煌遗书。⑧外国人用汉文撰写的书籍。

半个多世纪以来，许多古籍已被天灾人祸所毁而不复存世，所幸这些提要还能勾勒出一部分古籍的轮廓。《续修四库全书总目提要》基本上反映了清乾隆以后至 20 世纪 30 年代存世典籍的概况，是学者必备的参考用书。

3.《贩书偶记》 孙殿起编，1982 年上海古籍出版社出版。本书编于 1936 年，收录了作者经营书店一生中所见的清代乾隆以后刊印的著述，同时也兼收四库以前未被《四库全书总目提要》收录的单印本、稿本、抄本、校本，以及辛亥革命以后至抗战前期的著作，共计 1 万余条。每书著录书名、卷帙、著者、籍贯、版本等项，不著提要。全书按经、史、子、集四部分类，医家类在卷九，不再分细目，共收医书 153 种。书后附有按四角号码编排的"书名和著者综合索引"和"笔画顺序检字"。

《贩书偶记》出版后，孙氏又积累资料 5000 余条，后由其助手雷梦水加以整理出版了《贩书偶记续编》，其编制体例悉依原书，医家类在卷九，下分细目 22 个，共收医书 92 种。

【检索示例】利用《贩书偶记》查检《救偏琐言》的编撰者及成书年代。

检索步骤：先确定"救偏琐言"首字"救"的笔画数为十一画，利用《贩书偶记》书后的"笔画顺序检字"在第 789 页十一画下找到"救"字，其后标注的四角号码为 4814_0，按 4814_0 查检"书名著者名四角号码综合索引"，在第 717 页找到"救"字条下的"救偏琐言"。根据"救偏琐言"后的页码提示，在 231 页中查检到"救偏琐言"的编撰者及出版年代如下。

救偏琐言十卷 吴兴费启泰撰 康熙二十七年惠迪堂刊

4.《中国丛书综录》 上海图书馆编，1959～1962 年由上海中华书局出版，1982 年上海古籍出版社新 1 版。本书收录了全国各大城市的 41 个主要图书馆实际馆藏的历代丛书 2797 种，包括古籍 38891 种，共分 3 册。

第一册是"总目分类目录"，将 2700 多部丛书分类编排。全册分"汇编"和"类编"两个部分，"汇编"分杂纂、辑佚、郡邑、氏族、独撰 5 类；"类编"分经、史、子、集 4 类。子类医家类中，共收医学丛书 130 种。每种丛书列书名、编者及版本，其子目著录书名、卷数与作者。该册之后附有"全国主要图书馆收藏情况表"，按四角号码编排的"丛书书名索引"和按笔画编排的"索引字头笔画检字"。

第二册是"子目分类目录"，收录子目 7 万多条，以子目为单位，分经、史、子、集四部，每书著录其书名、卷数、著者及所属丛书。医家类在子部，下分 22 大类，内科、外科、五官科等又加以细分，共载录医书 1357 种。

第三册是检索第二册的工具，前有"四角号码检字法""索引字头笔画检字""汉语拼音方案""索引字头拼音检字"等。该册主体为"子目书名索引"和"子目著者索引"，两者均按四角号码排列。

【检索示例】以《中国丛书综录》为线索，查检《肯堂医论》入编丛书情况。

分析：查《肯堂医论》入编何种丛书应从第二册"子目分类目录"入手，但第二册是分类目录，已知条件是书名，所以从第三册"子目书名索引"入口。

检索步骤：《中国丛书综录》按繁体字编排，先认定"肯"繁简同体，再分析字体四角，确定四角号码为 2122_7，根据 2122_7 查检《中国丛书综录》第三册按四角号码编排的子目书名索引，在 94 页左中找到"肯"字条下的"肯堂醫論"。根据"肯堂醫論"后"820 右"的提示，从《中国丛书综录》第二册 820 页右中查检到"肯堂醫論"、卷数、编撰者、所属丛书等内容如下。

肯堂醫論三卷

（明）王肯堂撰

　　　　三三醫書　第二集

　　　　中國醫學大成　第十三集·醫論叢刊

查检结果：《肯堂医论》入编三三醫書、中國醫學大成这两种丛书。

【练习题】

一、利用《说文解字注》查检下列加点字的读音和含义

1．"甘蔗，润上部以清金。止渴解酲能导下。"（《本草便读·甘蔗》）

2．"诸风掉眩，皆属于肝。"（《素问·至真要大论》）

3．"恶血当泻不泻，衃以留止，日以益大，状如怀子。"（《灵枢·水胀第五十七》）

二、利用《康熙字典》查检下列加点字词的部首和含义

1．"脾虚伤暑，则为痎疟，常山饮主之。"（《脉因证治·伤暑》）

2．"女人用去皯斑，美颜色，故又名女萎。"（《医学入门·葳蕤》）

3．"中毒有轻者，痒始于面，而胸臂膝腨应之。"（《普济方·漆疮》）

三、利用《中文大辞典》回答下列问题

1．"井底泥"药用的描述。

2．中药"干漆"产地及采收季节的叙述。

3．中医"冬温"病名的解说。

四、利用《汉语大词典》查检下列加点字词的含义

1．"生不肖，体弱而多疢，力不能终举子业。"（《明医指掌·自记》）

2．"日止可进前药三服，不可多饵。"（《养老奉亲书·饮食调治第一》）

3．"甘走肉，多食之，令人悗心，何也。"（《灵枢·五味论第六十三》）

五、通过查检《辞源》判断下列句中加点字词的含义

1．"车前子去粃、土，炒。"（《仁术便览·炮制药法》）

2．"产育者，妇人性命之长务……故傅母之徒亦不可不学。"（《备急千金要方·求子第一》）

3．"书成，名曰《本草从新》，付之剞劂。"（《本草从新·原序》）

六、利用《辞海》查检下列加点字词的含义

1．"蒲灰散方……上二味，杵为散，饮服方寸匕，日三服。"（《金匮要略·消渴小便不利淋病脉证并治第十三》）

2．"若贪多务饱，饫塞难消，徒积暗伤，以召疾患。"（《卫生宝鉴·饮食自倍胃乃伤论》）

3．"官中正月上辰，出池边盥濯，食蓬饵，以被邪气。"（《本草纲目·蓬草子》）

七、利用《中医难字字典》查检下列加点字的含义

1．"若有病厄来求救者，不得问其贵贱、贫富、长幼、妍媸、怨亲、善友、华夷、愚智……"（《医心方·治病大体第一》）

NOTE

2. "气疼皆因风邪干。内有余热与风抟。"(《麻科活人全书·气痛第九十二》)

3. "徐以调和胃气之药,馈粥日加,自尔平复。"(《儒门事亲·五虚五实攻补悬绝法二十法》)

八、利用《医籍文言虚词手册》查检下列原文中加点虚词的含义

1. "忽心中若初燃之灯,乍明乍暗。"(《医灯续焰·叙原》)

2. "故不足固病,有余亦病,过犹不及也。"(《脉诀新编·男女异脉辨》)

3. "凡喉痛者,皆少阴之病,但有寒热虚实之分。"(《医贯·喉咽痛论》)

九、利用《古医籍通假字集释》查检下列加点词的含义

1. "使者曰:药有几种,可得知不?"(《医心方·延年方第一》)

2. "五脏有五色,皆见于面,亦当与寸口、尺内相应。"(《难经·十三难》)

3. "更加龙骨、牡蛎有形之骨属为之舟楫,以载神而反其宅。"(《尚论篇·太阳经下篇》)

十、利用《中国医学大辞典》查检下列加点词的含义

1. "男子色在于面王,为小腹痛;下为卵痛。"(《灵枢·五色第四十九》)

2. "是以阴阳消烁,邪干目本,而色斯变焉。"(《目经大成·神水变色五十四》)

3. "中医以药石治病,上医借药石以治生。"(《医贯·医巫间子医贯序》)

十一、利用《简明中医辞典》查检下列加点词的含义

1. "医门之理,赜而难穷。"(《删补颐生微论·明治论第十四》)

2. "至若腰背反张一证,临危必见戴眼,其故何欤?"(《沈氏女科辑要·妊妇似风》)

3. "是以阴阳消烁,邪干目本,而色斯变焉。"(《目经大成·神水变色五十四》)

十二、利用《中医大辞典》查检下列加点词语的含义

1. "夫医有十三科,而眼科居其一。"(《眼科锦囊·序一》)

2. "环口黧黑,柔汗发黄,乃为脾绝。"(《一见能医·绝证》)

3. "心不足则精神为消,如卑慄、遗亡、恐惧之类是也。"(《医学读书记·卷上》)

十三、利用《中医辞海》查检下列加点词的含义

1. "是编发明节欲,广嗣、保胎、保产之理,广搜博采。"(《济生集·发凡》)

2. "大麦面甚益人,性小冷,发癖气。"(《外台秘要·叙菜等二十二件》)

3. "若神昏上气促急,或吃逆不止,神昏不知人事者,死也。"(《伤寒广要·察声(语言、气息)》)

十四、古代中医药文献专题综合检索

1. 利用《本草纲目拾遗》查检花生的药用记载。

2. 利用《类经》查检张景岳对《内经》"诊法常以平旦"的解说。

3. 利用《续名医类案》分类目录查检鹤膝风的外治医案。

4. 利用《针灸聚英》查检该书对"中指同身寸法"的简要论述。

5. 以《中医方剂大辞典》为线索,查检冬瓜汤的一名多方现象,并摘录各方的原始文献。

6. 利用《养生类纂》查检取嚏法在养生保健中的作用。

7. 利用《中医人名辞典》查检明代医家吴又可的传记资料。

十五、利用《中国医籍考》检索

1. 考证清代医家魏荔彤的医学著作及生平。

2.《澹寮集验秘方》的撰写者及自序。

3.考证《太素脉诀》一名多书现象及各书的撰写者。

4.丛书《正谊堂医书》的出版年代、编撰者、包含的子目及收藏情况。

5.《医药家振》与《喉症类聚》是否为同一作者所著?

十六、利用《中医古籍珍本提要》检索

1.清代医家陈丰的著作、内容提要及其版本馆藏地。

2.《方脉举要》的作者、内容提要和版本馆藏地。

3.比较同名异书的《本草单方》的作者和内容提要。

十七、利用《现代版中医古籍目录（1949—2012）》检索

1.《赤水玄珠全集》的作者和包含的子目书名。

2.清代医家白明远有哪些著作、分别被何种丛书所收录。

3.《妇科约囊万金方》的成书年代、编撰者和重订者。

十八、利用《中国医籍大辞典》检索

1.《医案合方经验》的作者、成书年代、内容提要、现存版本和馆藏地。

2.清代医家周振武的著作、成书年代、内容提要、现存版本和馆藏地。

十九、利用《中国中医古籍总目》检索

1.清代医家金纯煦的著作、成书年代及其收藏馆。

2.《田晋蕃医书七种》的成书年代、馆藏地及其包含的子目书名。

二十、利用《四库全书总目》检索

1.《奇经八脉考》的编撰者和提要。

2.王好古编撰的书籍及提要。

二十一、通过《续修四库全书提要》检索

1.考证元代医家朱丹溪的哪些著作被本书收录。

2.《竹林寺女科秘传》的内容提要。

二十二、利用《贩书偶记》检索

1.《雪潭居医约》的作者及出版年代。

2.考证《幼幼集》包含哪四卷?

二十三、利用《中国丛书综录》检索

1.《药笼小品》的卷数、作者、在丛书中的分布及该书的序。

2.考证《医津一筏》的别名及被何种丛书所收录。

3.丛书《张氏医参》中所包含的医书书名。

NOTE

第三章　中文生物医学文献数据库

查找生物医学文献信息，既可以通过检索一些文摘型的生物医学检索系统，获取文献线索，进而获取文献全文，这类检索系统常用的如中国生物医学文献服务系统（SinoMed），也可以通过综合性全文数据库直接检索和下载数据库中的生物医学文献，这类数据库如中国知识基础设施工程（中国知网 CNKI）、维普中文期刊服务平台、万方数据知识服务平台及万方医学网等，它们是检索医学文献信息的重要工具，应重点掌握并灵活运用。

第一节　中国生物医学文献服务系统

一、SinoMed 资源概述

中国生物医学文献服务系统（简称 SinoMed），由中国医学科学院医学信息研究所 / 图书馆研发。该系统整合了中国生物医学文献数据库（CBM）、西文生物医学文献数据库、中国医学科普文献数据库、北京协和医学院博硕学位论文库、日文生物医学文献数据库、俄文生物医学文献数据库、英文文集汇编文摘数据库、英文会议文摘数据库 8 种资源，是集检索、分析、开放获取、原文传递、个性化服务于一体的生物医学中外文整合文献服务系统。

（一）SinoMed 收录范围

1. 中国生物医学文献数据库（CBM）　收录 1978 年至今 1800 余种中国生物医学期刊，以及汇编、会议论文的文献题录 820 余万篇（截至 2015 年 12 月），每月更新。全部题录均进行主题标引、分类标引，同时对作者机构、发表期刊、所涉基金等进行规范化加工处理，支持在线引文检索，辅助用户开展引证分析、机构分析等学术分析。

2. 中国医学科普文献数据库　收录 2000 年以来国内出版的医学科普期刊近百种，文献总量 27 万余篇，重点收录养生保健、心理健康、生殖健康、运动健身、医学美容、婚姻家庭、食品营养等与医学健康有关的内容，每月更新。

3. 北京协和医学院博硕学位论文库　收录 1981 年以来协和医学院培养的博士、硕士研究生学位论文，学科范围涉及医学、药学各专业领域及其他相关专业，内容前沿、丰富，可在线浏览全文，每季更新。

4. 西文生物医学文献数据库（WBM）　收录 7200 余种世界各国出版的重要生物医学期刊文献题录 2400 余万篇，其中馆藏期刊 4800 余种，免费期刊 2400 余种。年代跨度大，部分期刊可回溯至创刊年，年增文献 60 余万篇，每月更新。

5. 日文生物医学文献数据库　收录 1995 年以来日本出版的日文重要生物医学学术期刊 90

余种，部分期刊有少量回溯，每月更新。

6. 俄文生物医学文献数据库 收录 1995 年以来俄国出版的俄文重要生物医学学术期刊 30 余种，部分期刊有少量回溯，每月更新。

7. 英文会议文摘数据库 收录 2000 年以来世界各主要学协会、出版机构出版的 60 余种生物医学学术会议文献，部分文献有少量回溯，每月更新。

8. 英文文集汇编文摘数据库 收录馆藏生物医学文集、汇编，以及能够从中析出单篇文献的各种参考工具书等 240 余种（册）。报道内容以最新出版的文献为主，部分文献可回溯至 2000 年，每月更新。

（二）SinoMed 知识服务体系

1. 知识整合 实现了内部不同数据库间中西文的整合，并与其他数据库如 PubMed 数据库、Scopus 数据库、维普期刊服务平台数据进行了整合。

2. 知识链接 主要有主题链接、作者链接、期刊链接、参考文献链接、引用链接等。

3. 知识检索 有智能检索、主题语言检索、自然语言检索、跨语言检索、跨库检索、聚类检索、第一作者检索、引文检索、相似检索等。

4. 知识导航 主要有分类导航、期刊导航、基金导航、机构导航等。

5. 决策支持分析与评价 引入作者、期刊、基金、引文、机构等的分析与评价功能。

6. 个性化服务 有知识定制与推送、检索历史存储、引文追踪、个人数据定制、专题数据定制等。

二、SinoMed 检索方法

（一）检索规则

1. 主要字段 包括常用字段、全部字段、中文标题、英文标题、摘要、关键词、主题词、特征词、分类号、人名主题、作者、第一作者、参考文献、作者单位、国省市名、刊名、出版年、期、基金、研究生姓名、授予学位、授予学位单位、导师、第一导师、研究专业等。

其中常用字段由中文标题、摘要、关键词、主题词四个检索项组成。关键词、主题词、作者、分类号、刊名等字段可进行精确检索。

2. 布尔逻辑组配检索 允许使用 AND（逻辑与）、OR（逻辑或）、NOT（逻辑非）3 种逻辑运算符，运算优先级为 NOT > AND > OR，可使用括号改变运算顺序。

3. 截词检索 又称"通配符检索"，SinoMed 系统支持两种通配符检索，分别为单字通配符（？）和任意通配符（％）。

4. 短语检索 检索词含有特殊符号"–""（"时，或需将检索词作完整概念检索，必须用英文半角双引号标识检索词，如"1, 25–（OH）$_2$D$_3$（1, 25- 二羟基维生素 D$_3$）""可的松"等。

5. 智能检索 中国生物医学文献数据库（CBM）和西文生物医学文献数据库（WBM）支持智能检索功能，能够自动实现检索词对应同义词、检索词对应主题词及该主题词所含下位词的同步检索。

6. 限定检索 为了减少二次检索操作，提高检索效率，可限定文献的年代、文献类型、研究对象、性别等检索条件。

7. 精确检索与模糊检索 精确检索表示检索词与命中检索字符串完全相同，适用于关键

NOTE

词、主题词、特征词、分类号、作者、第一作者、刊名字段。模糊检索亦称包含检索，即输入的检索词包含在命中文献的检索字符串中。例如，检索作者为"张明"的文献，在不勾选"精确检索"的情况下可检出作者为"张明""张明琏"等文献。SinoMed 默认进行模糊检索。

8.检索历史　检索历史记录每次检索的步骤，包括序号、检索表达式、检出文献量、时间及推送服务按钮。通过检索历史可以清晰地显示操作过的检索步骤，并调用之前的检索结果，还可对检索式执行"逻辑与""逻辑或""逻辑非"运算。

系统最多能保存 200 条检索表达式，检索策略可以保存到"我的空间"和 RSS 订阅。

（二）跨库检索

进入 SinoMed 首先看到的就是跨库检索，跨库检索能同时在 SinoMed 平台集成的一个或多个数据库进行检索。

SinoMed 首页的检索输入框即是跨库检索的快速检索框，还能从 SinoMed 首页右上角的数据库下拉菜单里进入跨库检索（图 3-1）。输入框右侧的"高级检索"选项可进入跨库检索的 4 个检索途径：快速检索、高级检索、主题检索、分类检索界面。

图 3-1　SinoMed 平台主页和跨库检索入口界面

【检索示例】在 SinoMed 系统"中国生物医学文献数据库"和"西文生物医学文献数据库"中用高级检索查找 2010～2015 年标题包括"aids"的文献。

分析：该课题涉及检索字段"标题"；检索词有 aids（艾滋病）；检索年代 2010～2015。

检索步骤：在 SinoMed 系统首页点击检索框后面的"高级检索"进入检索界面，勾选"中国生物医学文献数据库"和"西文生物医学文献数据库"，表示在这两个数据库中进行跨库检索。点击"高级检索"按钮，在构建检索表达式中选择"标题"字段，在检索框中输入"aids"，勾选"智能检索""AND"逻辑算符，将检索词"发送到检索框"，在"年代"中输入 2010 到 2015，点击"检索"按钮即可得到检索结果（图 3-2）。

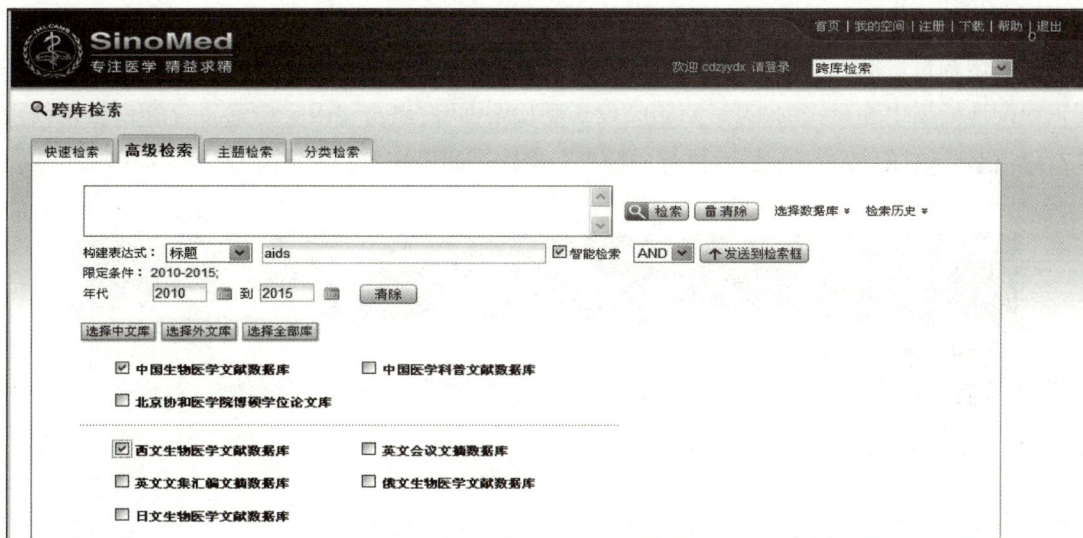

图 3-2　SinoMed 跨库检索中高级检索示例演示界面

（三）单库检索

单库检索提供的检索途径有快速检索、高级检索、主题检索、分类检索、期刊检索、作者检索、机构检索、基金检索、引文检索等（图 3-3）。下面就中国生物医学文献数据库（CBM）为例对 SinoMed 单库检索进行介绍。

1. 快速检索　快速检索是 CBM 数据库的默认检索方式，是适合初学者使用的一种检索途径。优点是方便快捷，不需要进行字段限定，在全部字段执行智能检索，用户使用起来难度较低；缺点是检索结果数量较多，检准率差。快速检索页面不提供"限定检索"和"年代"限定选项，需要在检索结果页面操作限定。

快速检索步骤：

（1）在检索框中输入检索词，多个检索词用逻辑运算符连接，空格默认为"逻辑与"。

（2）单击"检索"按钮，得到初步检索结果。

（3）得到初步检索结果后，可根据需要选择"二次检索"，还可根据课题需要对年代范围、文献类型、年龄组、性别、对象类型等进行限定检索。

2. 高级检索　SinoMed 中所有数据库均支持高级检索。高级检索支持多个检索入口、多个检索词之间的逻辑组配检索，方便用户构建较为复杂的检索表达式。检索入口包括常用字段、全部字段、中文标题、英文标题、摘要、关键词、主题词、特征词、分类号、作者、第一作者、作者单位、国省市名、刊名、出版年、期、ISSN、基金等。

高级检索步骤：在构建检索表达式后面的下拉菜单中选择相应的检索字段，在检索框中输入检索词，点击"发送到检索框"。如果有多个检索词，选择相应的逻辑运算符后，再选择相应的检索字段，在检索框中输入检索词"发送到检索框"，完成后点击检索框后面的"检索"按钮，即可得到相应的检索结果。

【检索示例】使用高级检索途径查找北京协和医学院发表的关键词含有"禽流感"或"H5N1"且与人类相关的文献。

分析：该课题涉及的检索词有禽流感或 H5N1，作者单位是北京协和医学院，对象人类。

检索步骤：在"构建表达式"中选择"关键词"，输入"禽流感"，点击"发送到检索框"

在"构建表达式"中再次选择"关键词",输入"H5N1",在逻辑组配选择框中选择"OR",点击"发送到检索框",在"构建表达式"中选择"作者单位",输入"北京协和医学院",在逻辑组配选择框中选择"AND",点击"发送到检索框"。点击"限定检索",在出现的限定条件对象类型中选择"人类",最后执行"检索"操作,即可查找到所需文献(图3-3)。

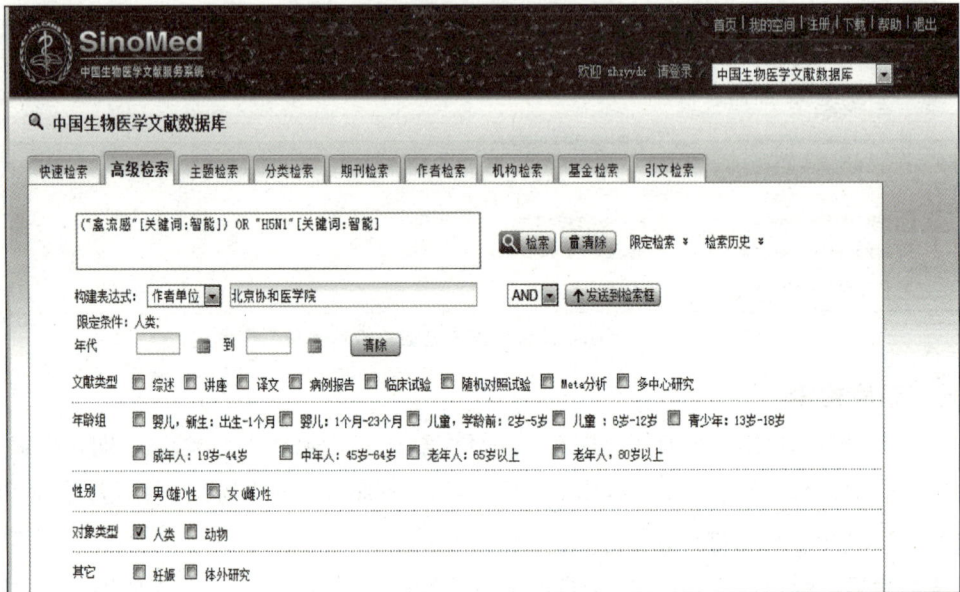

图 3-3　CBM 的高级检索示例界面

3. 主题检索　在 SinoMed 中,CBM、WBM、中国医学科普文献数据库和北京协和医学院博硕学位论文库均支持主题检索。输入检索词后,系统在《医学主题词表(MeSH)》《中国中医药学主题词表》中查找对应的中文主题词。如输入"糖尿病"点击"查找"按钮,系统出现有关糖尿病的列表,右侧蓝色为词表规定的规范主题词(图3-4),也可通过"主题导航",浏览查找相关主题词。

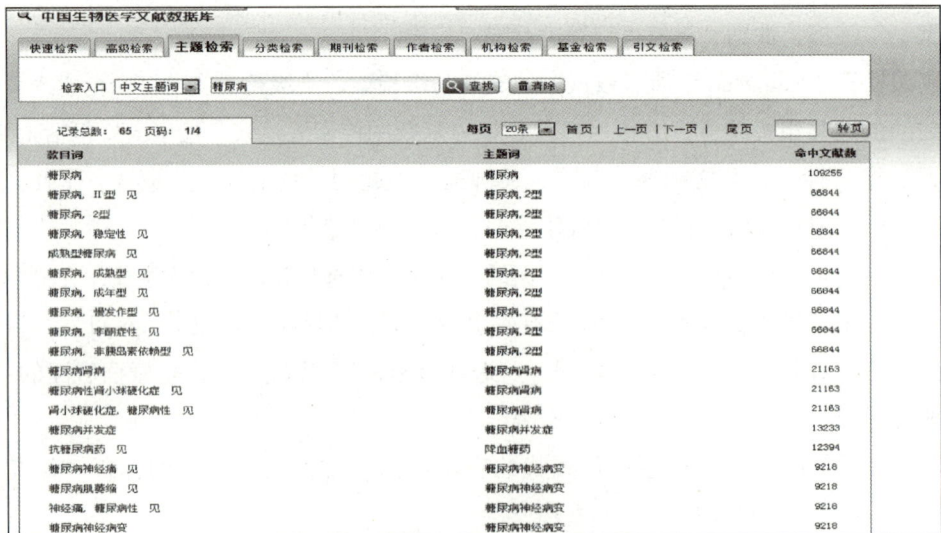

图 3-4　CBM 的主题词列表界面

选定主题词后,可选择扩展、加权功能及副主题词组配后进行检索。

（1）扩展检索　即对当前主题词及其下位词进行检索，非扩展检索则只检索当前主题词，系统默认为扩展检索。

（2）加权检索　即仅对主要概念主题词（加 * 表示）进行检索，非加权检索则对加星号的主要概念主题词和不加星号的非主要概念主题词都进行检索。加权检索可以提高查准率。系统默认为非加权检索。

（3）副主题词组配　副主题词用于对主题词的某一特定方面加以限制，强调主题词概念的某些专指方面。CBM 现有副主题词 94 个，表明同一主题的不同方面。为主题词组配副主题词，可以更准确地表达文献内容，使概念更为专指。如检索"糖尿病并发症的治疗"的文献就需要用主题词"糖尿病并发症"与副主题词"治疗"组配进行检索。可选择"扩展副主题词"检索，即组配当前副主题词及其下位副主题进行检索。不扩展则只组配当前副主题词进行检索，系统默认为副主题词扩展检索。不选择任何副主题词，系统默认为是组配全部副主题词。

【检索示例】选择主题检索途径查找"糖尿病并发症的治疗"方面的文献。

分析：该课题涉及的检索途径为主题检索，首先需确定糖尿病的主题词，然后再用其对应的正式主题词进行主题途径检索。

检索步骤：进入 CBM 的主题检索页面，在检索入口选择"中文主题词"，输入"糖尿病"后，点击"查找"按钮，浏览查找结果，在列出的所有款目词和主题词中选择"糖尿病并发症"。点击主题词"糖尿病并发症"，在主题词注释详细页面，显示该主题词可组配的副主题词、主题词的详细解释和相关树形结构。为提高查准率，在主题词"糖尿病并发症"下的"加权检索"选择框内打"√"，在"选择副主题词"选项中选择"治疗"，点击"添加"。在逻辑组配选择框中选择"AND"，点击"发送到检索框"，点击"主题检索"按钮，即可检索出"糖尿病并发症的治疗"的相关文献（图 3-5）。

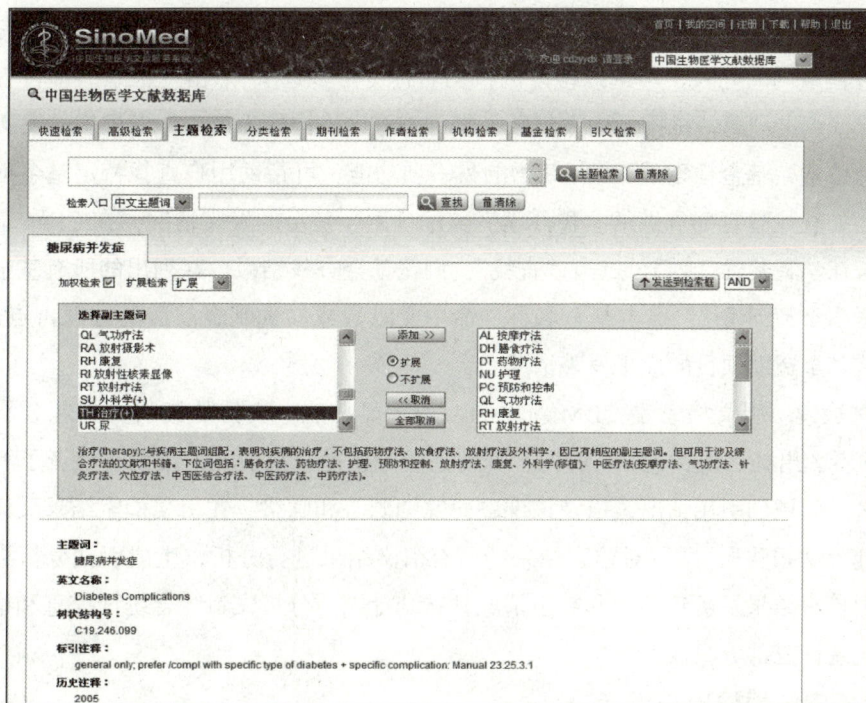

图 3-5　CBM 主题检索示例界面

4. 分类检索　分类检索即从文献所属的学科范畴进行检索，有利于提高族性查全查准率。输入分类名或分类号后，系统将在《中国图书馆分类法·医学专业分类表》中查找对应的类号或类名。在检索框下方有"分类导航"，按照学科进行逐级分类类目的选择。在分类词注释详细页面，显示该分类可组配的复分号、详细解释和所在的树形结构。可根据检索需要，选择是否"扩展检索"。选择所需的相应分类复分号，点击"添加"后"发送到检索框"，再点击"分类检索"按钮，即可检索出相关文献。

5. 期刊检索　期刊检索提供从期刊途径获取文献的方法，并能对期刊的发文情况进行统计与分析。期刊检索可通过检索入口选择刊名、出版地、出版单位、期刊主题词或者 ISSN 输入相关检索词直接查找期刊，也可通过"期刊分类导航"或"首字母导航"逐级查找浏览期刊。出现某一期刊页面后，直接指定年、卷期进行浏览，也可进行在该刊中检索相关主题。例如，检索"北京大学学报·医学版"2012 年第 3 期的文献，首先进入 CBM 的期刊检索页面，在检索入口选择"刊名"，输入"北京大学学报"后，点击"查找"。在列出的所有期刊中查找"北京大学学报·医学版"，点击刊名。在期刊详细注释信息页面里，在"全部年"的下拉列表中选择"2012 年"，在"全部期"中选择"第 3 期"，点击"浏览本刊"，即检索出"北京大学学报·医学版"2012 年第 3 期的文献。

6. 作者检索　作者检索可以查找该作者署名发表的文献，还能查找该作者作为第一作者发表的文献，并能通过确定作者的单位，准确查找所需文献。进入作者检索页面，输入某作者姓名，勾选"第一作者"，点击"查找"按钮，系统显示包含检索词的作者列表。从系统返回的作者列表中选择相应作者，进入"下一步"，系统显示所选作者机构列表。在第一作者机构分布中勾选欲检索作者的机构（可多选），之后点击"查找"按钮，即检索出某单位某作者发表的论文。

7. 机构检索　机构检索是 CBM 新增的功能，可通过指定机构或第一机构，查找论文发表情况和被引用情况。在机构检索页面的机构名称处输入欲检索的机构名称，点击"查找"，系统显示包含检索词的列表，勾选欲检索的机构名称（可多选），点击"检索"即可查看该机构的发文情况，点击"第一机构命中文献数"则可查看该机构作为第一作者机构的发文情况。

8. 基金检索　基金检索是 CBM 新增的另一项功能，可帮助用户查找特定基金项目成果发表的文献。如查找教育部资助的"长江学者奖励计划"基金的发文情况，在 CBM 基金检索页面输入"长江学者奖励计划"，点击"查找"。浏览基金查找结果，在列出的所有基金名称中选择"长江学者奖励计划"，点击基金名称、命中文献数或勾选基金前面的方框再点击"检索"均可查看该基金资助项目的成果发表情况。

9. 引文检索　引文检索是 CBM 新增的一项重要功能。支持从被引文献题名、主题、作者 / 第一作者、出处、机构 / 第一机构、资助基金等途径查找引文，帮助查检者了解感兴趣文献在生物医学领域的引用情况，以及该课题研究的源头和脉络。在引文检索结果页面的右上角点击"创建引文报告"，即可对检索结果的所有引文结果进行分析，生成引文分析报告。引文分析报告由检索结果及历年发文和被引情况柱状统计图、分析文献综合统计信息和论文近 5 年被引用情况统计三部分组成。

（四）检索结果输出与展示

1. 检索结果输出　在检索结果页面，用户可根据需要，点击结果输出，选择输出方式、输出范围、保存格式。支持"打印""保存"和"E-mail"3 种检索结果输出方式。单次"打印""保存"的最大记录数为 500 条，单次"E-mail"发送的最大记录数为 50 条。

2. 检索结果显示格式　检索结果页面可以设置显示的格式（题录、文摘）、每页显示的条数（20 条、30 条、50 条、100 条）、排序的规则（入库、年代、作者、期刊、相关度、被引频次），并且可以进行翻页操作和指定页数跳转操作（图 3-6）。

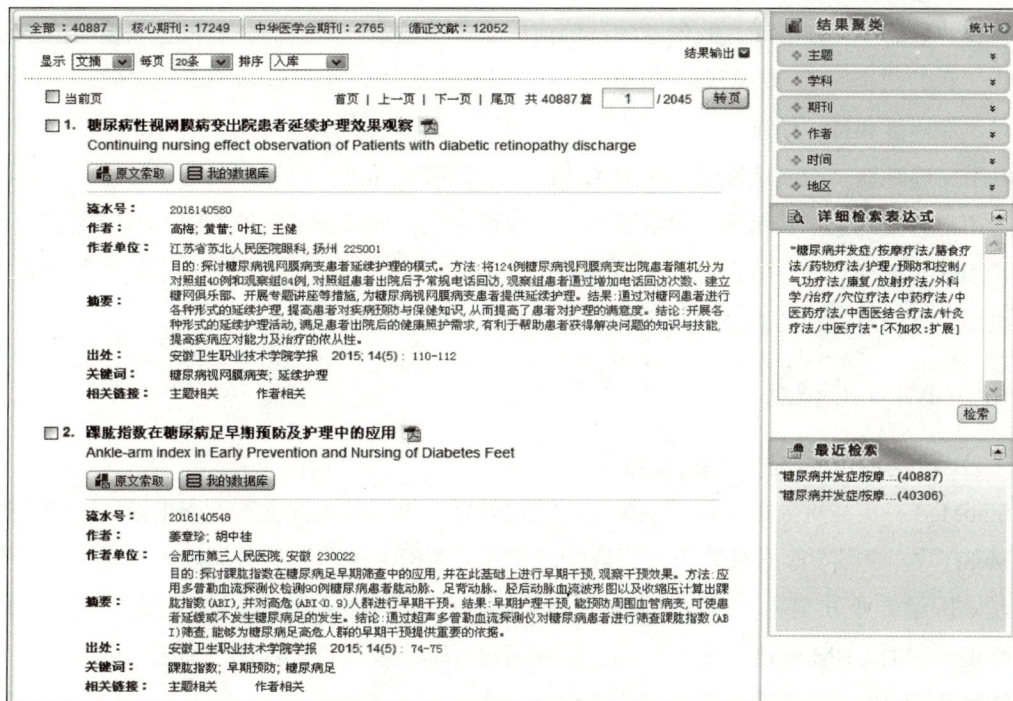

图 3-6　CBM 的检索结果界面

3. 检索结果原文获取　目前，CBM 题录数据库实现了全文链接功能，1989 年以来的全文可直接链接维普中文期刊服务平台直接下载。维普中文期刊服务平台不能链接到的全文可通过"原文索取"功能获取原文。

4. 检索结果分类　SinoMed 系统中"中国生物医学文献数据库"和"西文生物医学文献数据库"对检索结果进行了详细分类。"中国生物医学文献数据库"对检索结果从三方面进行分类，分别为核心期刊、中华医学会期刊和循证文献。核心期刊指被《中文核心期刊要目总览》或《中国科技期刊引证报告》收录的期刊；中华医学会期刊是由中华医学会编辑出版的医学期刊；循证文献指 SinoMed 系统对检索结果进行循证医学方面的策略限定所得到的结果。

5. 检索结果分析　检索结果页面右侧，按照主题、学科、期刊、作者、时间和地区 6 个维度对检索结果进行统计，点击统计结果数量，检索结果页面可展示相关文献内容。

（五）个性化服务

用户注册个人账号后便拥有 SinoMed "我的空间"权限，享有检索策略定制、检索结果保存和订阅、检索内容主动推送及短信、邮件提醒等个性化服务。

1. 我的检索策略　在已登录"我的空间"的前提下，从检索历史页面勾选一个或者多个记录，保存为一个检索策略，并且可以为这个检索策略赋予贴切的名称。保存成功后，可以在"我的空间"里对检索策略进行导出和删除操作。点击策略名称进入策略详细页面，可对策略

NOTE

内的检索表达式进行"重新检索""删除""推送到邮箱"。通过策略详细页面的"重新检索"，可以查看不同检索时间之间新增的数据文献。

2. 我的订阅　在已经登录"我的空间"的前提下，从检索历史页面，可以对历史检索表达式进行邮箱订阅或者 RSS 订阅。邮箱订阅是指将有更新的检索结果定期推送到用户指定邮箱，可以设置每条检索表达式的推送频率，并可浏览和删除任意记录的邮箱推送服务。RSS 订阅支持对每条 RSS 订阅记录的浏览和删除。

3. 我的数据库　在登录"我的空间"的前提下，从检索结果页面，可将感兴趣的检索结果添加到"我的数据库"。在"我的数据库"中，可按照标题、作者和标签查找文献，并可对每条记录添加标签和备注信息。

4. 引文追踪器　引文追踪器用于对关注的论文被引情况进行追踪。当有新的论文引用此论文时，用户将收到登录提示和邮件提示。对于单篇文献，在登录"我的空间"的前提下，可以创建"引文追踪器"，并发送到"我的空间"，追踪该引文的最新被引情况。在"我的引文追踪"页面，可以对创建的引文追踪进行"重新检索"和"删除"操作。

三、SinoMed 的特点

（一）数据深度加工、准确规范

SinoMed 一贯注重数据的深度加工和规范化处理。根据美国国立医学图书馆《医学主题词表（MeSH）》、中国中医研究院中医药信息研究所《中国中医药学主题词表》和《中国图书馆分类法·医学专业分类表》对收录文献进行主题标引和分类标引，对文献内容的揭示更加全面、准确。同时 CBM 库还对作者机构、发表期刊、所涉基金等进行规范加工，以逐步提升机构、期刊及基金查询分析的准确性与全面性。

（二）检索功能强大，方便易用

系统在继续支持快速检索、高级检索、多概念限定检索、主题词表辅助检索、主题与副主题扩展检索、分类表辅助检索、著者机构限定、定题检索、多知识点链接等检索功能的基础上，优化智能检索，新增机构检索、基金检索、引文检索，使检索过程更快、更高效，使检索结果更细化、更精确。

（三）学术分析内容丰富、准确客观

在原有检索结果集聚类分析的基础上，重点围绕 CBM 库新增了多项学术分析功能：引文分析、机构（和第一机构）分析、基金分析、第一作者分析及期刊分析功能。除统计各检索结果的发表文献和被引情况外，还提供第一作者／机构主要研究领域、主要合作作者、主要合作机构、期刊发文机构、引用期刊、机构高产作者的深度分析。

（四）全文服务方式多样、快捷高效

在整合各类原文链接信息的基础上，借助协和医学院图书馆丰富的馆藏资源和与维普等数据服务商的合作，同时依托国家科技图书文献中心（NSTL），建立起强大全文传递服务系统，继续拓宽全文获取路径。通过 SinoMed，用户能阅读协和医学院硕博士学位论文、直接获取免费期刊文献原文、获得外文非免费原文链接和申请付费式原文索取等全文服务。

（五）个性化服务

个性化服务是 SinoMed 为用户提供的一项非常重要功能。用户注册个人账号后便能拥有

SinoMed 的"我的空间"权限，享有检索策略定制、检索结果保存和订阅、检索内容主动推送及邮件提醒、写作助手、引文追踪、使用统计等个性化服务。通过"我的空间"，用户还能为 SinoMed 提供宝贵的反馈意见和建议。

【练习题】

1. 查找新生儿黄疸治疗方面的全文文献。

2. 查找学龄前儿童（2～5 岁）过敏性哮喘治疗方面的相关文献。

3. 确定"美尼尔综合征"的标准主题词，并分别从关键词途径和主题词途径检索"美尼尔综合征"的诊断方面的文献，将检索结果进行对比。

4. 查找胃部疾病相关的综述文献。

5. 从"主题检索"途径检索中西医结合治疗高血压的相关文献，并将主题词分别进行"加权"和"非加权"检索，将检索结果进行对比。

6. 查找糖尿病并发症中西医治疗方面的文献，并将检索结果以"文摘"显示格式全部输出。

第二节　中国知识总库资源系统

中国知识基础设施工程（China National Knowledge Infrastructure，CNKI/ 中国知网），是以实现全社会知识信息资源共享为目标的信息化重点工程，由清华大学、清华同方发起，始建于 1999 年。作为 CNKI 平台资源基础的中国知识资源总库，目前已容纳了包括 CNKI 系列数据库和来自国内外的加盟数据库 2600 多个，全文和各类知识信息数据超过 5000 万条，是目前全球最大的知识资源全文数据库集群。

一、CNKI 资源概述

中国知识总库内容涵盖了我国自然科学、工程技术、人文与社会科学期刊、博硕士论文、报纸、图书、会议论文等公共知识信息资源。资源总库作为 CNKI 的核心资源，包括源数据库、特色资源、国外资源、行业知识库、作品欣赏和指标索引。其中较为重要的数据库有以下几种。

1. 中国学术期刊　世界最大的连续动态更新的中国学术期刊全文数据库，以学术、技术、政策指导、高等科普及教育类期刊为主，涵盖自然科学、工程技术、农业、哲学、医学、人文科学等学科领域，共分十大专辑：基础科学、工程科技Ⅰ、工程科技Ⅱ、农业科技、医药卫生科技、哲学与人文科学、社会科学Ⅰ、社会科学Ⅱ、信息科技、经济与管理科学。十大专辑下分 168 个专题。截至 2015 年 12 月，收录国内学术期刊 8115 种，文献总量达 4500 余万篇，部分期刊回溯至创刊。

2. 中国学术期刊——特刊　中国学术期刊的一个子集，收录独家授权数字化出版的学术期刊文献。内容涉及科技、医学及人文社会科学等各个领域。目前已收录出版期刊 1609 种，累计文献总量 889 万余篇。

3. 中国博士学位论文全文数据库   收录 1984 年至今国内 426 家培养单位的博士学位论文（涉及国家保密的论文除外）27 万余篇，内容覆盖基础科学、工程技术、农业、医学、哲学、人文、社会科学等各个领域。

4. 中国优秀硕士学位论文全文数据库   收录 1984 年至今国内 684 家培养单位的优秀硕士学位论文 240 多万篇，内容覆盖基础科学、工程技术、农业、哲学、医学、哲学、人文、社会科学等各个领域。

5. 中国重要会议论文全文数据库   重点收录 1999 年以来，中国科协系统及国家二级以上的学会、协会，高校、科研院所，政府机关举办的重要会议，以及在国内召开的国际会议上发表的文献。

此外，中国知识资源总库还有中国专利全文数据库、国家科技成果数据库、国家标准全文数据库、中国标准数据库、国外标准数据库、德国 Springer 期刊数据库、中国引文数据库等多个专题数据库。

二、CNKI 检索方法

（一）检索规则

1. 主要字段   中国学术期刊总库检索系统主要字段包括主题、篇名、关键词、摘要、作者、单位、刊名、全文、参考文献、中图分类号等。这里的"主题"不是主题词表中的"主题词"概念，是指由中文标题、摘要、关键词三个检索项组成的一个组合字段。

2. 布尔逻辑组配检索   允许使用 AND、OR、NOT 3 种逻辑运算符，运算优先级为 NOT ＞ AND ＞ OR，可使用括号改变运算顺序。

3. 精确检索与模糊检索   可对字段进行精确检索和模糊检索的限定，"中图分类号"字段除外。

快速检索中默认对字段进行精确检索，如需调整匹配方式，可通过检索框后面的下拉菜单选择。

高级检索途径中，针对"来源期刊""支持基金""作者单位"默认进行模糊检索，以降低数据库漏检的概率。例如，检索作者单位"上海中医药大学"，如采用精确检索，则上海中医药大学曙光医院、上海中医药大学基础医学院等这些与输入检索词"上海中医药大学"不完全匹配的结果都会漏掉，造成严重漏检，影响检索质量。对"作者"字段进行精确检索，用于帮助检索作者时，排除使用模糊匹配带来的大量不相关结果。

4. 限定检索   CNKI 提供以下限定条件：针对检索词的"词频"限定、"期刊来源"限定（包括全部期刊、SCI 来源期刊、EI 来源期刊、核心期刊、CSSCI 期刊）、出版时间、更新时间。其中"词频"表示检索词在相应检索项中出现的频次。词频为空，表示至少出现 1 次。

5. 检索历史   检索历史中保存了每次检索的步骤，包括序号、检索表达式、检出文献量。检索题录最多能保存 50 条，可通过检索结果页面左侧的"检索历史"查询。

（二）检索方法

CNKI 提供跨库检索和单库检索两种方式。CNKI 检索系统中的各个子库使用统一风格和相同功能的检索平台，检索规则和检索技巧相同。系统提供"初级检索""高级检索""专业检索""作者发文检索""科研基金检索""句子检索"和"来源期刊检索"等多种途径。跨库检索在进入 CNKI 主页（图 3-7）后，点击"跨库检索"按钮，勾选需要的数据库，即可实现跨库检索功能。

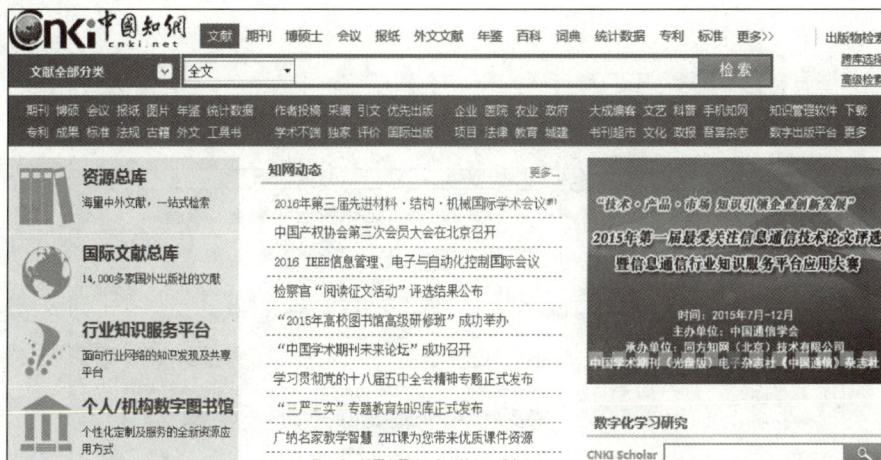

图 3-7　CNKI 主页

以中国学术期刊网络出版总库为例，重点介绍 CNKI 单库检索。

1. 检索　即快速检索，可进行检索词逻辑组配检索，可限定匹配方式（精确或模糊）、出版时间和出版来源类别，通过检索框前的＋和－增加或者减少检索框。"检索"是初学者常用的检索途径，使用简便。

【检索示例】查找 2003 ～ 2013 年动脉粥样硬化动物模型研究方面的文章，要求比较在"篇名"字段和"主题"字段的检索效果差异。

分析：检索词动脉粥样硬化、动物模型，限定条件 2003 ～ 2013 年，要求比较在"篇名"字段检索与在"主题"字段检索的效果差异。

检索步骤：选择"篇名"字段，输入检索词"动脉粥样硬化""动物模型"，逻辑组配选择"并含"，从下拉菜单中选择时间，单击"检索"按钮（图 3-8）。得到检索结果后，可按照学科、发表年度、基金、研究层次、作者、机构等进行分组浏览，查看相关题录和引用信息，并下载全文；还可选择题录进行"导出 / 参考文献"和"分析 / 阅读"，也可继续执行"在结果中检索"，再选择"主题"字段，使用同样的检索策略进行检索（图 3-9）。

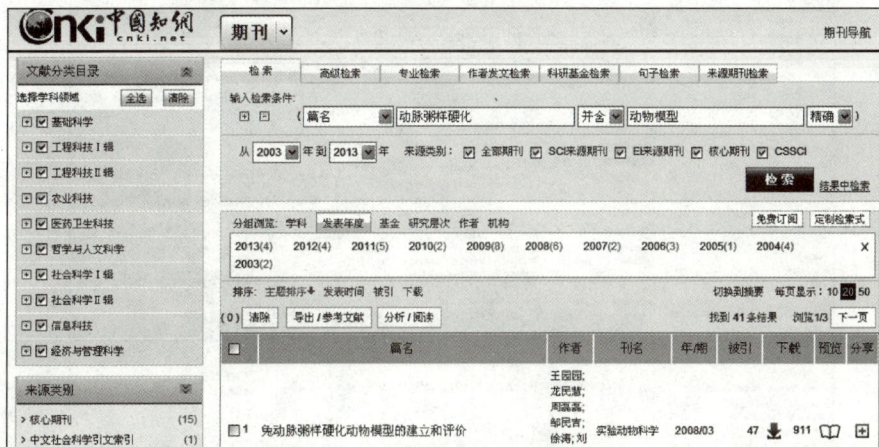

图 3-8　CNKI 的初级检索界面

通过对检索结果比对可知，"主题"字段集合了篇名、文摘、关键词 3 个检索字段，即在这 3 个字段中同时检索，所以检索结果数量较多（537 条记录），但精确程度相对"篇名"字段有较大差距。CNKI 在检索过程中，需根据检索效果调整检索字段。

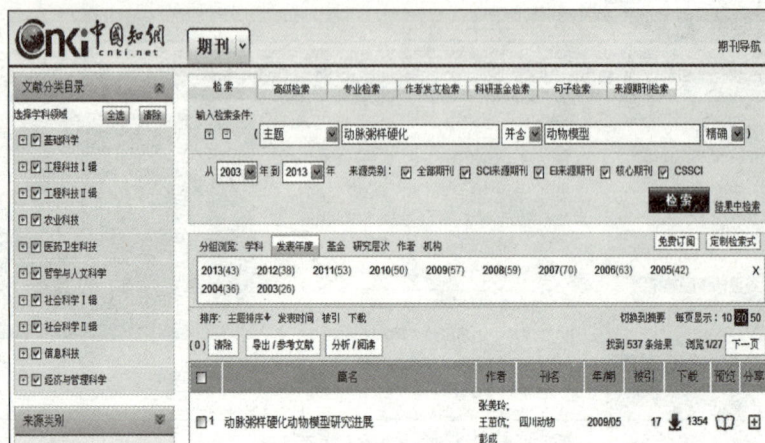

图 3-9   CNKI 的初级检索结果界面

2. 高级检索   高级检索途径适合组合检索者使用，可以满足较为复杂的查询。在检索的首页，选择要检索的数据库，点击"高级检索"，进入高级检索页面。

需要注意的是，系统默认为"检索"，即快速检索。进入高级检索需点击"高级检索"按钮，进入到高级检索界面。高级检索界面中＋和－按钮，用来添加或者减少检索框，"词频"表示该检索词在文中出现的频次。可以选择年限和期刊来源、类别、基金、作者及作者单位等进行组合检索，提供精确检索和模糊检索选项。

【检索示例】检索 2015 年来自 SCI 来源期刊有关人参皂苷但不包含提取工艺方面的文献。

分析：检索词人参皂苷、提取工艺，年限 2015。

检索步骤：选择检索入口为关键词，在检索条件框中输入"人参皂苷"，根据题意逻辑关系选择"不包含"。在检索条件框中输入"提取工艺"，为了避免文献过少，"提取工艺"检索入口选择复合字段"主题"。年限选择从"1915"年到"2015"年，在来源类别中选择"SCI来源期刊"，点击检索，即可得到所需文献（图 3-10）。

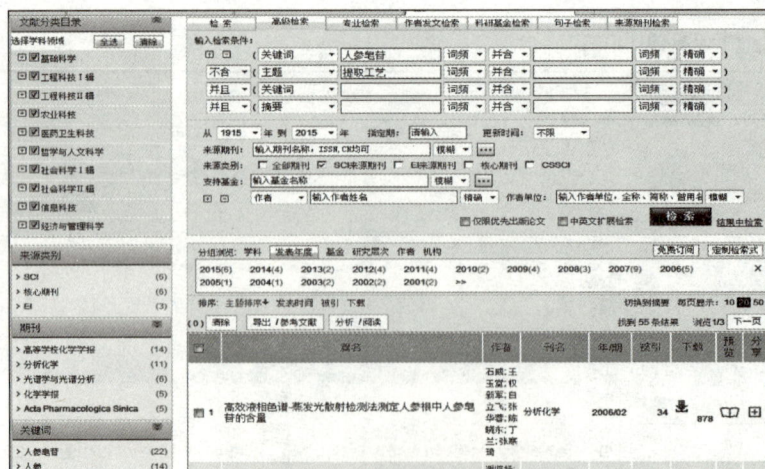

图 3-10   CNKI 的高级检索界面

3. 专业检索 专业检索是所有检索方式中较为复杂的一种检索方法。需要用户自己输入检索式并确保所输入的检索式语法正确，方能检索到理想的结果。检索式语法规则下所有符号和英文字母都必须使用英文半角字符输入，"AND""OR""NOT"3种逻辑运算符的优先级相同，如要改变组合的顺序，使用英文半角圆括号"（ ）"将条件括起，逻辑关系符号"逻辑与"（AND）、"逻辑或"（OR）、"逻辑非"（NOT）前后要空一个字节等。每个库的专业检索都有具体的使用说明，可以点击页面中"检索表达式语法"进行查看（图3-11）。

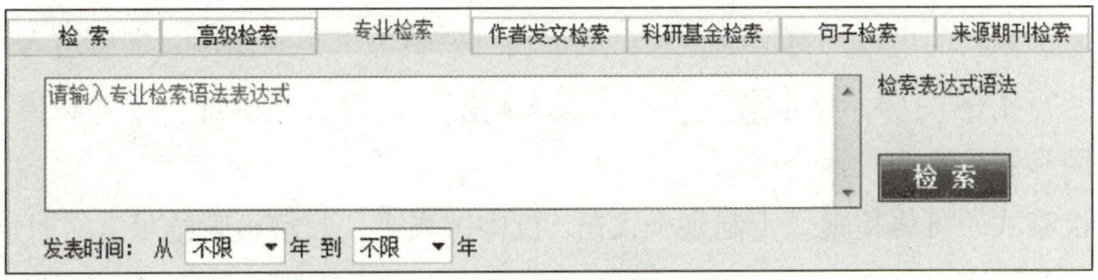

图 3-11 CNKI 的专业检索界面

4. 作者发文检索 作者发文是专门以作者为检索入口检索某作者所发表的文献，并且能将"作者"和"第一作者"字段单独拆开，与"作者单位"字段构成一个专门针对不同机构作者的检索途径，针对性强，简单快捷。

【检索示例】检索吉林大学的"李欣"以第一作者身份发表的医药文献。

检索步骤：分别在"第一作者姓名"和"作者单位"检索条件框中输入"李欣"和"吉林大学"。在检索页面左侧的文献分类目录中，勾选"医药卫生科技"大类，然后点击"检索"按钮，得到所需文献（图3-12）。

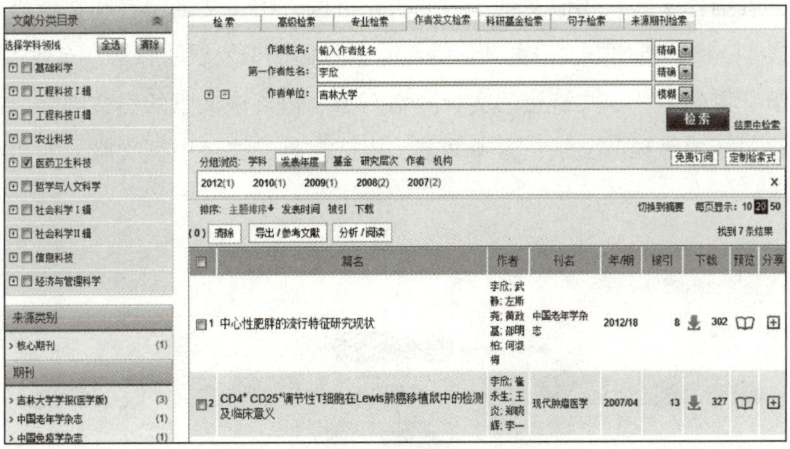

图 3-12 CNKI 的作者发文检索界面

5. 科研基金检索 用于检索在科研基金支持下所发表的文献。可以点击科研基金检索页面的···按钮进入基金列表的选择，也可直接输入基金名称进行检索。

6. 句子检索 句子检索用来检索文献正文中所包含的某一句话或某一个词组，可以点击+和-按钮，在同一句或者同一段中检索。

7. 来源期刊检索 主要通过期刊来源检索文献，如收录的某个或某类期刊所发表的文献等。可以通过选择期刊的来源类别直接输入期刊名称，选择年限、模糊或精确等进行组合检索。点击检索界面的···按钮进入期刊列表的选择。

（三）检索结果

检索结果界面以列表形式展示检索结果。用户可对检索结果进行分组分析和排序分析等，并可通过精确筛选得到最终的检索结果。

1.检索结果分组　针对来源数据库、所属学科、发表年度、研究层次、作者、机构、基金、文献来源及关键词对结果分组浏览，实现细化检索结果的目的。

2.排序　检索结果提供"主题排序""发表时间""被引""下载"4种排序方式，其中默认的主题排序是综合了时间、被引、下载及影响因子等使用多个维度确定的一种最优排序方式。

3.预览　下载之前可以预览文献全文。点击预览栏目下书本状图标，即可进入预览页面。

4.分享　点击⊞图标，显示 分享到 ⟨⟩ ◯ 人 开 易 ，可将文献信息分享到新浪、腾讯、人人网、开心网和网易微博等社交网站。

5.定制检索式　可将检索式定制到个人馆/机构馆当中，收藏检索结果，实时推送更新。

6.文献分析　可从检索结果中挑选文献，点击"分析/阅读"，查看文献引证关系，了解文献之间的引证关系。

7.下载　绿色箭头表示文献可以下载，黄色箭头表示未登录，提示读者登录后方可下载（此时可用 IP 自动登录）。灰锁表示并发数已满或本校没有购买该文献，暂时无法下载该文献。知网节界面提供 CAJ、PDF 两种下载模式，还提供参考文献、相似文献等相关文献链接。

8.知网节　知网节对文献信息资源进行深度挖掘和加工，并通过概念相关、事实相关、参考引证等多种方法揭示知识之间的各种关联，将整个 CNKI 检索平台上的文献资源编织成纵横交错的文献网络和知识网络。

"知网节"页面主要包括参考文献、引证文献、共引文献、同被引文献、二级参考文献、二级引证文献、读者推荐文献、相似文献、相关研究机构、相关文献作者和文献分类导航等链接点。用户利用这些链接，更加方便追溯知识的源头，掌握知识发展的脉络，有效提高检索效果。

如"知网节"界面中"本文链接的文献网络图示"包含该文献的引文网络，并以图形形式显示。引文网络包括二级参考文献、参考文献、引证文献、二级引证文献、共引文献、同被引文献等（图 3-13）。

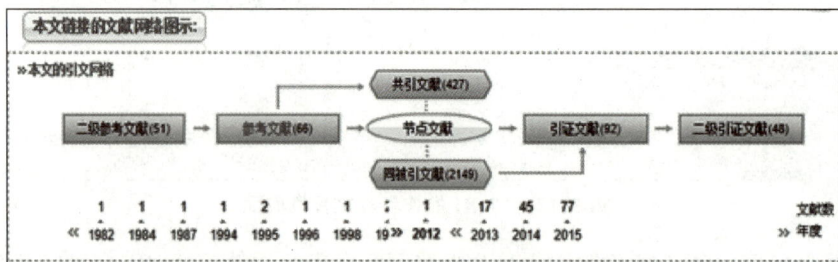

图 3-13　CNKI 本文链接的文献网络图示界面

"本文链接的文献网络图示"图例说明。

①参考文献　撰写本文所引用和参考的文献，可反映本文研究的背景和依据。

②二级参考文献　本文参考文献的参考文献，可进一步追溯研究的源头。

③引证文献　引用本文的文献。本文研究课题的应用、发展或评价。

④二级引证文献　本文引证文献的引证文献。

⑤共引文献　与本文有相同参考文献的文献，与本文有共同研究背景或依据。

⑥同被引文献　与本文同时被作为参考文献引用的文献。

三、CNKI 资源特点

CNKI 作为国内最大的资源平台，其特点主要体现在文献收录数量大，类型丰富多样，增长快捷，回溯超前。公网主站提供大量可免费获取和查阅的题录信息和专题信息，方便用户随时参考；还提供较多特色功能，如指数检索、个人 / 机构数字图书馆、行业知识服务平台、E-learning 数字化学习与研究平台、学术图片知识库等。用户除了使用基本的检索服务之外，还能获取专题阅读、行业研究、写作和投稿等方面的拓展资源和功能。

CNKI 根据用户需求，对数据库检索功能进行持续改进开发和优化，实现了平台的易用性和实用性。通过提供标准化、风格统一的检索页面，各种类型的文献资源在一个检索平台就能实现多角度、多维度的检索功能。检索页面还提供智能提示检索词、检索建议、相关词检索等，帮助用户快速定位所需文献。

在检索结果页面，CNKI 提供功能强大的文献分析和分享功能等链接，方便用户使用分享、推送和定制服务。CNKI 特有的"知网节"可以帮助用户在检索的过程中，更加方便地追溯知识的源头，把握研究方向及研究发展的脉络。

【练习题】

1. 检索发表在国际、国内会议上关于风湿心脏病方面的文献。

2. 检索近十年发表在 SCI 期刊上的糖尿病研究文献。

3. 检索主题为眼科针灸疗法的被引次数最多的文献。

4. 检索《中国中西医结合杂志》2014 年发表文献总目录。

5. 检索 2014 年发表主题为"康复医学"的文献最多的作者。

6. 检索关键词为"经络腧穴"，来自核心期刊的文献。

7. 检索医药卫生科技类国家自然科学基金资助的研究文献排名最前的 3 家大学。

8. 检索 CNKI 博士论文数据库中被引频次最高的心血管肿瘤方面论文的导师是哪位？

9. 检索学位授予单位是中国医科大学，由"李岩"指导产生的博士论文。

第三节　中文科技期刊数据库

重庆维普资讯有限公司成立于 1995 年，前身为中国科技情报研究所重庆分所数据库研究中心，是中国第一家进行中文期刊数据库研究的机构。维普公司在中文科技期刊篇名数据库的基础上先后研发了中文科技期刊数据库、中文科技期刊数据库（引文版）、中国科学指标数据库、中文科技期刊评价报告、外文科技期刊数据库、中国基础教育信息服务平台、维普 –Google 学术搜索平台、智立方、中国科技经济新闻数据库、维普期刊资源整合服务平台、维普机构知识服务管理系统、文献共享平台、维普论文检测系统等系列产品。

一、VIP 资源概述

维普期刊资源整合服务平台（VIP）是维普资讯公司推出的中文科技期刊资源一站式服务

平台，是从单纯的全文保障服务延伸到引文、情报等服务的产品。从一次文献保障到二次文献分析，再到三次文献情报加工，深度整理期刊文献服务价值，为用户提供具创新力的期刊资源研究学习平台。该平台整合期刊文献检索、文献引证追踪、科学指标分析、高被引析出文献和搜索引擎服务五大模块（图3-14）。收录的学科范围包括社会科学、自然科学、工程技术、农业科学、医药卫生、经济管理、教育科学和图书情报。

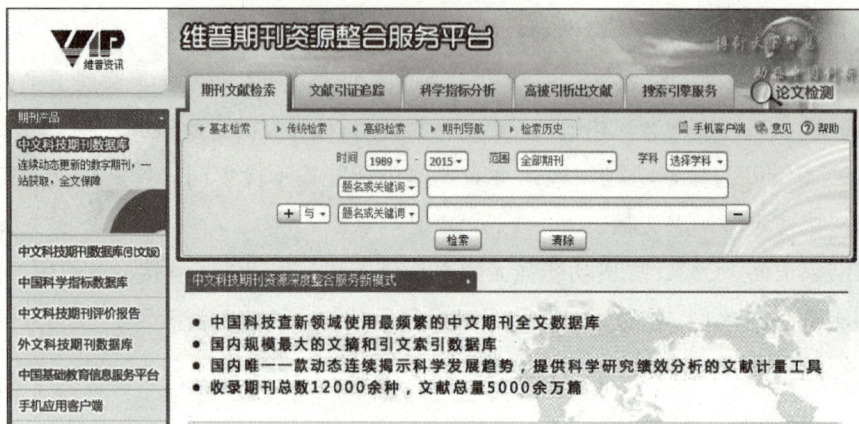

图3-14　VIP平台主页

其中，期刊文献检索模块延续原中文科技期刊数据库原有检索功能，并新增文献传递、检索历史、参考文献、基金资助、期刊被知名国内外数据库收录的最新情况查询、主题学科选择、在线阅读、全文快照、相似文献展示等相关功能。期刊文献检索模块收录中文期刊1.2万多种，其中核心期刊1957种，截至2015年12月文献总量达4000余万篇，文献回溯到1989年，部分期刊回溯到1955年。更新周期为中心网站日更新。

本节以期刊文献检索模块为例介绍VIP的检索方法。

二、VIP检索方法

（一）检索规则

1. 主要字段　包括任意字段、题名或关键词、题名、关键词、文摘、作者、第一作者、机构、刊名、分类号、参考文献、作者简介、基金资助、栏目信息14个检索入口。

2. 布尔逻辑组配检索　高级检索途径提供向导式检索和直接输入检索式检索两种方式，可以运用 *（与）、+（或）、-（非）逻辑组配关系，查找同时满足几个检索条件的文献。向导式检索严格按照由上到下的顺序进行，而直接输入检索式检索时，无括号时逻辑与"*"优先，有括号时先括号内后括号外。

3. 限定检索

（1）时间范围限定　使用下拉菜单的选择，时间范围是1989年至今。

（2）期刊范围限定　可选全部期刊、核心期刊、EI（美国《工程索引》）来源期刊、CA（美国《化学文摘》）来源期刊、CSCD（中国科学引文数据库）来源期刊、CSSCI（中文社会科学引文数据库）来源期刊。

（3）学科范围限定　包括管理学、经济学、图书情报学等45个子学科，勾选复选框可进行多个学科的限定。

4. 辅助检索　传统检索中提供同义词库和同名作者库两个辅助功能。

（1）同义词库　当检索词在同义词库中有同义词时，系统会将同义词显示出来，用户可以进行复选，加入检索条件中，有效提高文献查全率。例如：检索词为"陈皮"，勾选同义词库，点击"检索"按钮，系统会提示相关同义词"橘皮"，供用户选择。

（2）同名作者库　当检索字段为第一作者时，用户输入作者名后，如果在作者库中有同名作者时，勾选同名作者库，系统会将同名作者显示出来，用户通过作者的相关机构选择匹配的条件，加入检索框中，可提高文献结果的查准率。

（二）检索途径

1. 基本检索　进入主页，维普期刊资源整合服务平台默认检索途径为基本检索，或点击"基本检索"标签，进入基本检索页面。

在基本检索主页可选择时间范围、期刊范围、学科范围等检索限定条件，选择检索字段后在检索框中输入检索词，点击"检索"按钮进行检索。根据需要点击"+"或"−"，可以增加或减少检索条件框，实现对任意检索入口进行"与、或、非"的逻辑组配检索，上限为 5 个，下限为 2 个（图 3-15）。

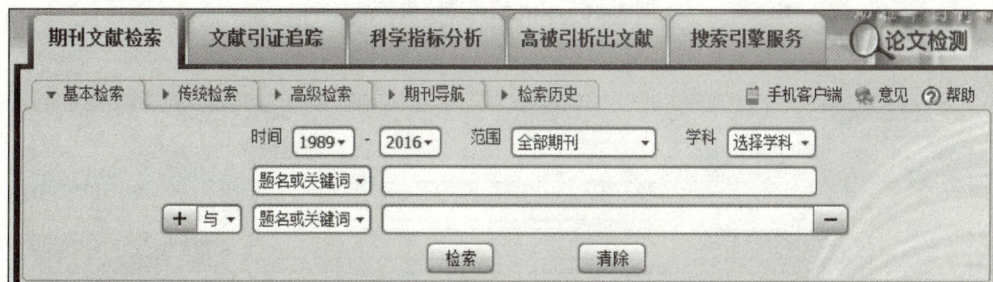

图 3-15　VIP 的基本检索界面

当检索到的数据过多、有些数据不符合用户需求时，可以考虑二次检索，以提高查准率。其中，"在结果中检索"相当于"逻辑与"，"在结果中添加"相当于"逻辑或"，"在结果中去除"相当于"逻辑非"等。

2. 传统检索　传统检索页面具备维普的特色辅助功能，包括学科分类导航、同义词库和同名作者库功能，可实现学科范围选择、防止同义词漏检、同名作者缩小检索范围等特殊检索请求。

【检索示例】在眼科学中检索近十年来有关针灸治疗的文献。

检索步骤：在分类导航中选择"医药、卫生类"，在其展开的类目中选择"眼科学"，年限限定为 2005～2015，检索字段选择"题名或关键词"，勾选页面左上方的"同义词"库，检索条件框中输入"针灸"，点击"检索"按钮，系统会出现"针灸"的相关同义词，选择勾选"针灸疗法"，点击下方的"确定"按钮，得到所需文献（图 3-16）。

3. 高级检索　高级检索提供向导式检索和直接输入检索式检索两种方式。运用逻辑组配关系，同时查找满足几个检索条件的文献，并提供直接输入检索式的检索途径。

在高级检索页面，点击相匹配的检索字段，系统会出现相关功能选择。如"查看同义词"可以查看和勾选输入检索词的同义词和相关词，"同名/合著作者"可以查看和勾选不同单位的同名作者，"查看相关机构"可以查看和勾选输入机构名的相关机构列表，点击"查看分类表"可以进行分类表浏览和勾选，得到相关分类号后检索，"期刊导航"可以查看和勾选相关期刊列表（图3-17）。此外，用户可以通过使用"更多检索条件"进一步减少搜索范围，获得更符合需求的检索结果。

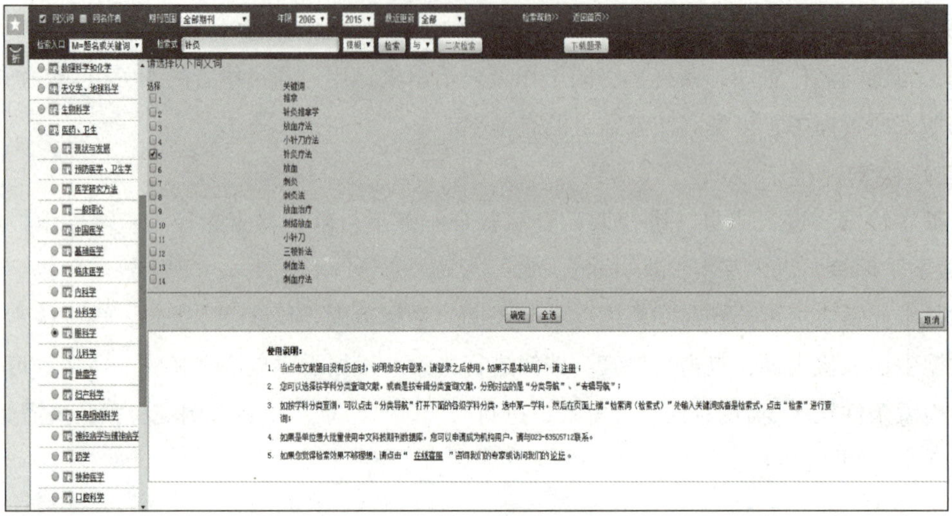

图 3-16　VIP 的传统检索界面

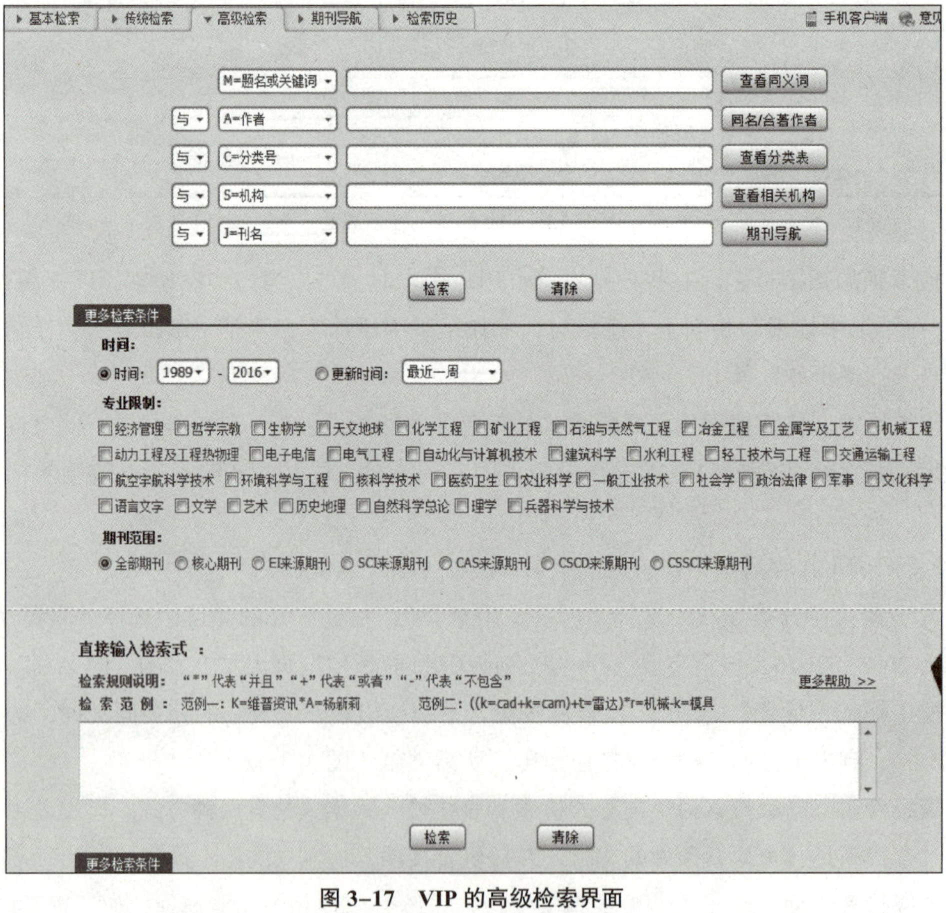

图 3-17　VIP 的高级检索界面

　　高级检索提供的直接输入检索式检索，可在检索框中直接输入检索词、逻辑运算符、字段标识等，一次性输入检索条件即可直接检索。

【检索示例】检索 2003～2013 年针刺治疗过敏性鼻炎的期刊文献。

检索步骤：选择检索词"过敏性鼻炎"（通过"查看同义词"功能，可以从系统提供的同义词和相关词列表中获取"变态反应性鼻炎""变态性鼻炎""变应性鼻炎"等同义词）、"针刺"（通过"查看同义词"功能，可以从系统提供的同义词和相关词列表中获取"刺法""针刺疗法""针刺治疗"等相关词）（图 3-18），点击"检索"按钮可得到结果。

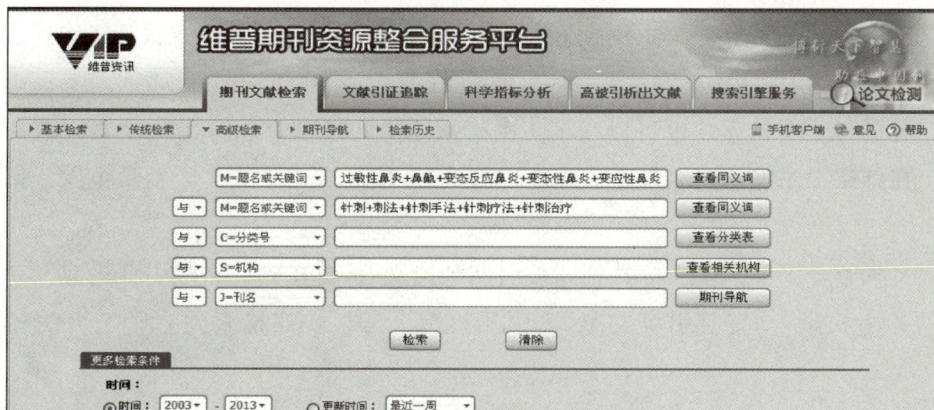

图 3-18　VIP 检索示例的高级检索界面

4. 期刊导航　期刊导航分期刊检索和期刊浏览两种方式。

期刊检索方式提供刊名检索、ISSN 号检索查找某一特定刊，按期次查看该刊的收录文章，可实现刊内专题检索，还可查看期刊评价报告。

期刊浏览方式提供按刊名字顺浏览、期刊学科分类导航、核心期刊导航、国内外数据库收录导航、期刊地区分布导航。其中，新增核心期刊导航，反映最新核心期刊收录情况，同时更新最新国内外知名数据库收录期刊情况。两种方式都可实现按发表年份、期次查看该刊的收录文章，还可通过"在本刊中检索"实现刊内专题检索，查看期刊评价报告等（图 3-19）。

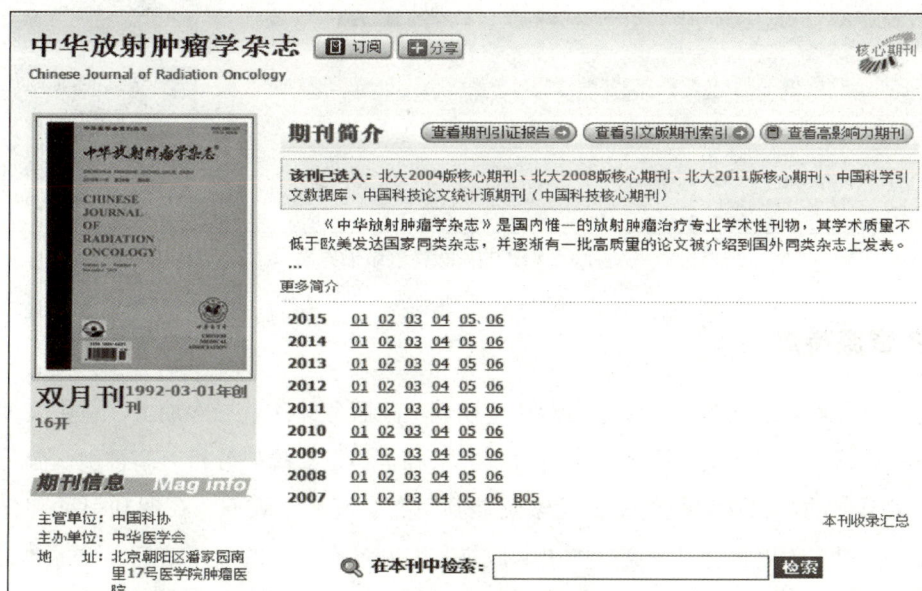

图 3-19　VIP 的期刊检索界面

5. 检索历史　系统对用户检索历史做自动保存，最多允许保存 20 条检索表达式。点击保

NOTE

存的检索式进行该检索式的重新检索或者"与、或、非"逻辑组配检索。无意义的检索表达式选中后点击"删除检索史"可进行删除。系统退出后，检索历史清除。

6. 检索结果处理　在检索结果界面可以进行如下操作（图 3-20）。

（1）检索结果显示设置和题录导出。结果界面显示检索式、检索结果记录数、检索结果的题名、作者、出处、基金、摘要，可以按时间筛选文献，支持多种格式的题录导出功能，如文本、参考文献、XML、NoteExpress、Refworks、EndNote 等；还可查看该文献的详细信息和节点链接，并获取全文。对不能直接下载全文的数据，通过第三方服务机构提供原文传递服务。

（2）可进行重新检索，也可以在第 1 次检索结果的基础上进行二次检索（包括在结果中检索、在结果中添加、在结果中去除 3 种方式），按需求缩小或扩大检索范围，精练检索结果。

（3）文献整合服务，切换标签到"被引期刊论文"，链接到"文献引证追踪"功能，通过"查看参考文献""查看引证文献""引用追踪"等，快速检索到有影响力的相关研究论文。

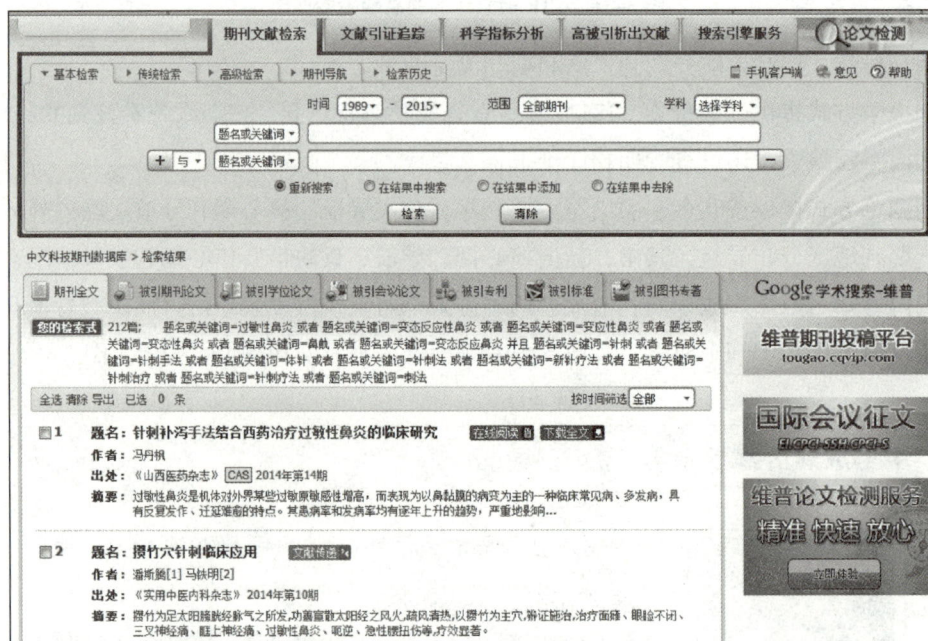

图 3-20　VIP 的高级检索结果界面

三、VIP 资源特点

从资源角度来看，维普数据库主要专注于期刊文献服务并注重二次加工，在中文期刊文献检索服务的基础上，新增文献引证、学科研究成果和学科发展趋势分析、高被引文献分析等深层次的文献分析功能，从单纯的全文检索延伸到引文、情报等服务。在期刊引证和分析服务中，整合期刊引文，更整合了论文、图书、成果、专利等有价值的引用信息。除了数据库收录的学术资源，维普数据库通过搜索引擎服务这一功能，使用户在数据库平台即可方便使用网络搜索引擎服务，获取其中相关免费学术资源。

另外，维普数据库提供的同义词库具有较大特色，词库设置准确度高，使用方便快捷，能高质量地为用户提供专业同义词和相关词检索，对保障文献检索效果有很大帮助。

【练习题】

1. 查找 2014 年全年在核心期刊发表的关于中西医结合治疗心脑血管疾病的文献。

2. 检索题名或关键词为高血压导致中风的文献。

3. 检索中国医科大学刘云鹏发表的肿瘤细胞方面有关文献。

4. 检索 EI 来源期刊收录的冠心病导致动脉硬化的文献，并选择相关同义词。

5. 检索空气污染与哮喘之间关系的文献，并分析防治措施。

6. 检索题名或关键词中包含小儿推拿论文，并将检索结果按半年内更新进行筛选。

7. 检索分类号为"R681"的相关文献，并将检索结果的前十篇文献的题录进行文本格式导出。

8. 检索《中华创伤杂志》2005 年以来发表的有关颅脑损伤文献，并写出该期刊变更情况。

第四节　万方数据知识服务平台

一、万方数据资源概述

万方数据知识服务平台的资源内容为 14 个数据库：中国学术期刊数据库、中国学位论文数据库、中国学术会议数据库、外文文献数据库、中国专利数据库、中外标准数据库、中国特种图书数据库、中国地方志数据库、中国法律法规数据库、中国科技成果数据库、中国机构数据库、中国专家数据库、OA 论文索引库、中国学者博文索引库，资源总量超过 2 亿条，全面覆盖各学科、各行业。

（一）全文数据库

1. 中国学术期刊数据库（CSPD）　中国学术期刊数据库（China Science Periodical Database，CSPD）是万方数据知识服务平台的重要组成部分，集纳了多种科技、人文和社会科学期刊的全文内容，收录自 1998 年以来国内出版的各类期刊 7600 余种，其中核心期刊约 3000 种，论文总数量达 2900 余万篇（截至 2014 年 10 月）。每年增加 300 余万篇，每周两次更新。内容包括论文标题、论文作者、来源刊名、论文的年卷期、中图分类法的分类号、关键字、所属基金项目、数据库名、摘要等信息，并提供全文下载。

2. 中国学位论文全文数据库（CDDB）　中国学位论文全文数据库（China Dissertation Database，CDDB）精选全国重点学位授予单位的硕士、博士学位论文及博士后报告，内容涵盖理学、工业技术、人文科学、社会科学、医药卫生、农业科学、交通运输、航空航天和环境科学等各学科领域，是我国收录数量最多的学位论文全文数据库。

3. 中国学术会议文献数据库（CCPD）　中国学术会议文献数据库（China Conference Paper Database，CCPD）由中文全文数据库和西文全文数据库两部分构成，内容涵盖人文社会、自然、农林、医药、工程技术等各学科领域，是目前国内收集学科最全、数量最多的会议论文数据库，是了解国内学术动态必不可少的帮手。以国家级学会、协会、研究会组织、部委、高校召开的全国性学术会议论文为主，每年涉及近 3000 个重要的学术会议。"中文版"所收会议论文内容为中文，"英文版"主要收录在中国召开的国际会议论文，内容多为西文。

4. 外文文献数据库（NSTL）　外文文献数据库来源于国家科技图书文献中心（National Science and technology Library，NSTL），万方数据与 NSTL 合作，将 NSTL 的外文期刊及外文会议论文文献数据库资源与万方数据现有资源结合，在知识服务平台上提供统一检索和全文传递服务，收录内容包括外文期刊论文和外文会议论文。外文期刊论文学科范围涉及工程技术和自然科学各专业领域，并兼顾社会科学和人文科学，收录了 1995 年以来世界各国出版的 2 万余种重要学术期刊，超过 1960 万条记录。外文会议论文收录了 1985 年以来世界各主要学协会、出版机构出版的学术会议论文，收录约 3 万册论文集，520 余万篇论文，学科范围涉及工程技术和自然科学各专业领域。

5. 中外专利数据库（WFPD）　中外专利数据库（Wanfang Patent Database，WFPD）包括中国专利文献、国外与国际组织专利两部分，收录了国内外的发明、实用新型和外观设计等，内容涉及自然科学各个学科领域，是科技机构、大中型企业、科研院所、大专院校和个人在专利信息咨询、专利申请、科学研究、技术开发，以及科技教育培训中不可多得的信息资源，收录内容包括 11 国两组织专利数据。11 国包括中国、美国、澳大利亚、加拿大、瑞士、德国、法国、英国、日本、韩国、俄罗斯，两组织包括世界专利组织和欧洲专利局。全文资源收录自 1985 年以来的 4440 余万项专利（截至 2014 年 10 月），每年增加约 25 万条，中国专利每两周更新 1 次，国外专利每季度更新 1 次。

6. 中外标准数据库（WFSD）　中外标准数据库（Wanfang Standards Database，WFSD）包括标准文摘数据库和标准全文数据库，内容有中国国家标准、建设标准、建材标准、行业标准及国际标准、国际电工标准、欧洲标准，以及美国、英国、德国、法国的国家标准和日本工业标准等各类标准题录。

7. 中国地方志数据库（CLGD）　中国地方志数据库（China Local Gazetteers Database，CLGD）是万方数据知识服务平台特有的专业数据库，包括新方志和旧方志。新方志数据库始建于 2006 年，全面整合新中国成立以来的地方志文献和全国各地区、各行业企业信息。旧方志是在新方志数据库的基础上，于 2014 年开始系统集成新中国成立之前的方志文献，所收录的方志类型包括综合志、部门志、地名志、企业志、学科志、特殊志和地情书等。

8. 中国法律法规数据库（CLRD）　中国法律法规数据库（China Laws & Regulations Database，CLRD）主要由国家信息中心提供，包括 13 个基本数据库，内容涵盖国家法律法规、行政法规、地方法规、国际条约及惯例、司法解释、合同范本、案例分析等。

9. 中国特种图书数据库（CSBD）　中国特种图书数据库（China Special Books Database，CSBD）是万方数据知识服务平台的特色数据库，主要包括专业书、工具书等，来源于各专业出版社、组织等专业机构，内容覆盖各个领域。

（二）文摘数据库

1. 中国科技成果数据库（CSTAD）　中国科技成果数据库（China Scientific & Technological Achievements Database，CSTAD）收录了 1978 年以来国内的科技成果及国家级科技计划奖励、计划、鉴定项目，范围有新技术、新产品、新工艺、新材料、新设计等，涉及自然科学的各个学科领域。

2. 科技文献分析（WFKS_TLA）　科技文献子系统由 40 个典型主题数据库组成，主题的选取主要来源于国家中长期科学和技术发展规划纲要——重点领域及其优先主题，侧重社会关注高的社会焦点、热点问题，兼容国家和社会的重大需求，有未来或当前重要的应用目标。

（三）事实型数据库

1. 中国机构数据库（CIDB）　中国机构数据库（China Institution Database，CIDB）是以 1988 年的《中国企业、公司及产品数据库》（CECDB）为基础扩展的数据库系统，全面收录了企业的联系信息，包括行政区代号、地址、电话、传真、电子邮件、网址等。该系统由《中国企业、公司及产品数据库》《中国科研机构数据库》《中国科技信息机构数据库》《中国中高等教育机构数据库》四个数据库组成。

2. 中国科技专家库（CESD）　中国科技专家库（China Experts & Scholar Database，CESD）主要收录了国内自然科学技术、工程技术、农业、医药卫生、人文社会科学领域的专家名人信息，介绍了各专家的基本信息、受教育情况及其在相关研究领域内的研究内容及所获得的荣誉，为国内外相关研究人员提供检索服务，有助于用户掌握相关研究领域的前沿信息。

（四）其他服务功能

在万方数据知识服务平台首页检索框上方，点击"服务"功能，即可看到"增值服务""工具类服务""编辑部专业服务""作者专用服务""舆情专栏"等服务。

1. 万方学术圈　在万方数据知识服务平台首页检索框上方，点击"服务"功能，可选择"增值服务"栏中的"万方学术圈"。万方学术圈是万方数据为学者们搭建的一个互动交流的平台，是学术领域里的 SNS，实现了人与知识的精彩互动。学者们可在学术圈展示个人学术成果、与其他学者互动交流、发表学术观点、关注论文被引用情况等。目前已有近 4 万名学者加入万方学术圈。

2. 知识脉络分析　在万方数据知识服务平台首页检索框上方，点击"服务"功能，可选择"增值服务"栏中"知识脉络分析"。知识脉络分析是以万方数据库中上千万条数据为基础，以主题词为核心，统计分析知识点、知识点的共现关系，以及多个知识点的对比分析，使用可视化的方式展示知识点发展趋势和共现研究时序的变化，能揭示知识点在不同时间的关注度，随时间变化的演化关系，知识点之间交叉、融合的演变关系及新的研究方向、趋势和热点。

3. 论文相似性检测　在万方数据知识服务平台首页检索框上方，点击"服务"功能，选择"工具类服务"栏中"论文相似性检测"。论文相似性检测系统基于海量学术文献资源及检测技术，对用户送检的学术成果进行相似性检测，并提供客观、详实的检测报告及其他信息咨询服务。该功能可为学位授予单位对论文审查、质量评估提供技术支持。

4. 专利工具　在万方数据知识服务平台首页检索框上方，点击"服务"功能，选择"工具类服务"栏中"专利工具"。专利工具提供包含专利检索、导航、分析、个性化订阅服务。专利检索分为简单检索、IPC 分类检索和高级检索。专利分析以专利信息分析、竞争情报和知识挖掘等理论为基础，对专利信息进行多维统计加工、智能化定量分析和内容的深度挖掘，并将分析结果可视化展示。

5. 期刊统计分析与评价服务　在万方数据知识服务平台首页检索框上方，点击"服务"功能，选择"编辑部专用服务"栏中"期刊统计分析与评价服务"。为帮助编辑部了解期刊被读

NOTE

者使用与重视的程度，了解期刊的学术水平、编辑状况和科学交流程度，万方结合《中国期刊引证报告（扩刊版）》《中国期刊高被引指数》，向编辑部提供期刊的统计分析与评价服务，包括发文、总被引频次、影响因子、期刊统计值、期刊所属学科的刊均统计值、期刊在全部统计源期刊中的排名及在所属学科的排名。

6. 优先出版服务　在万方数据知识服务平台首页检索框上方，点击"服务"功能，选择"编辑部专用服务"中"优先出版服务"。为有效解决论文出版时滞问题，促进新的学术观点尽快互动交流，知识服务平台提供优先出版服务，即在符合国家出版政策法规的前提下，将编辑部录用并定稿的稿件，于正式印刷之前提前发布。

7. 引用通知　在万方数据知识服务平台首页检索框上方，点击"服务"功能，选择"作者专用服务"栏中"引用通知"。引用通知是一项信息服务，当用户所订阅的论文被其他论文引用时，用户将得到即时通知。这一服务可以指定一组文献，了解文献被引用的情况及引用变更的情况，及时了解指定论文的权威性。目前，该服务仅面向个人注册用户订阅中文期刊和学位论文的引用通知。

8. 投稿服务　在万方数据知识服务平台首页检索框上方，点击"服务"功能，选择"作者专用服务"栏中"投稿服务"。投稿服务平台是编辑部面向广大作者群体发布征稿信息、与其对话的重要平台，方便作者获得最新权威征稿信息，轻松选定投稿期刊；同时为编辑部获得更多、更有针对性的优质稿件提供便利。

二、万方数据检索方法

（一）万方数据知识服务平台

万方数据知识服务平台可以实现跨库检索、单库检索，检索途径支持快速检索、高级检索和专业检索（图 3-21）。

图 3-21　万方数据知识服务平台主页

1. 快速检索　快速检索为万方数据知识服务平台默认检索方式，具备智能推荐功能。系统默认在期刊、学位、会议论文、专栏、地方志、学者等直接跨库检索，也可以根据特定文献类型选择单库检索。

【检索示例】检索预防哮喘疾病的相关文献。

分析：涉及检索词有哮喘、预防。

检索步骤：在快速检索框中输入"哮喘 预防"，中间空格表示两个检索词之间为"and"，点击检索。系统默认为跨库检索，检索结果为万方所收录的所有相关文献。快速检索后可根据需要选择"在结果中检索"（图 3-22）。

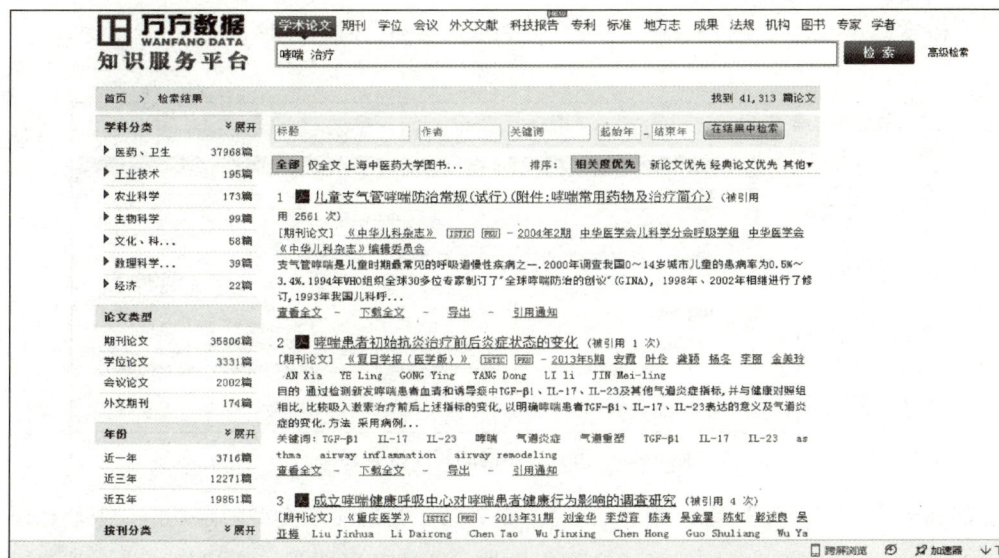

图 3-22 万方数据知识服务平台的快速检索界面

2. 高级检索 高级检索支持跨库检索和单库检索。选择不同的文献类型，系统的字段选择下拉菜单会相应变化，如文献类型选择期刊论文，字段选择将会显示主题、题名或关键词、创作者、期刊刊名等检索入口。若文献类型选择学位论文，字段选择显示主题、题名或关键词、创作者等信息外，还会显示学位、专业、导师等学位相关信息。如文献类型为系统默认多个库的文献类型，如学术论文，系统则会提供主题、题名或关键词、题名、创作者、作者单位、期刊刊名、学位专业、学位、导师、会议名称、主办单位等相应的检索入口。

3. 专业检索 专业检索通过在检索框中输入表达式实现更强大的检索功能，检索表达式支持布尔逻辑运算进行较复杂的一次性检索操作。在检索表达式输入框右方，有"可检索字段""推荐检索词""检索历史"等指引功能。

（二）万方医学网

万方医学网是万方数据股份有限公司联合中华医学会、中国医师协会等机构，针对医学院校等相关机构推出的医学文献与知识服务平台。该数据库收录中文生物医学期刊 1000 余种，外文医学期刊 4100 余种，医学视频等医学资源 930 余部，并收录中华医学会、中国医师协会等权威机构主办的 220 余种中外文医学学术期刊。为方便检索利用，医学网列出了"中华医学会专区""中国医师协会专区""中医药系统""视频数据库""临床诊疗知识库"等资源模块。

1. 快速检索 进入万方医学网首页或论文检索，可见到快速检索区，默认在中外文期刊论文、学位论文与会议论文中进行检索，也可切换至期刊、关键词、作者、机构、基金等检索入口（图 3-23）。

NOTE

图 3-23　万方医学网主页

2. 跨库检索与单库检索　在万方医学网首页快速检索框后有"高级检索"功能，点击后即进入跨库检索，可同时在中国生物医学期刊论文、中国生物医学学位论文、中国生物医学会议论文、NSTL 外文生物医学论文四个子库中进行检索，也可根据数据库列表选择其中的任意库进行单库检索，并可进行"科室限定"与"分类限定检索"（图 3-24）。

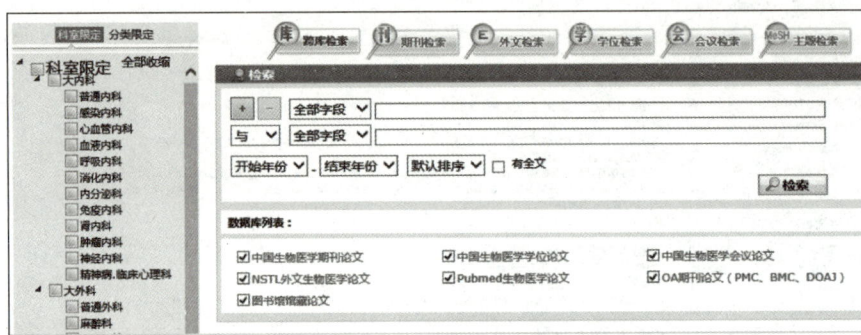

图 3-24　万方医学网的跨库检索界面

3. 期刊检索　万方医学网期刊检索的特点是具备丰富的文献类型限定功能。其将医学文献类型分为评论类、论著类、简报类、病例报告类、综述和讲座类、会议纪要类、消息动态类等，每个类下面还有子类；还可进行国际核心期刊、国内核心期刊、独家期刊、科室、分类等限定，满足用户不同的检索需求（图 3-25）。

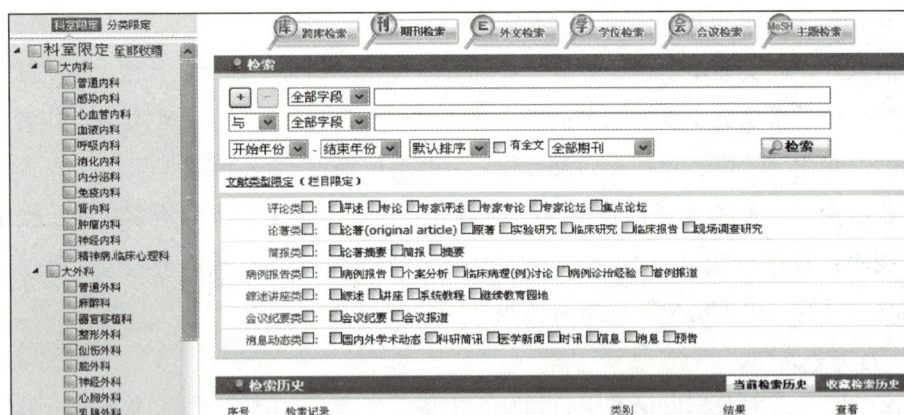

图 3-25　万方医学网的期刊检索界面

4. 外文检索　外文数据来源于国家科技图书文献中心（NSTL）的生物医学类外文期刊文献，检索结果能进行刊名聚类、时间聚类分析，并对期刊收录情况进行标注，如 SCI、SCI-E、EI 等。

5. 学位检索　文献资源按学位分为硕士、博士、博士后，检索字段有标题、关键词、作者、专业、导师、授予学位、毕业院校、毕业时间、中图分类号、摘要等可供选择。

6. 会议检索　针对医学会议论文进行检索，除提供一般文献的常用字段外，还提供与会议及会议论文集有关的会议名称、会议时间、会议地点、主办单位、母体文献、出版地、出版单位、出版时间等。

7. 主题检索 万方医学网依据《医学主题词表》推出了 MeSH 主题检索功能，在首页导航条上专门列出"MeSH 检索"导航。主题检索提供"主题词导航"和"主题词列表"指引（图 3-26）。

图 3-26 万方医学网的主题检索界面

8. 检索结果 在检索结果区，显示命中记录数，结果可根据"相关度""时间""被引用次数"等排序，亦可下载全文。万方医学网的独家期刊有"独家"标识。不同期刊根据其收录情况亦有标识，如"PKU"表示该期刊被《中文核心期刊要目总览》（北大核心期刊）收录，"ISTIC"表示该期刊被中国科技论文统计源期刊（中国科技核心期刊）收录，"Medline"表示该期刊被美国国立医学图书馆 Medline 数据库收录等。左侧为资源聚类，提供论文类型、科室聚类、分类聚类、刊名聚类等内容。右侧为各种相关信息区，如相关主题词、相关检索词、相关专家、相关机构等信息。例如，在"中华医学会专区"检索预防糖尿病的相关文献，检索结果如图所示（图 3-27）。

9. 其他功能

（1）作者空间 进入"作者空间"检索作者名称，能检索到同名作者不同机构的发文情况，根据机构不同列出其发文情况。查检者根据不同的机构选择相应的作者，并可查看其发文情况及科研合作关系。

（2）机构空间 进入"机构空间"，输入某机构名称进行检索，即可看到该机构的相关信息，与该机构具有科研合作的机构，以及可视化的科研合作关系图。

（3）期刊评价 万方医学网对中文医药期刊和 OA 医药期刊根据年限、学科、地区等基本属性，选择不同的期刊评价指标对期刊进行评价。评价指标包括篇均引文数、总被引频次、影响因子、H 指数、Web 下载率等。其中，中文医药期刊评价在结果界面还可根据需要调整参数权重。

（4）基金信息 主要提供包括"973"项目基金、"863"项目基金、自然科学基金项目、社会科学项目基金和其他基金项目等基金相关论文成果查询服务。

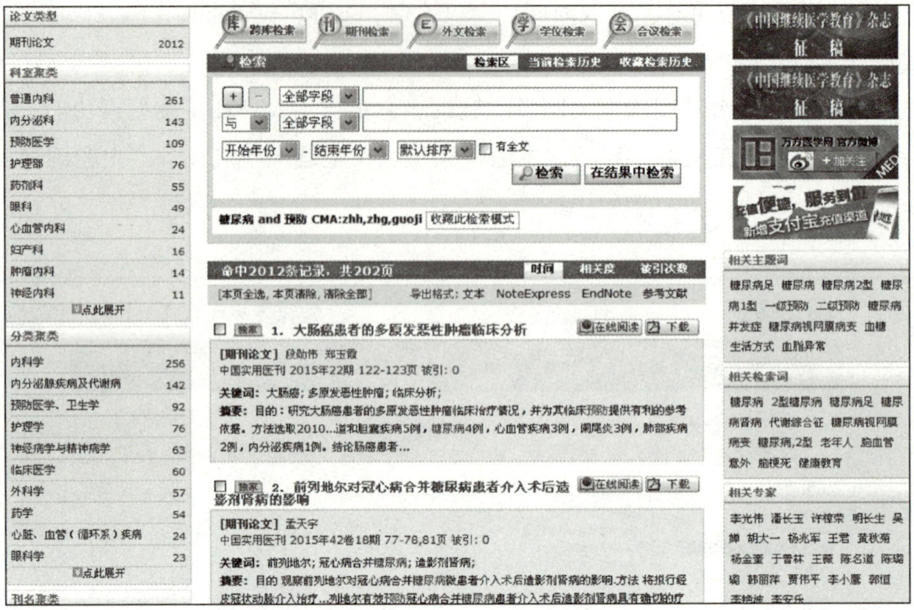

图 3-27 万方医学网的检索结果界面

（5）关键词导航　①根据国家基本药物目录（基层医疗卫生机构配备使用部分）（2009 年版）化学药品和生物制品、中成药，以及动物类中草药、植物类中草药，MeSH 主题词表包含的疾病、分析诊断、治疗技术及设备、有机体、解剖、化学药和药物、精神病学和心理学、生物科学等概念词进行分类导航。②分析国际研究新热点、各学科高频词，对相关的关键词进行分类导航。

三、万方数据资源特点

1. 资源种类全　万方数据知识服务平台包括中外学术期刊论文、学位论文、学术会议论文、标准、专利、科技成果、特种图书、新方志、法律法规、机构、专家等各类信息资源，具有广泛的应用价值。

2. 增值服务多元化　万方数据知识服务平台提供检索、多维知识浏览等多种信息揭示方式及知识脉络、论文相似性检测、引用通知等增值服务。

3. 独家中华医学会资源　万方数据知识服务平台独家拥有中华医学会医学期刊的数字出版权，并针对生物医学信息研发了具有专业优势的万方医学网资源。

【练习题】

1. 查找检索有关中医药治疗消渴的相关全文文献。

2. 查找治疗过敏性哮喘的硕、博士学位论文。

3. 查找康复医学相关的会议文献。

4. 查找近 5 年《中华消化外科杂志》发表的有关胃溃疡方面的文献。

5. 查找 2010～2015 年发表的从足细胞损伤角度探讨糖尿病肾病的相关文献。

6. 查找中西医结合治疗过敏性紫癜的相关文献，并将检索结果以"新论文优先"的方式显示。

第四章　外文生物医药文献数据库

外文生物医药论文检索在文献检索中占有重要地位。检索外文医药论文主要利用外文期刊文献数据库和开放获取期刊，类型主要有文摘索引数据库和全文数据库。文摘索引数据库比较常用的有 PubMed、SCI、EI、BP 等，其中 PubMed 是检索外文医药论文使用频率最高的数据库。全文数据库常用的有 ScienceDirect、EBSCO、Wiley InterScience（Wiley-Blackwell）、SpringerLink、SpringerImages、ProQuest 检索平台等。

第一节　PubMed

一、PubMed 资源概述

PubMed 是由美国国立医学图书馆（NLM）所属的国家生物技术信息中心（NCBI）开发的 Entrez 检索系统的一部分，主要用于检索 MEDLINE。PubMed 的主体部分由 20 世纪 60 年代 NLM 编辑出版的著名医学检索工具《Index Medicus》（IM）的自动化编辑检索体系 MEDLARS（Medical Literature Analysis and Retrieval System）发展而来。1971 年 MEDLARS 改进为联机检索系统 MEDLINE（MEDLARS Online），1983 年发行了 MEDLINE 光盘版。从 1997 年 6 月起，PubMed 免费向全球用户开放使用。

（一）收录范围

PubMed 收录的期刊约两万种，其中 MEDLINE 收录了包括全世界 80 多个国家 5200 多种生物医学期刊的 1900 多万条文献记录（每周都在增长中），绝大部分可回溯至 1948 年，部分早期文献可回溯至 1865 年。PubMed 的部分文献可直接获取全文，包括来自 NLM 开发的免费生物医学数字化期刊全文数据库 PubMed Central（PMC，收录期刊 780 余种）的文献，开放获取（Open Access，OA）期刊的文献，以及部分出版商提供的免费期刊文献等 2000 余种。

PubMed 由四部分组成：MEDLINE（1966 年至今）、PreMEDLINE、Publisher Supplied Citation、OldMEDLINE（1951—1965 年）。

1. MEDLINE　由美国国立医学图书馆（NLM）创建和维护，是世界上著名的生物医学题录型数据库。MEDLINE 的内容涉及基础医学、临床医学、护理学、口腔医学、兽医学、营养卫生、药理和药剂学、预防医学、卫生管理、医疗保健和情报科学等领域，收录内容对应以下 3 种印刷型检索工具：Index Medicus（医学索引）、Index to Dental Literature（牙科文献索引）和 International Nursing Index（国际护理索引）。MEDLINE 是 PubMed 的主体部分，记录末尾标有［PubMed-indexed for MEDLINE］。

NOTE

2. PreMEDLINE　是临时性医学文献数据库，收录的是正在等待标引的新增文献，其作用在于缩短文献报道时差。PreMEDLINE 中的记录每天（周二至周六）有进有出，新进的记录标有［PubMed-in process］，标引好主题词和文献类型等字段的记录转入 MEDLINE。

3. Publisher Supplied Citation　是出版商直接向 PubMed 递送的电子文献。其中有一部分在 MEDLINE 中未被收录。记录标注［PubMed-as supplied by publisher］。

4. OldMEDLINE　目前 OldMEDLINE 含有 1951～1965 年的题录 150 多万条，不含摘要，保持旧版 MeSH 词表的标引。

（二）主页简介

PubMed 主页分为检索区、主要功能区和辅助功能区三部分（图 4-1）。

1. 检索区　位于主页上方，点击数据库栏列表中 PubMed 旁边的下拉菜单，可根据实际检索需要更改数据库（主要用来检索的数据库有 All Database、PubMed、Protein、Nucleotide、GSS、EST、Structure、Genome 等），在检索区可实现高级检索（Advanced），点击 Help 可查看检索帮助。

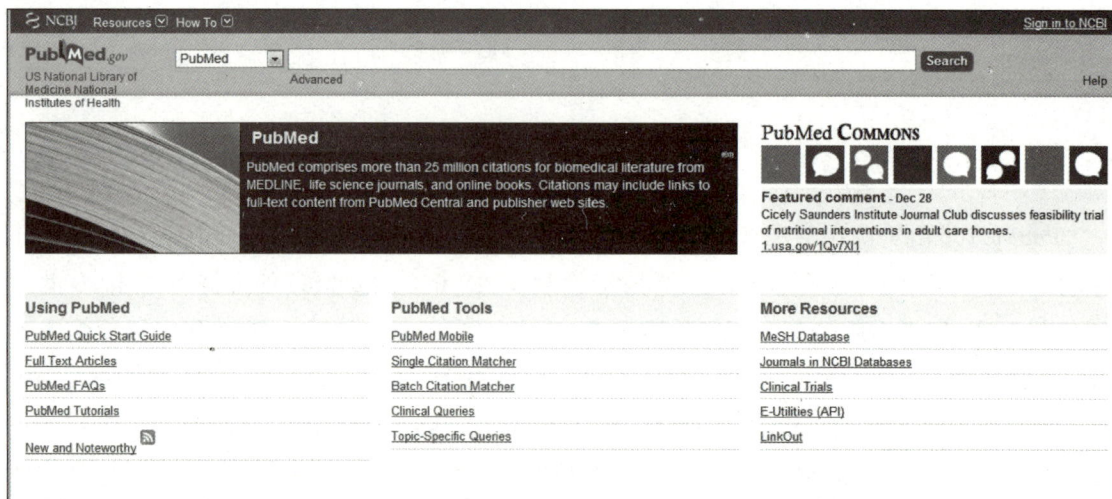

图 4-1　PubMed 主页

2. 主要功能区　包括 Using　PubMed、PubMed Tools 和 More Resources 三部分。

（1）Using PubMed　主要介绍如何使用 PubMed，分为 PubMed Quick Start Guide、Full Text Articles、PubMed FAQs、PubMed Tutorials 和 New and Noteworthy 五部分。其中，PubMed Quick Start Guide 介绍如何快速掌握使用 PubMed。Full Text Articles 介绍如何获得电子版全文。PubMed FAQs 介绍使用 PubMed 时的一些常见问题和注意事项。PubMed Tutorials 详细介绍 PubMed 使用指南。New and Noteworthy 是 PubMed 未来更新告示。

（2）PubMed Tools　包括 Single Citation Matcher、Batch Citation Matcher、Clinical Queries 和 Topic-Specific Queries 四部分。其中 Single Citation Matcher 和 Batch Citation Matcher 为单一 / 批量引文匹配检索工具，可以不完整的信息为线索查特定文献。Clinical Queries 可实现将检索范围限定为与临床相关的诊断、治疗、病因和预后四个方面。Topic-Specific Queries 是指按某一特殊主题检索文献。

（3）More Resources　包括 MeSH Database、Journals Database、Clinical Trials、E-Utilities

和 LinkOut 五部分。MeSH Database 是具有检索功能的 MeSH 词表，可实现主题词检索，即通过主题词组配副主题词检索文献。通过 MeSH Database，可从款目词引见到 MeSH 词，可以看到 MeSH 词的定义和历史注释。进入主题词细节页面，可进行副主题词限定检索，可选择下位词或上位词检索，可对主题词进行加权检索（Restrict Search to Major Topic headings only），还可阻止下位词自动扩展检索（Do Not Explode this term）。Journals Database 供查询 PubMed 和 Entrez 其他数据库收录期刊的信息。Clinical Trials 可浏览定期更新的有关政府和私人资助的临床研究项目信息。E-Utilities 可实现自动化大批量从 Entrez 数据库下载数据，并提供几种常用的程序语言供用户选择，如 Perl、Python、Java 和 C++ 等。LinkOut 是指外部资源链接。

3. 辅助功能区 包括 Getting Started、Resources、Popular、Featured 和 NCBI Information 五部分。Getting Started 包括 NCBI 的帮助指南、NCBI 工具书和 NCBI 的检索练习及检索指南。Resources 列出了除 PubMed 之外的 NCBI 其他类数据库。Popular 列出了比较常用的一些数据库。Featured 列出 NCBI 的特色数据库。NCBI Information 包含了 NCBI 的相关信息及资源。

4. 医生线上交流平台 PubMed Commons 点选进入后，可以看到最新与热门的评论，以及该篇文章的书目、摘要与会员的评论。

二、PubMed 检索方法

PubMed 提供基本检索、高级检索、限定检索、主题词检索、期刊检索、引文匹配检索和临床文献检索等。

（一）基本检索

PubMed 的基本检索包括自动词语匹配检索、著者检索、期刊检索、短语检索、截词检索、字段限定检索、布尔逻辑检索等。默认检索的数据库为 PubMed，也可以更改为 NCBI 的其他数据库进行检索。点击 "Clear" 则清除检索框中的内容。

1. 自动词语匹配检索 对检索词进行自动词语匹配是 PubMed 最令人称道的功能。该功能可以实现检索词的自动转换，其目的是尽可能使文献查全但并不要求复杂的操作。在简单检索页面输入检索词，系统按顺序采用以下六个词表对检索词进行自动词语匹配。在检索框中输入的检索词若不用字段限制，系统依次到 MeSH translation table（主题词转换表）、Journals translation table（期刊转换表）、Full Author translation table（作者姓名全称转换表）、Full Investigator（Collaborator）translation table（调研者/合作者姓名全称转换表）、Author index（作者索引）、Investigator（Collaborator）index（调研者/合作者姓名索引）6 个表中进行词语的匹配。若在某个表中匹配到合适的结果，系统即停止搜索。如果在上面词表中都找不到相匹配的词，系统会将短语拆分为单词，继续到 6 个词表中去搜索，检索时各个词之间的逻辑关系为"逻辑与"（AND）。如果仍找不到匹配的词，系统会到所有字段中去查找，各个词之间的逻辑关系仍为"逻辑与"（AND）。完成检索后，在检索结果显示页面右侧的 Search Details 框会详细显示系统执行自动词语匹配的实际检索式。

【检索示例】检索中医治疗高血压的文献。

检索步骤：

（1）在基本检索框直接输入检索词 Hypertension Traditional Chinese Medicine（多个词间用空格，图 4-2）。

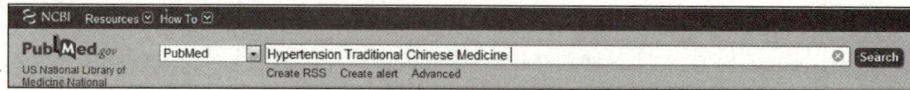

图 4-2　PubMed 的基本检索界面

（2）PubMed 自动执行检索，检索表达式可查看 "Search details"（图 4-3）。

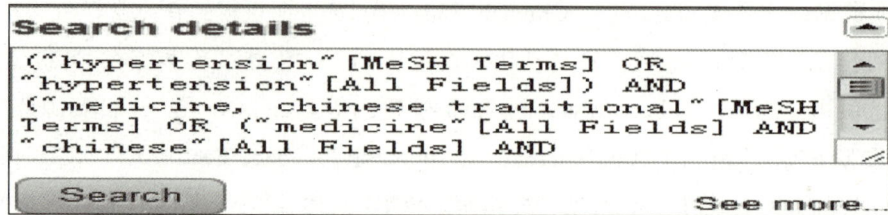

图 4-3　PubMed 的自动词语匹配检索表达式查看界面

通过检索表达式，可以看到 PubMed 执行自动词语匹配检索。其中，"Hypertension" 是高血压的 MeSH 主题词，中国传统医学的 MeSH 主题词为 "medicine，chinese traditional"。它们都是 PubMed 自动匹配的主题词，并自动在主题词字段检索。可以看出，系统分析出了高血压和中国传统医学这两个概念之间的逻辑组配关系为 "逻辑与"，中国传统医学的不同表达方式也在所有字段中执行 "逻辑或" OR 检索。

自动语词匹配有较好的查全率。对于初级查检者来说，PubMed 推荐使用基本检索。

2. 字段限定检索　在检索词后加字段标识符可将检索词限定在指定字段内检索，检索格式为：检索词［字段标识符］，字段标识符必须用中括号括起来。例如 cell［ta］，表示将 cell 指定在刊名字段内检索，由于刊名是一个单词，不能自动匹配转换为刊名进行检索，因此需在检索词后加上刊名字段［ta］。

PubMed 的记录字段有 60 多个，可检索的字段有 49 个，表 4-1 为 PubMed 主要可检索字段的名称、字段标识（Tags）及字段含义。

表 4-1　PubMed 主要可检索字段

字段名称	字段标积	字段含义
Affiliation	［AD］	第一著者单位、地址
All Fields	［ALL］	所有字段
Author	［AU］	著者
Corporate Author	［CN］	团体著者
First Author Name	［1AU］	第一著者
Journal	［TA］	期刊名称（含全称、缩写、ISSN 号）
Language	［LA］	语种
MeSH Major Topic	［MAJR］	MeSH 主要概念主题词，用 * 表示
MeSH Subheadings	［SH］	MeSH 副主题词
MeSH Terms	［MH］	MeSH 主题词
Pharmacological Action	［PA］	药理作用概念
Title	［TI］	题名

NOTE

3. 著者检索 在检索框中输入著者姓名，PubMed 会自动执行著者检索。2002 年以前的文献，要求输入的著者姓名为姓前名后，姓用全称，名用首字母，如 smith ja。2002 年以后的文献，可进行姓名全称检索，且姓名排列顺序不限，如 Joshua Lederberg，或 Garcia Algar, Oscar。对同名同姓的情况，可在输入姓名的同时，输入著者单位或文献主题，缩小检索范围。可采用"著者姓名［1AU］"的形式，限定查找为第一著者的文献，如 jones k［1au］。

4. 期刊检索 在检索框中输入期刊全称、MEDLINE 刊名缩写、ISSN 号，系统会自动检索出 PubMed 收录的该刊所有文献，如"American journal of acupuncture"。若刊名与 MeSH 主题词相同，PubMed 执行的是 MeSH 主题词检索，可用"刊名［TA］"进行刊名字段限定检索。中文刊名直接输入汉语拼音，如中华医学杂志，输入 Zhong hua Yi Xue Za Zhi。

5. 词组精确检索 对检索词超过 1 个以上的词组，可采用检索词组加双引号的强制检索方式，关闭自动语词匹配功能，将检索词组作为一个整体进行检索，避免自动语词匹配将词组分割检索造成的误检。例如，"ginsenoside Rg1"（人参皂苷 Rg1）。

6. 截词检索 在检索词后加 * 可实现前方一致的多字符通配截词检索，可提高查全率。如输入 flavor*，可同时检索包含 flavored、flavorful、flavoring 等词的文献。截词检索时，PubMed 关闭自动语词匹配功能。

7. 布尔逻辑检索 可在检索框直接输入用逻辑运算符 AND、OR、NOT 和检索词组成的检索式进行布尔逻辑检索。逻辑运算符要求大写，检索词不区分大小写。如几个检索词中间没有逻辑运算符，系统默认为 AND 的逻辑组配关系。

（二）过滤器（Filters）

通过对检索结果进行各种条件限定达到精炼结果的目的。该功能嵌入检索结果显示页面的左侧（图 4-4），默认限定选项有 Type of Article（文献类型）、Text availability（文献权限，含 Full Text、Free Full Text 或 Abstracts）、PubMed Commons（线上交流平台）、Publication Date（出版日期）、Species（种类）。如需限定其他条件，可点击"Show additional filters"添加其他过滤选项，如 Language（语种）、Sex（性别）、Subjects（学科）、Journal categories（期刊分类）、Ages（年龄）、Search Field（检索字段）。进行限定检索时，不同限定选项之间的逻辑关系为"逻辑与"，组内不同限定选项之间的逻辑关系为"逻辑或"。需注意的是，限定检索的选项一经确定，对后面的检索持续起作用，并在检索结果显示页的上方提示限定检索的具体内容。因此，在开始一个新检索的时候，必须点击"Clear all"清除已选限定条件。

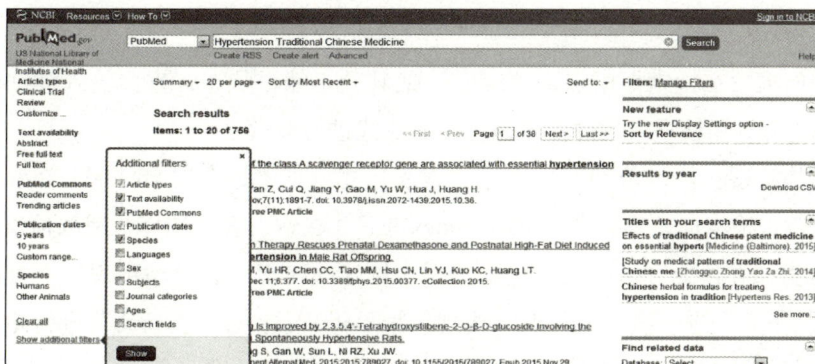

图 4-4 PubMed 的过滤器显示界面

【检索示例】检索近 5 年中医治疗高血压的免费全文。

检索步骤：在检索框中输入 Hypertension Traditional Chinese Medicine，在左侧过滤器中勾选 "free full text" 和 "5 years"（图 4-5）。

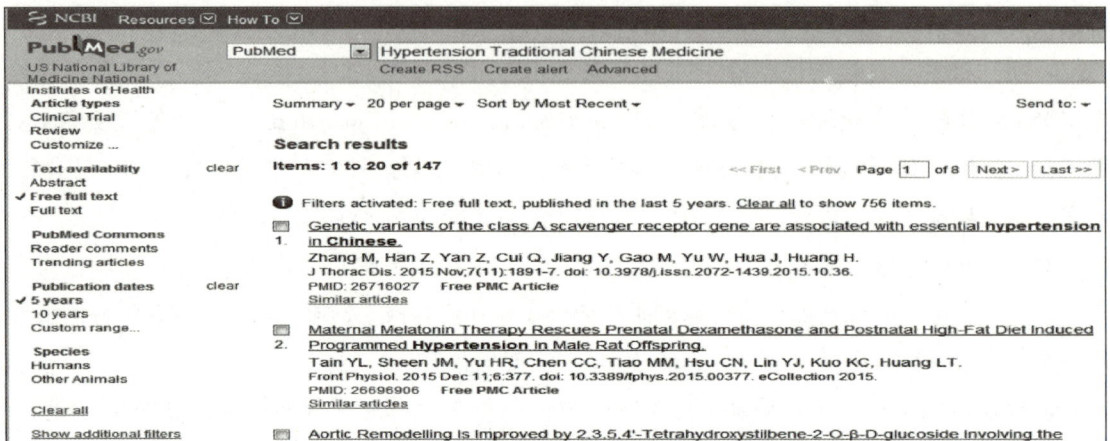

图 4-5　PubMed 的限定检索结果界面

（三）高级检索（Advanced Search）

高级检索页面由 Search Box（检索提问框）、Search Builder（检索式构建器）和 History（检索历史）三部分组成（图 4-6）。

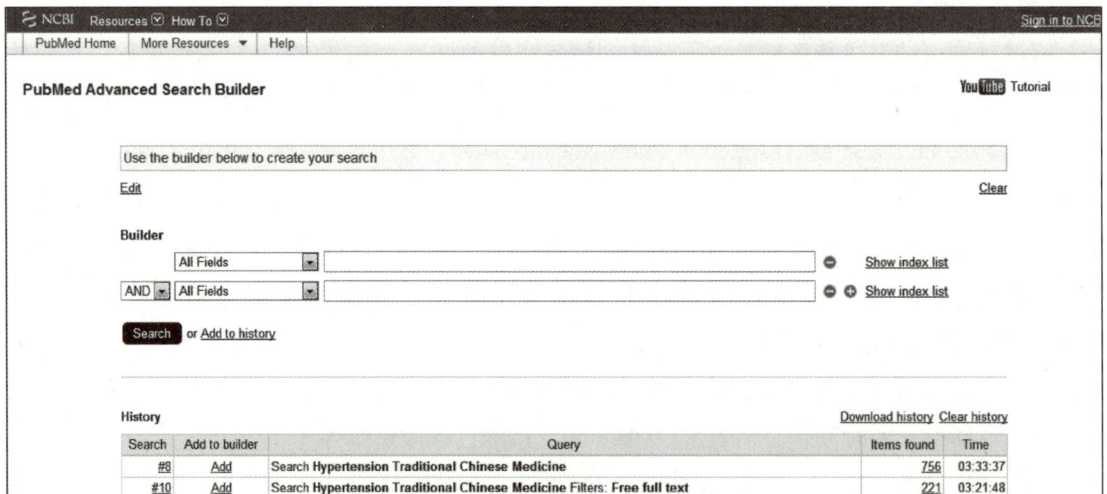

图 4-6　PubMed 的高级检索界面

1. 检索提问框　在检索框中点击 "Edit"，使其处于编辑状态，直接输入详细的检索表达式进行检索，也可利用检索式构建器建立检索表达式进行检索。

2. 检索式构建器　可以帮助用户构建检索表达式。步骤是在 "All Fields" 下拉菜单中选择检索字段，输入检索词，或点击 "Show index list"，在索引表中选择合适的检索词，根据需要输入多个检索词并选择合适的逻辑组配关系。构建的检索式会自动出现在上方的检索提问框中，可通过 "Edit" 进行编辑或修改。构建结束后可直接点击 "Search" 进行检索，或点击 "Add to history" 在检索历史区浏览检索数量。

3. 检索历史区　显示检索序号、检索词、检索时间和检索结果数量。通过查看检索历史，可以回顾已经进行的检索。若想浏览检索结果，可点击检索结果数量链接。点击检索式的序号，可以从弹出的快捷菜单中选择 AND、OR、NOT 与其他检索表达式进行布尔逻辑运算。选择"Delete from history"删除该检索表达式。选择"Show search results"显示检索结果。选择"Show search details"查看该检索式的详细策略。选择"Save in My NCBI"将该检索式保存至 My NCBI，History 最多能保存 100 个检索式。若 8 小时内无任何操作，此次记录将被系统清除。

（四）主题词检索（MeSH Database）

在 PubMed 主页面将检索的数据库由 PubMed 改为 MeSH，或直接点击主页面 More Resources 下的 MeSH Database 均可进入主题词检索。

主题词检索提供基于 MeSH 词表的主题检索。主题词标引是 PubMed 独具特色的文献处理方式。MeSH 是世界医学主题词表的权威，很多其他的生物医学检索系统都学习和借鉴 MeSH 的主题词标引。主题词检索能指引查检者使用规范化的医学术语（主题词）进行检索，以提高查准率。查检者可以输入任意的检索词，主题词检索会提示查检者该词是入口词还是主题词，并显示相关概念的主题词数量。

【检索示例】检索有关"抗高血压药物的副作用"方面的文献，要求加权。

检索步骤：

1. 在 MeSH Database 检索框中输入 antihypertensive drugs，点击 Search，显示 MeSH 主题词为 Antihypertensive Agents，点击该词进入 Antihypertensive Agents 的主题词检索页面。

2. 主题词细览页面列出了可与该药物组配的副主题词，勾选其中的副主题词 adverse effects，再点 Add to search builder，逻辑关系为 AND，点击 Search PubMed 即可得到检索结果（图 4-7）。

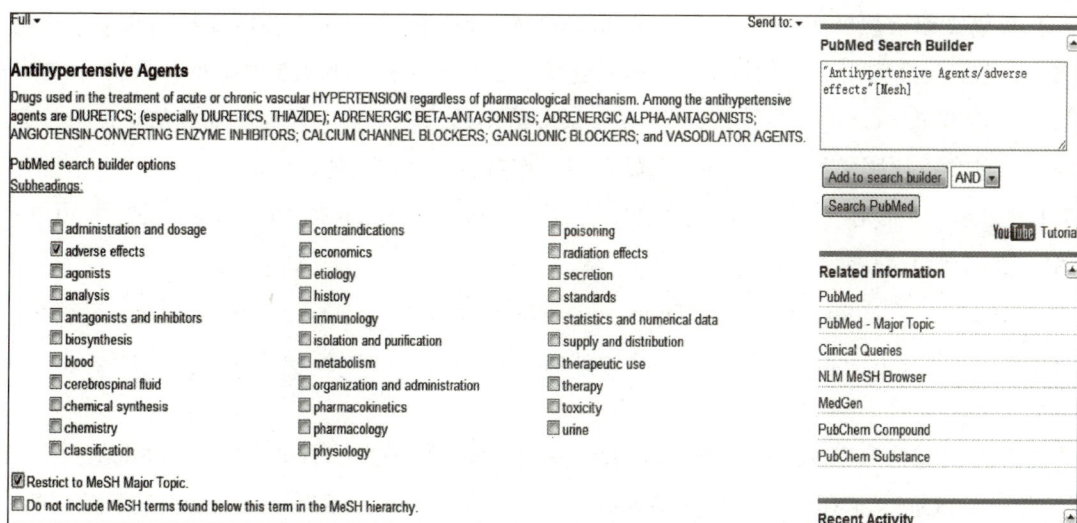

图 4-7　PubMed 的主题词细览界面

如果检索课题涉及多个主题词，可以先分别对每个主题词进行检索，再在高级检索的检索历史中用检索序号进行布尔逻辑组配检索；也可以通过主题词检索页面输入主题词后点 Add to search builder，选择逻辑组配关系 AND、OR、NOT，加入到检索框中，重复以上步骤，直至检索式完成再执行检索。

NOTE

需要注意的是，主题词检索也有一些缺陷。首先，主题词检索只能检索经过主题词标引的 Indexed for MEDLINE 的文献，没有经过主题词标引的 in-process citations，supplied by publisher 等文献不支持主题词检索。因此，主题词检索可能漏掉那些已经入库，但尚未进行主题词标引的最新文献。其次，虽然 MeSH 定期更新主题词表，但一些新兴主题还是不能及时加入词表成为主题词。因此，主题词检索不利于检索新兴主题的文献。第三，因为是规范化的词语，MeSH 词表中总共收录了 25000 多个主题词，还有很多概念没有对应的主题词。因此，在检索过程中，不应一味拘泥使用主题词检索，应根据课题特点灵活选择不同的检索途径。

（五）期刊检索

期刊检索有 3 种方法：①在基本检索状态下，输入刊名检索。②在高级检索状态下，在 All Fields 中选择 Journal 字段，然后输入刊名检索。③在 PubMed 主页面的 More Resources 中点击 Journal Database 检索。

Journal Database 主要用于查询 PubMed 和 Entrez 其他数据库收录期刊的信息，检索词有刊名全称、MEDLINE 刊名缩写、期刊的 ISSN、NLM 刊号、国际标准刊名缩写（ISO Abbreviation）和刊名中含有的词。该数据库的主要用途是进行刊名缩写和刊名全称转换的查询，还可以获得 PubMed 等收录的期刊一览（Entrez journals）及 PubMed 收录全文电子期刊网站链接一览（The list of journals with links to full-text web sites）。

（六）文献信息匹配检索

在 PubMed 主页面的 PubMed Tools 栏点击 Single Citation Matcher 和 Batch Citation Matcher，均可进入引文匹配检索页面。Single Citation Matcher 为单篇引文的检索，Batch Citation Matcher 为多篇引文的检索。引文匹配检索是用不完整的题录信息线索来查特定记录的工具，当论文中的参考文献信息不完整时，可利用引文匹配器来核对补充信息。

1. 单篇文献信息匹配检索（Single Citation Matcher） 主要用于在已知某篇文献的标题、著者、发表期刊等部分信息的情况下查找特定的文献信息。在 PubMed 主页面的 PubMed Tools 栏目下点击 Single Citation Matcher，即可在系统给出的选项中输入任何已知的信息进行检索，包括刊名信息、出版年月、卷、期、起始页码、作者、篇名中的任意词。

【检索示例】查找《中国中西医结合杂志》（Zhong guo Zhong Xi Yi Jie He Za Zhi）2013 年第 33 卷第 9 期上发表的文章。

检索步骤：在 Journal 栏输入 Zhong guo Zhong Xi Yi Jie He Za Zhi，在 Details 栏输入 33（Volume）、9（Issue），点击 Search，即可查到这一期《中国中西医结合杂志》上的文献（图 4-8）。

2. 多篇文献信息匹配检索（Batch Citation Matcher） 在 PubMed 主页面的 PubMed Tools 栏点击 Batch Citation Matcher，进入检索页面，一次输入多行检索提问。批量引文匹配器的检索输入格式为刊名|年|卷|起始页|著者|检索用户对文献的标识|，返回的检索结果是 PMID 号（PubMed 的记录顺序号）。每次检索提问的信息单独成行，其中刊名和著者姓名必须是 MEDLINE 标准缩写形式，对文献的标识可以是任意字符串，某项信息如缺失可不填写，但"|"不能省略。最后填写好邮箱地址，系统会将检索结果发送到邮箱里。

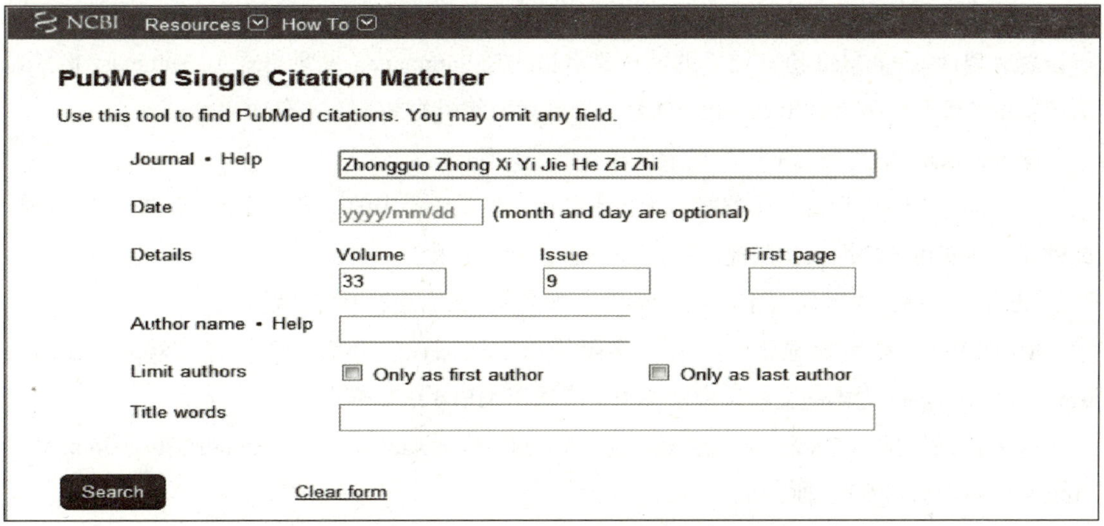

图 4-8　PubMed 的单篇文献信息匹配检索界面

（七）临床问题查询（Clinical Queries）

在 PubMed 主页面的 PubMed Tools 栏点击 Clinical Queries，进入临床文献检索页面（图 4-9）。Clinical Queries 是专门为临床医生设计的检索服务，提供以下三方面的检索。

1. Clinical Study Categories（临床研究分类检索）　供查询疾病的 therapy（治疗）、diagnosis（诊断）、etiology（病因）、prognosis（预后）和 clinical prediction guides（预防）五方面的文献。选项 "Broad" 和 "Narrow" 为检索过滤器（Search Filter），用来表示倾向查全还是查准。

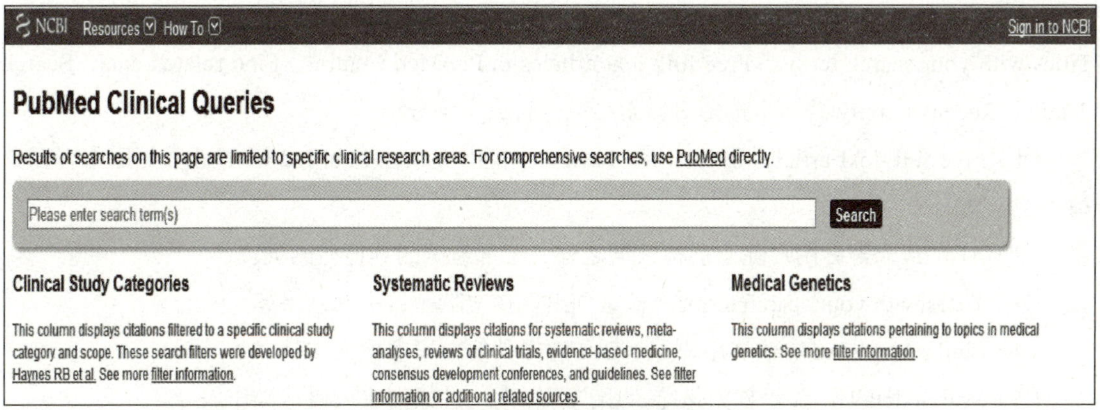

图 4-9　PubMed 的临床问题查询界面

2. Systematic Reviews（系统综述检索）　供检索疾病的 systematic reviews（系统评论）、meta-analysis（meta 分析）、reviews of clinical trials（临床试验评论）、evidence-based medicine（循证医学）等方面的文献。

3. Medical Genetics Searches（医学遗传学检索）　包括鉴别诊断、临床描述、分子遗传及基因检测等文献。

（八）PubMed 的检索结果处理

PubMed 对检索结果的处理包括结果的显示、保存和打印。在 PubMed 检索结果显示页面的右侧，可对检出文献进一步细化区分。

NOTE

1. 检索结果的显示　在检索结果显示页面，点击 Display Settings，可对检索结果的显示进行设置和修改。PubMed 检索结果的默认显示格式是 Summary（题录格式）。Summary 格式显示记录中的篇名、著者、出处、PMID 号、记录标记和相关文献链接等。

除 Summary 格式外，常用的显示格式有以下几种。

Summary（text）以纯文本格式显示检索结果，显示记录中的篇名、著者、出处、PMID 号。此种显示格式可加快网页访问速度，适合网速过慢时使用。

Abstract　格式中的所有字段加上摘要、著者单位和地址、人名主题。

MEDLINE　全字段显示，所有的字段均以字段标识符开头。若要将检索结果输出到 Reference Manager 之类的文献管理软件中，应选用 MEDLINE 格式。

检索结果的排序（Sort by）有 Recently Added、First Author、Last Author Title、Journal 和 Pub Date（出版时间）5 种。

2. 检索结果的保存　在检索结果显示页面，点击 Send to，系统提供 File、Clipboard、Collections、E-mail、Order 和 My Bibliography 共 6 种保存方式。

保存操作时，先点击 Send to，然后选用下列操作。

选 File，系统以纯文本文件形式保存检索结果。

选 Clipboard，将所有记录（或选定的记录）添加到临时的粘贴板中。

选 Collections，将检索结果保存在 My NCBI 中的 My Save Data 中。

选 E-mail，系统将检索结果发到用户邮箱中。

选 Order，系统将保存的文献提交全文订购。

选 My Bibliography 参数，系统以目录形式将文献保存在 My NCBI 中。

3. 检索结果的二次处理　在检索结果显示页面右侧，提供 Filter your results、Also try、Titles with your search terms、Free full-text articles in PubMed Central、Find related data、Search details、Recent activity 共 7 个选择对检索结果进行二次细分。

（1）Free full-text articles in PubMed Central　检出文献在 PubMed Central 数据库中有多少篇免费全文。

（2）Also try　告诉用户除当前检索词之外，还可尝试的其他检索词。

（3）Titles with your search terms　检索词出现在文献题目中的结果。

（4）Find related data　建议用户在 NCBI 选择其他数据库检索文献。

（5）Search details　显示检索策略，用户可知系统是如何执行检索操作。

（6）Recent activity　显示近期还进行过哪些检索操作。

4. My NCBI　在 PubMed 主页面左上方点击"My NCBI"，进入 My NCBI 更新检索页面。My NCBI 更新检索是用已保存的检索式进行更新检索，第 1 次使用须注册，注册免费；也可用 Google、NIH 等账户登录，登录之后即可保存检索式。下次登录 My NCBI，在 My NCBI 页面点击"Saved Search"，显示已保存的检索式列表。点击某一检索式，即可显示该检索式最近 1 次的检索结果。选中某个检索结果，点击"What's New for Selected"按钮，会显示新增的检索结果，点击结果数字链接，会出现新增检索结果的文献列表，同时更新已保存的检索。

三、PubMed 的资源特点

1. 信息质量高、更新速度快　PubMed 能获取到当月甚至当日发表的最新文献，通过 PubMed 可以查到那些尚未完成标引的最新数据，还可以查看先于印刷版期刊发表的电子期刊文献。

2. 检索功能完备，检索方式灵活多样　PubMed 提供基本检索、高级检索、限定检索、期刊检索、主题词检索，以及引文匹配、临床查询途径，具有强大的词语自动匹配转换功能，能对意义相同或相近的词或词组进行全面搜索，查全率高。

3. 强大的链接功能　PubMed 将相关的期刊文献、数据、事实、图书连接在一起，形成相互贯通的信息链，方便进行追溯性检索。

4. 免费检索　PubMed 对因特网上所有用户免费开放，并能在线获取部分免费电子版全文。

5. 提供医生线上交流平台　PubMed 新增 PubMed Commons 功能，让 PubMed 从过去提供使用者检索、获取文献的资料库，转型增加了社群讨论的功能。使用者在查询文章的同时，也能看到其他人对此文章的评论，也可加入讨论，分享不同的学术观点，提供医学领域研究者间更多的互动与交流，有助于促进学术传播的共享与交流。

【练习题】

1. 查找治疗新生儿哮喘的文献，查看第 1 篇文章的原文出处及原文后所附第 1 篇参考文献中的第 1 作者的姓名。

2. 查找近 5 年有关"学龄前儿童肥胖症临床试验"的英文免费全文文献。

3. 准确检索有关"抗高血压药物的副作用"方面的文献（要求加权）。

4. 从主题途径查找 FK506（免疫抑制剂）副作用和肾移植的文献。

5. 查找 Ernesto P.Molmenti 发表在 American Journal of Transplantation 杂志 2013 年第 13 卷 77 页上的文献。

6. 查找中医药疗法治疗肿瘤方面的综述文献。

7. 查找原发性肝癌引起疼痛的中医药治疗方面的文献，并从中选择 1 篇找出第 1 作者工作单位。

8. 检索有关 65 岁以上老人系统性红斑狼疮的诊断方面的文献。

第二节　OVID

一、OVID 资源概述

OVID 是由美国 OVID 科技公司（OVID Technologies，Inc）与美国银盘公司（Sliver Plattet Information）联合推出的，系统提供医学、生命科学、自然科学及社会科学等主要学科领域的电子图书、全文期刊和书目信息等 300 多个数据库的在线服务。

NOTE

OVID 的资源包括 Database@Ovid（OVID 人文、社科、科技方面的数据库群，其中大部分为生物医学数据库）、Journals@Ovid（OVID 全文期刊库）、Book@Ovid（OVID 的电子图书库）。目前，OVID 平台包涵医学、生物等多领域数据库上百个，如临床各科专著及教科书、循证医学、MEDLINE、EMBASE，以及医学期刊全文数据库。OVID 将多种资源集中在同一平台 OvidSP 上，并通过资源间的链接实现数据库、期刊及其他资源在同一平台的检索和浏览，可由文献中的参考索引链接到该文献的全文（Full Text），用户可在单一环境下方便地获得所需资料。

本节以 Journals@Ovid Fulltext 为例介绍 OVID 数据库的使用方法。

二、OVID 检索方法

（一）系统登录

已订购数据库用户访问权限通过 IP 地址控制，无需输入用户名和密码。选择需要检索的数据库，可以选择一个或多个数据库进行检索。若选择多个数据库查询，最多可勾选 5 个数据库。可供选择的语种包括英语、法语、德语、西班牙语、繁体中文和简体中文（图 4-10）。

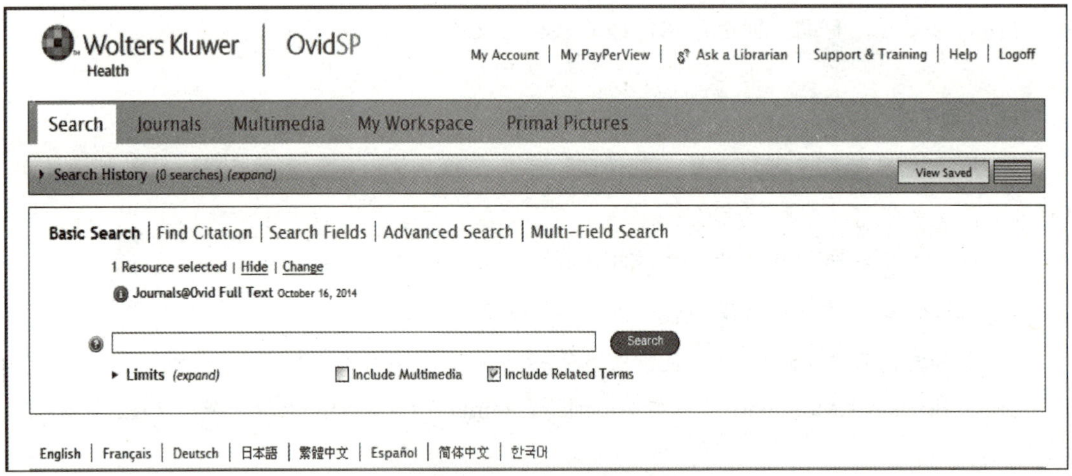

图 4-10　OVID 检索主页

OVID 期刊全文数据库为用户提供 Basic Search（基本检索）、Find Citation（引文检索）、Search Fields（字段限定检索）、Advanced Ovid Search（高级检索）、Multi-Field Search（多字段检索）、Journals（期刊浏览）和条件限定检索等功能。

（二）检索方法

1.期刊浏览　在全文数据库检索页面的左上角，单击"Journals"打开此项功能。它提供两种期刊浏览方式：①按刊名首字母顺序从 A-Z 进行浏览。②按学科分类进行浏览。系统将其所收录的期刊按学科分为 Clinical Medicine、Behavioral & Social Sciences、Health Professions、Life & Biomedical Sciences、Life Sciences、Nursing、Physical Science & Engineering、PsycARTICLES 八大类，每一大类下又分若干个子类，每一类目后有对应的期刊数、期刊列表和卷期的链接。利用学科分类浏览，用户可以方便地了解该数据库中有哪些与自己专业相关的期刊。在期刊列表中，每种期刊都可以设置 RSS feeds 和 Etoc feed 的自动提醒功能，并可以为自己感兴趣的期刊加上注解。

2. 基本检索　即自然语言检索，是该数据库的默认检索方式，用户可以不必考虑检索语言和语法规则，自由输入检索词或提问语句，系统会自动分析检索语句，并对检索词的各种词形加以检索，还可将常用的缩写形式自动转换为全称。利用基本检索功能时，应尽量避免使用动词来表达检索语义。基本检索还提供字段限定检索、拼写检查、包含相关词和对检索结果进行条件限制等检索功能。

可在两处实现常用限制检索功能：①在检索输入框下，直接点击"常用限制"（Limits），打开条件限制选项，内容包括有文摘的文献（Articles with Abstracts）、每日更新文献（Daily Update）、有全文（OVID Full Text Available）、心理学子集（PsycARTICLES）、原始文献（Original Articles）、综述（Reviews Articles）和文献发表年限"Publication Year"。②更多限制（Additional Limits），它提供更多的条件限制选项，包括带有参考文献的文章（Articles with References）、带有图片的文章（Articles with Graphics）、期刊所属子辑（Journal Subsets）和出版类型（Publication Types）等。

3. 引文检索　引文检索是 OVID 检索系统为用户提供的一项用户查找特定文献的功能。它可通过文献篇名、刊名、著者姓名，文献出版的年、卷、期和首页页码，索取号和数字文献识别符等进行查询（图 4-11）。

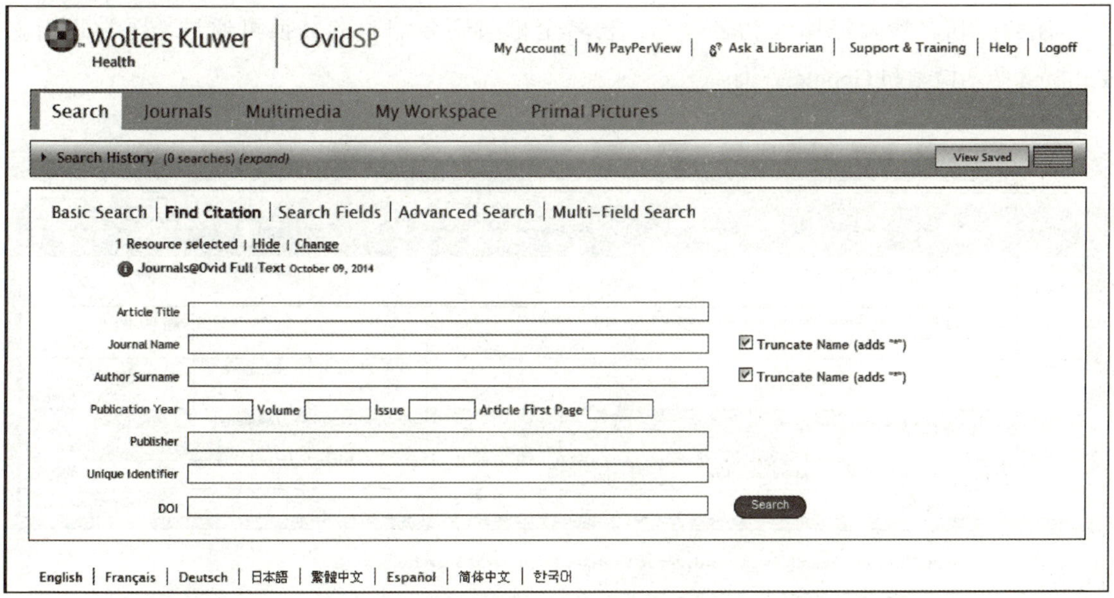

图 4-11　OVID 的引文检索界面

4. 字段限定检索　系统为用户提供摘要、作者、作者关键词、文献类型、机构、刊名等27 个限定字段。使用此功能时，在输入框内输入检索词，在字段列表中选择限定的字段，可单选或多选，选择多个字段时表示检索词出现在任何选定字段均属命中记录。输词并选择字段后，点击"search"，完成检索。

5. 高级检索　高级检索提供关键词、作者、题名及期刊名称的检索。

（1）Keyword（关键词检索）　是高级检索默认的检索途径，可在文献的标题、文摘、"caption text"（图表标题）和正文等字段中检索所输入的检索词，也可使用"$"或者"*"进行截词检索。

NOTE

（2）Author（作者检索）　直接输入著者姓名进行检索，输入格式为姓在前（用全称），名在后（可用全称或首字母），姓和名间用空格隔开。

（3）Title（题名检索）　在文献题目中检索所输入的词或词组，也可使用"$"或者"*"进行截词检索。

（4）Journal（期刊名称检索）　利用期刊名称进行检索。输入刊名时可输入全称或部分刊名，注意不能使用刊名缩写。利用部分刊名时，一定要输入刊名全称的开头部分，不能使用刊名中间的关键词。进行刊名检索时，系统出现刊名索引列表，可在刊名前的复选框中选取一个或多个刊名进行检索。

【检索示例】检索 J Clin Gastroenterol 上发表的有关小肠梗阻方面的综述文献。

分析：该课题涉及的检索词有期刊名（J Clin Gastroenterol）、小肠梗阻（small-bowel obstruction）、文献类型综述（Review）。

检索步骤：点击"Advanced Search"进入高级检索页面，选择"Journal"选项，输入检索词"Journal of Clinical Gastroenterology"。选择"Keyword"选项，输入检索词"small-bowel obstruction"。点击"Search History"，在展开的检索历史区，勾选检索表达式 1 和表达式 2，选择逻辑算符"And"，完成检索。在检索输入框的下方点击"Limits"选项，勾选"Review Articles"即可得到检索结果（图 4-12）。

注意：刊名检索需输入刊名全称，刊名全称与刊名缩写的转换可通过《医学索引》、PubMed 期刊检索和 Google 查询。

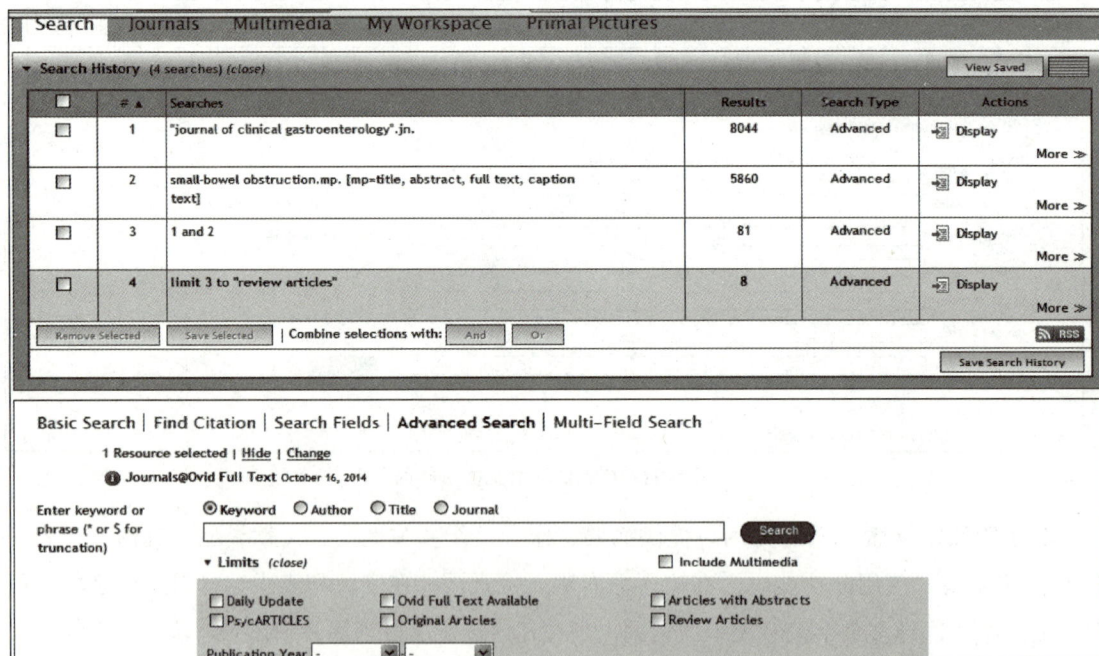

图 4-12　OVID 的高级检索示例演示界面

6. 多字段检索　可以输入多个检索词，限制不同检索字段，并进行逻辑组配。

【检索示例】检索 2012～2014 年有关系统性红斑狼疮诊断方面的原始文献。

分析：本课题涉及两个检索词，系统性红斑狼疮（systemic lupus erythematosus，SLE）、诊断（diagnosis*），限定选项为时间（2012～2014）、文献类型（original articles）。

检索步骤：点击"Add New Row"，增加一行新的检索输入框，选择"Title"字段，在检索输入框中分别输入检索词"systemic lupus erythematosus""SLE""diagnosis*"，选择词间逻辑组配关系。在"Limits"部分，选择"Original Articles"。在"Publication Year"下拉菜单中选择时间，点击"Search"执行检索（图 4-13）。

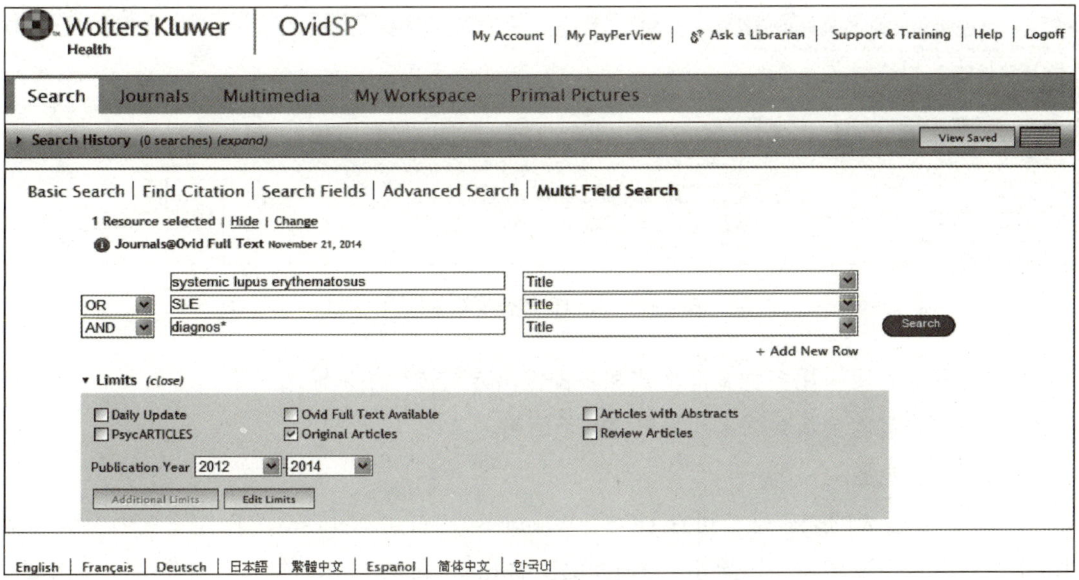

图 4-13　OVID 的多字段检索示例演示界面

（三）检索结果的输出

OVID 系统检索结果的显示与输出包括文献题录显示与输出、全文显示与输出。

1. 文献题录显示与输出　在检索结果的显示栏中可以进行"字段""结果格式""动作"（即输出方法）等方面的选择。

（1）在字段选择方面　可选择题录格式（题名、著者、出处）、题录格式＋摘要、题录格式＋摘要＋主题词、详细题录信息。

（2）在结果排序方面　可以选择著者、题名、刊名作为主要字段或者次要字段组配进行排序。

（3）在结果格式选择方面　可以选择 Ovid、BRS/Tagged、Reprint/Medlars、Brief（Titles）Display、直接输出，并且可以选择"包含检索历史"或者"包含每篇记录中的链接地址"。

（4）在动作（输出方法）选择方面　包括在线显示、打印预览、电邮发送、保存（图 4-14）。

2. 全文显示与输出　在检索结果的题录列表中有"PDF 全文"链接，点击后即可显示其全文。在每条题录信息的最下方可以点击"Find Similar"查询相似文献，也可点击"Find Citing Articles"查询引用文献。

三、OVID 资源特点

（一）使用简便

OVID 检索平台采用图形用户页面，提供步骤指引及下拉式菜单，直观易学，使用方便。在检索过程中还可随意进行检索策略调整和保存，对检索结果进行合并、删除和去重等操作。

NOTE

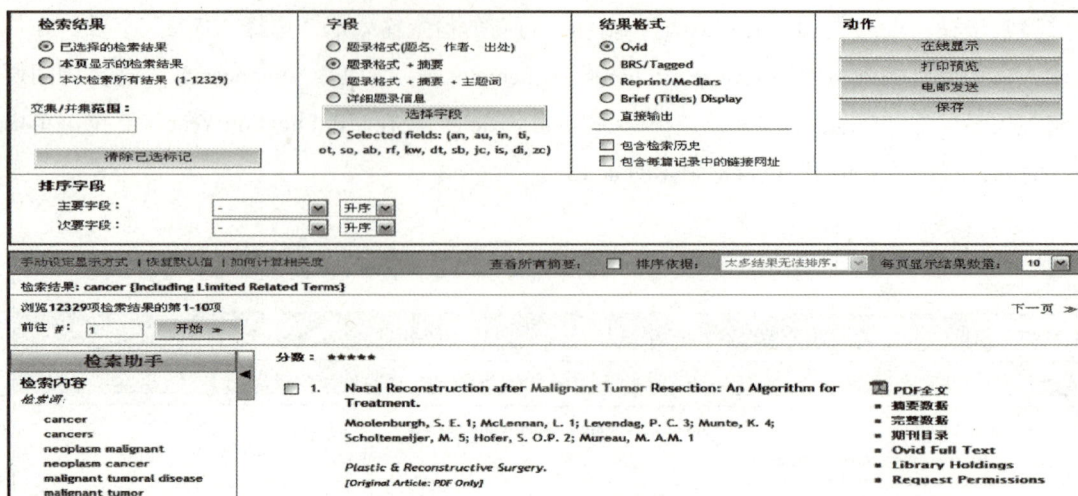

图 4-14　OVID 的检索结果界面

检索结果处理时，可采用多种文件格式和多种输出方式进行结果输出。数据库更新后，OVID 的 SDI 服务可自动将更新数据送到用户的电子信箱。

（二）兼容性强

OVID 具有强大的兼容性，可在 DOS、Windows、Unix、Netware 等操作系统上及 Java 虚拟电脑装置平台上安装使用。此外，OVID 提供的 Links olver 技术可链接各种资源，使馆藏资源或免费网络期刊能整合至 OVID 平台，为用户提供更多的原文超链接服务。

（三）灵活适用

OVID 提供关键词、著者、篇名词等多条检索途径和多种检索结果的输出方式，可以选择打印、复制或 E-mail 方式；并可进行多库检索，所有数据库用同一检索平台并相互链接。

【练习题】

1. 查找新生儿窒息治疗和护理方面的全文文献。

2. 足细胞是肾小球囊内层细胞，目前认为足细胞损伤与多种肾小球疾病有关，查找从足细胞损伤角度探讨糖尿病肾病发病机制的文献。

3. 查找年龄相关性黄斑变性的中西医治疗方面的文献，并从中选择 1 篇找出第 1 作者工作单位。

4. 查找 Acta Biochim Biophs Sin 杂志 2014 年第 46 卷第 6 期 492 页上的文献，并查询该文献的馆藏收录情况。

5. 查找近 3 年来有关结节性甲状腺肿研究的原始文献，并保存检索式，以便进行定题跟踪服务。

6. 查找关于肿瘤坏死因子与肝缺血再灌注关系的研究文献，并找出最新 1 篇文献的被引用情况。

第三节 SCI

一、SCI 概述

Web of Science 是世界上最常用的权威文摘数据库之一，由美国科技信息所（Institute of Science Information，ISI）于 1961 编辑出版。其出版形式历经了印刷版期刊、光盘版（SCI CDE）、联机数据库（SCI search）和 Web 版数据库（SCI-Expand）四个阶段，目前以 Web 版数据库提供服务。

SCI 的内容涉及 150 多个学科领域，涵盖了自然科学、工程技术、生物医学等所有科技领域，所收录的文献侧重基础科学学科，以生命科学、医学、化学、物理比重最大。目前收录了全球 12000 多种高质量期刊，数据年代回溯至 1900 年，并提供 1991 年以来的作者摘要。SCI 每年依据严格的选刊标准和评估程序对源期刊做出调整，因此每年源期刊略有增减。

SCI 收录的文献类型主要是期刊，也有少量专著和书评等。在期刊文章中，文章级别最高的为 review（综述性或评述性文章），级别最低的为 correction（订正类）。其编排特点是按 WOS 收录期刊上发表文献的著者和被引文献的著者之间引用和被引用的关系报道文献。需要注意的是，在 WOS 收录期刊上发表的文献称为来源文献，对应的著者称为来源著者。相对当前文献中的参考文献而言，来源文献亦称作施引文献。来源文献中所附的参考文献称为引文文献或被引文献，对应的著者称为引文著者或被引著者。

二、SCI 检索方法

Web of Science 检索页面有简体中文、繁体中文、英文、日文、韩文等 8 种语言版本供用户选择。国内可以使用中文版检索页面，方便使用，但检索词必须为英文。需要注意的是，Web of Science 平台融合了 Web of ScienceTM 核心合集、KCI- 韩国期刊数据库、MEDLINE、SciELO Citation Index 等多种数据库资源，具体融合数据的情况与使用机构购买情况息息相关。一般而言，在 Web of Science 平台上检索的数据会自动拓展到所融合的非 SCI 数据库检索。因此，查检者如仅需检索 SCI 数据库，需要专门选择 Web of ScienceTM 核心合集进行检索。一般检索 SCI 数据库也是指 TM 核心集的检索，本节的 Web of Science 检索也是指 TM 核心集中的检索。

Web of Science 提供基本检索、作者检索、被引参考文献检索、化学结构式检索和高级检索 5 种方式。其中论文的收录检索主要选择基本检索和高级检索，论文的被引用检索可选择被引参考文献检索，也可通过被引频次的链接查看当前论文被引用情况。

Web of Science 的检索规则包括：①根据实际情况选用"添加一个字段"，提供逻辑运算符 AND、OR、NOT 进行组配运算，Same 表示它所连接的检索词出现在同一个句子中或者一个关键词短语里。②可进行语言和文献类型限制，并定义检索结果的排列方式。③如果需要优先检索一组词，可以用"（ ）"将一组词概括起来，这组词将作为一个整体概念优先处理。④ 3 个通配符和截词符 *- 代表 0 或多个任意字符，如输入"acupunct*"，可以检出以

NOTE

acupunct 开头的所有单词；输入 "tumo*r*"，可检出该单词的所有变化形式和单复数，包括 tumor、tumour、tumors、tumorigenesis 等；？－代表 1 个任意字符；$－代表 0-1 个任意字符。⑤检索词和逻辑算符均不区分大小写。

（一）基本检索（Search）

进入 Web of Science 检索页面默认的检索方式即为基本检索，提供主题、标题、作者、团体作者、编者、出版物名称（包括刊名等）、出版年、地址、会议、语种、文献类型、基金资助机构、授权号等字段供用户检索时选择。

【检索示例】查找研究红景天苷提取方法被 SCI 收录的文献？哪些文献高被引？

分析：先确定检索词并考虑同义词，本课题涉及的检索词红景天苷 "Salidroside"，提取 "Extract" "isolation" "purification"。

检索步骤：在 Web of Science 首页选择 "Web of Science™ 核心合集" 数据库并选择检索途径，结合题目的要求，选择 "主题" 入口，组成检索表达式 Salidroside AND（extract OR isolation OR purification）（图 4-15），查看检索结果。根据被引频次排序，筛选高影响力论文。

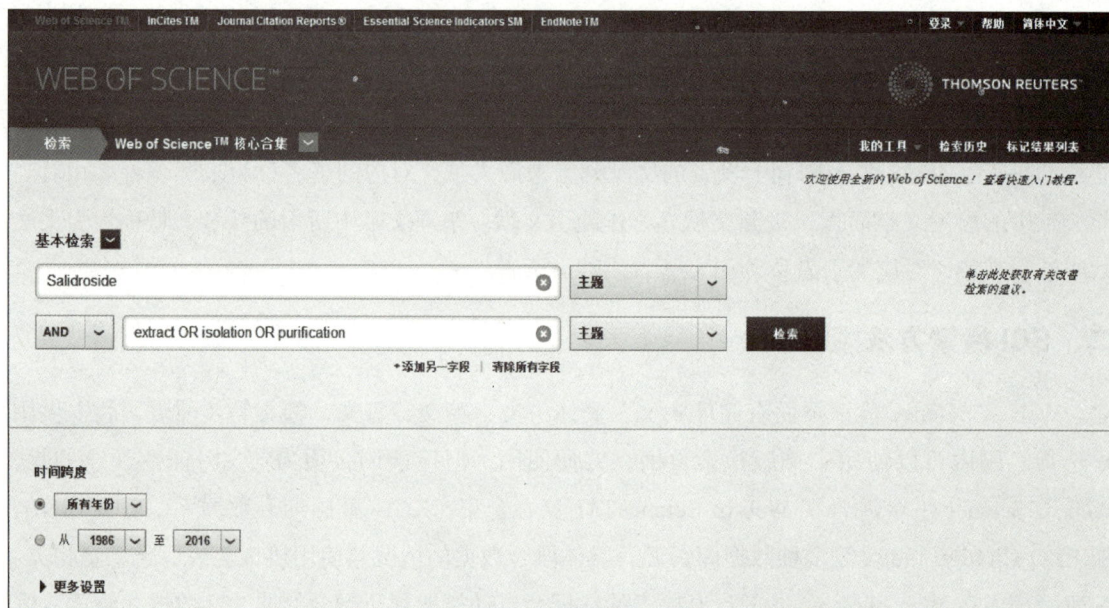

图 4-15　Web of Science™ 核心合集的基本检索界面

Web of Science 可供选择的检索字段的基本用法。

1. 主题（Topic）　默认在文献标题、作者关键词、摘要、增补关键词四个字段中查询。由于 Web of Science 不设主题词，检索时要考虑同义词情况。

2. 作者（Author）　在 Web of Science 中检索作者姓名的方式是先输入姓，然后输入空格，再输入不超过 5 位的名的首字母；也可利用作者索引（Author Index）选择并添加到检索框中。比较复杂的姓名或者姓名中含有特殊符号的，需检索该姓名可能的各种写法。

3. 团体作者（Group Author）　需输入团体作者可能出现的各种写法。例如，包括作者名的全拼方式和可能的缩写形式，可通过右侧给出的团体作者索引锁定团体作者的具体写法。

4. 来源刊名（Source Title）　用期刊的全称检索，或用期刊刊名的起始部分加上通配符

"*"检索。刊名全称列表（Full Source Titles List）列出了 Web of Science 收录的全部期刊，可以通过它粘贴拷贝准确的期刊名称。

5. 地址（Address）　按作者所在机构或地理位置检索，包括大学、机构、公司、国家、城市等的名称和邮政编码等。选择地址检索途径时，页面会提示"查看缩写列表"供选择。系统将缩写的地址检索词映射为已知的完整的地址检索词，反之亦然。例如，Ave 映射为 Avenue，Avenue 也 映 射 为 Ave；Med 映 射 为 Medicine、Medical 和 Medicinal，Medicine、Medical 和 Medicinal 也映射为 Med，并且这 3 个检索词也互相映射。Pkwy 映射为 Parkway，并且 Parkway 映射为 Pkwy；Univ 映射为 University，并且 University 映射为 Univ。当通过著者机构进行地址检索时，可以输入机构名称中的单词或短语（经常采用缩写形式）。从机构名称检索时，可输入公司或大学的名字。检索某一地点的机构时，可用"SAME"连接机构及地点；检索某一机构中的某个系或部门时，可用"SAME"连接机构、系或部门名称。地址检索时可使用逻辑算符（AND、OR、NOT、SAME）。

（二）作者检索

作者检索的步骤是依次输入作者姓名、选择研究领域、选择组织机构，也可单独一个部分完成检索。

【检索示例】查找 2010～2015 年福建中医药大学刘献祥教授作为第一作者或通讯作者被 SCI 收录的文献。哪篇论文的被引次数最多？他的研究方向是什么？

分析：可通过两种检索方式执行检索。

1. 基本检索方式　在 Web of Science 首页选择"Web of Science™核心合集"数据库的基本检索，选择作者字段，输入作者姓名，先输入姓氏（必须是全称），后输入名字（只需输入首字母，最多允许 4 个首字母），可添加作者姓名的不同拼写形式，本案例输入 Liu XX；选择地址字段，输入福建中医药大学（Fujian Univ Trad* Chin* Med*）或者（Fujian Univ Chin* Trad* Med*）或者（Fujian Univ Chin* Med*）等，也可以直接输入福建（Fujian）。限定时间 2010～2015。注意：无法在检索条件上限定第一作者、通讯作者等条件，需要经过浏览筛选辨别。

2. 作者检索方式　在 Web of Science 首页选择"Web of Science™核心合集"数据库，选择作者检索途径，输入作者姓名（图 4-16）。在选择研究领域的条件下，选择全选（因为无法判断），查检者也可以跳过，直接点击"选择组织机构"链接。在选择组织机构的条件下，选择 F 开头的机构，勾选"FUJIAN COLL TRADIT CHINESE MED""FUJIAN UNIV TCM""FUJIAN UNIV TRADIT CHINESE MED"，限定时间，完成检索。

按照被引次数排序得知，刘献祥教授的论文最高被引频次 20，是 2011 年发表在《Chemical Communications》第 47 卷，第 44 期，12158-12160 页的论文。刘教授的研究领域涉及 Chemistry、Biochemistry & Molecular、Integrative & Complementary Medicine、Oncology 等。

对比两种检索方式，如果能准确知道作者所在的机构，应该首选作者检索。

（三）被引参考文献检索（Cited Reference Search）

提供"被引作者""被引著作"和"被引时间和出处（包含年份，卷、期、页）""被引标题"等多种检索入口（图 4-17）。

NOTE

图 4-16　Web of Science 的作者检索界面

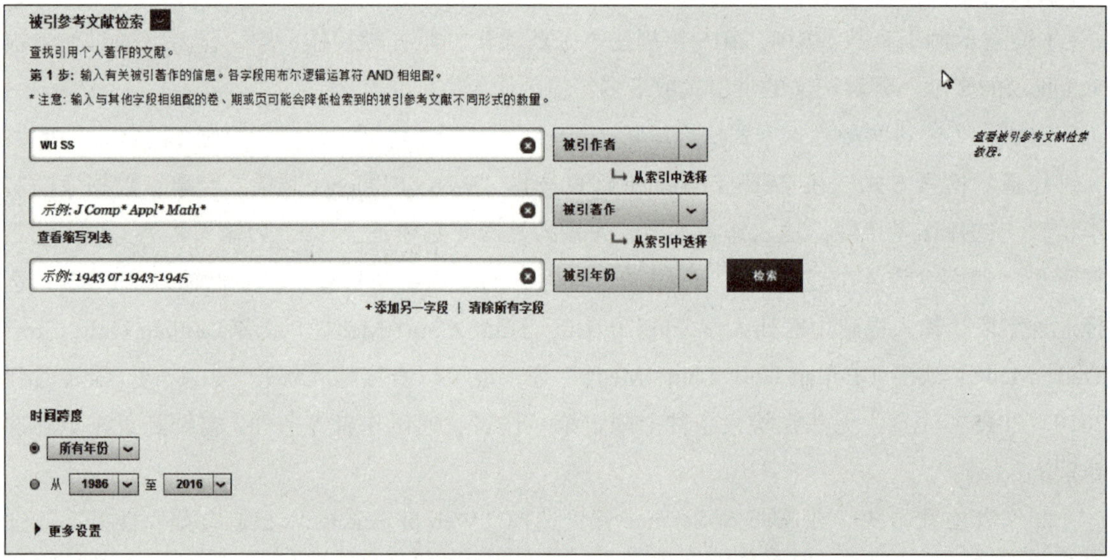

图 4-17　Web of Science 的被引参考文献检索界面

"被引作者"可直接输入被引用的作者姓名。

"被引著作"可输入被引用的研究文献。可检索被引期刊、被引会议、被引书籍和被引书籍章节等引用的著作，提供索引列表供选择。输入期刊标题缩写，可在"查看缩写列表"中查找被引期刊的缩写。期刊可能有一个以上的缩写形式，需使用截词符，以便与同一标题的几种不同缩写形式相匹配。使用检索运算符 OR 连接多个期刊标题。检索被引会议时，需提供标题、地点、日期和赞助方。如输入 Mark* Sci* 可查找发表于 Marketing Science 中的被引著作的标题。输入 Geol* 可查找发表于 Geology、Geology Journal（缩写为 Geol J）和其他以 Geol 开头的出版物中的被引著作的标题。输入 J Mech* Mat* Struct* 可查找发表于 J Mech Mat Struct、J Mech Mats Structs、J Mech Mater Struct 等处的被引著作的标题。特别提醒：建议在检索式中使用星号通配符（*），否则可能无法检索到所有的检索结果，或是根本没有结果。

被引参考文献检索是 Web of Science 最具特色的检索途径。它直接检索引用某篇文献的参考文献（无论是论文、会议文献、著作、专利、技术报告等），不受时间、主题词、学科、文献类型的限制。特别适用于发现一篇文献或一个课题的起源和发展，了解和掌握研究思路。即使没有被 Web of Science 收录的期刊所发表的论文、专著、会议文献、专利等，也能够通过被引参考文献检索了解该文献的被引用情况。能引导检索包括期刊、会议录、图书章节，以及揭示与研究相关的任何出版物的信息，而且既能越查越旧，也能越查越新。旧是向前了解某个课题的历史发展情况，新是向后跟踪课题的最新研究进展。引文数据可用于分析、追踪热点研究领域，也可用于评估学术论文的影响力、评估国家宏观科研状况及学术期刊的评价等。

【检索示例】查找福建中医药大学吴水生教授作为通讯作者在 2013 年发表在《Food and Chemical Toxicology》上的论文 "A 90-day subchronic oral toxicity study of triterpene-enriched extract from Alismatis Rhizoma in rats" 的被引用情况。

检索步骤：选择"被引参考文献检索"，在"被引作者"框中输入 wu ss。在"被引著作"框中输入期刊名"Food and Chemical Toxicology"，限定时间 2013，点击检索。返回的是同一年期刊符合条件的被引参考文献索引（图 4-18），核对所有的已知信息，点击"查看记录"，即可查看当前这篇文献的被引用情况。

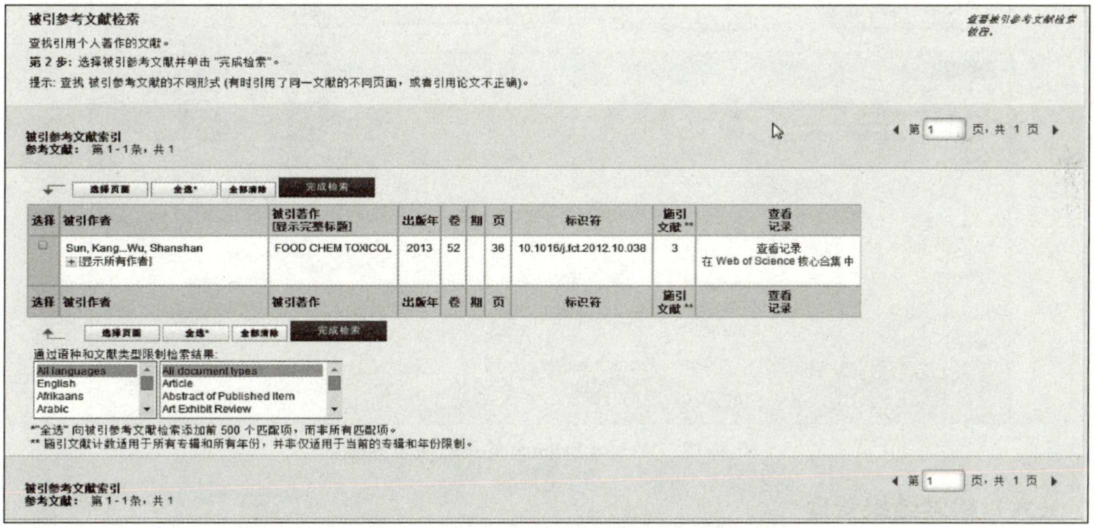

图 4-18　Web of Science 的被引参考文献检索结果筛选界面

（四）化学结构检索

自 2003 年升级至 6.0 版始，ISI Web of Science 将 ISI Chemistry 与 SCIE 完全整合到一起，从而为 ISI Web of Science 提供了化学结构信息的检索和更为丰富的化学内容。化学结构检索包括 Current Chemical Reactions（CCR）和 Index Chemicus（IC）两个数据库的化学信息。

CCR 和 IC 的主要用途有以下几方面。

1. 取得分子合成反应的信息，检查某类分子是否已被分离、合成的有关文献资料。

2. 了解最新的催化剂，各类分子的生物活性、天然来源等信息资料。

3. 新的有机金属化合物设计、合成与应用。

4. 各种单体分子的合成，催化剂的利用，材料的各种合成途径。

NOTE

5. 了解化合物、药物分子的生物活性，迅速发现潜在的药物母体及其合成，"组合化学"所必需的固相合成反应。

6. 缩短项目的研究周期，减少不必要的重复开发，提高工作效率。

7. 信息来源期刊、专利、会议录文献。

（五）高级检索

可以使用页面右侧的字段标识符，运用较复杂的检索策略，多字段组合检索。允许使用布尔逻辑运算符和通配符。页面上有检索表达式构建的示例，供查检者学习，方便构建表达式。页面下方还有检索历史的列表，检索历史之间可以进行 AND、OR 的逻辑关系组配，方便查检者调整检索策略。

【检索示例】查找有关拉米夫定预防肝移植后乙型肝炎再复发的英文文献。

分析：涉及的检索词包括拉米夫定（lamivudine）、肝移植（liver transplant）、乙型肝炎（hepatitis B）、再复发（recurrenc*，reinfect*），语种为英文。

检索步骤：进入"Advanced Search"界面，在提问框中输入表达式 TS=（lamivudine AND"liver transplant"AND"hepatitis B"）AND（recurrenc* OR reinfect*），在"Language"下拉菜单中选择"English"，点击"Search"完成检索（图 4-19）。

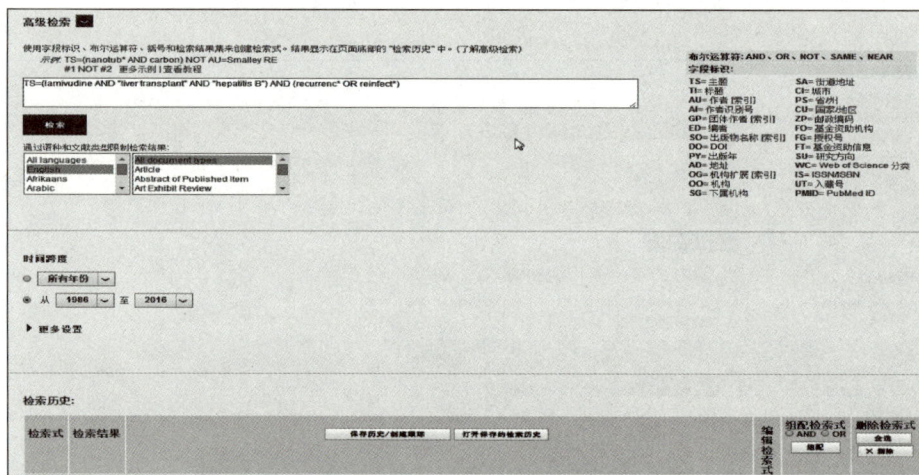

图 4-19 Web of Science 的高级检索界面

（六）检索结果管理

1. 检索结果界面 Web of Science 除了具备强大的引文检索功能外，还提供多层次的文献分析功能，能够帮助用户把握学科发展的最新动态。如检索到"查找研究红景天苷提取方法被 SCI 收录的文献"文献共 177 篇，检索结果页面（图 4-20）左上角显示检索结果和检索表达式，排序方式选择"被引频次（降序）"，右侧上方提供文献分析功能按钮，包括"分析检索结果"和"创建引文报告"。

（1）引文分析报告 从上面的检索结果中勾选文献，点击检索结果右上角的"创建引文报告"按钮，即可生成 1 份有关红景天苷提取方法命中文献数为 177 篇的引文报告（图 4-21）。该报告包括 177 篇论文的总被引频次、自引频次、他引频次、施引文献、H 指数（h-index），表明这 177 篇论文发表后共被 2170 篇论文作为参考文献进行引用，平均每篇论文的被引用数是 12.26 次。当前 H 指数是 27，说明在 2170 篇论文里，有 27 篇文献每一篇的被引用次数都

≥ 27，是本次检索结果中的高影响力论文。

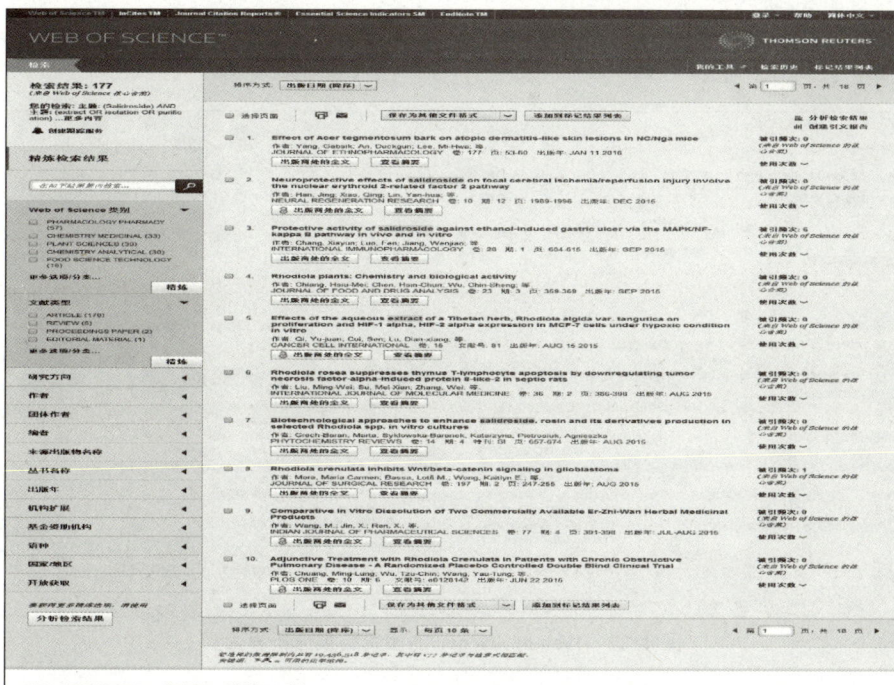

图 4-20　Web of Science 的检索结果界面

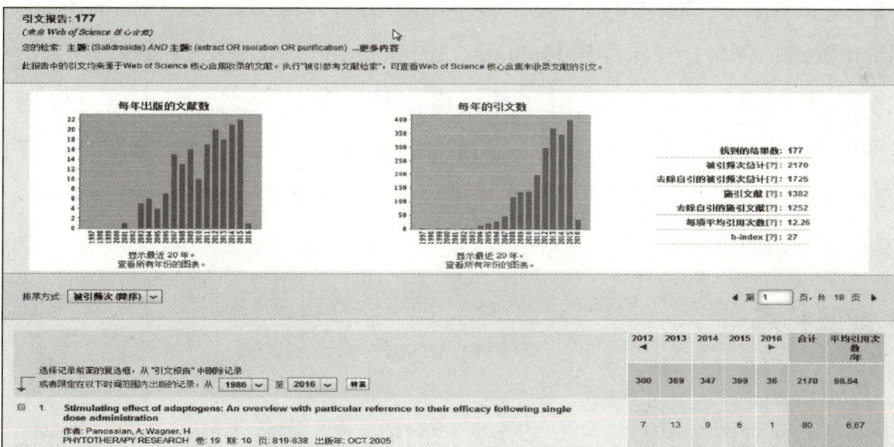

图 4-21　Web of Science 检索结果的引文报告界面

（2）文献的多层次分析　点击检索结果页面的"分析检索结果"按钮，可以从作者、丛书名称、会议名称、国家 / 地区、文献类型、编者、资金资助机构、授权号、团体作者、机构、语种、研究方向、出版年、来源出版物、Web of Science 类别等 15 个角度对检索结果的数据集进行分析（图 4-22）。值得注意的是，该平台也可用于所有引用文献的分析。

2. 施引文献输出页面　包括施引的次数、被引频次统计的来源数据库、分析检索结果、创建引文报告等。

施引文献进行检索结果的分析可以了解：①哪个作者引用了选定论文的次数最多，从而确定谁在延续跟踪并从事这一领域的研究工作。②知道引用选定论文的文献主要以什么文献类型发表。③知道哪个机构经常引用哪些研究论文。④知道引用的文献主要语种是什么。⑤知道选定论文的文章主要发表在什么时间，显示这篇文章被引用的时间趋势。⑥了解选定的论文经常被哪些杂志引用，以便选择未来发表论文的投稿方向。⑦了解一篇论文被不同领域的研究论文引用的状况，进而了解该课题研究的学科交叉趋势。

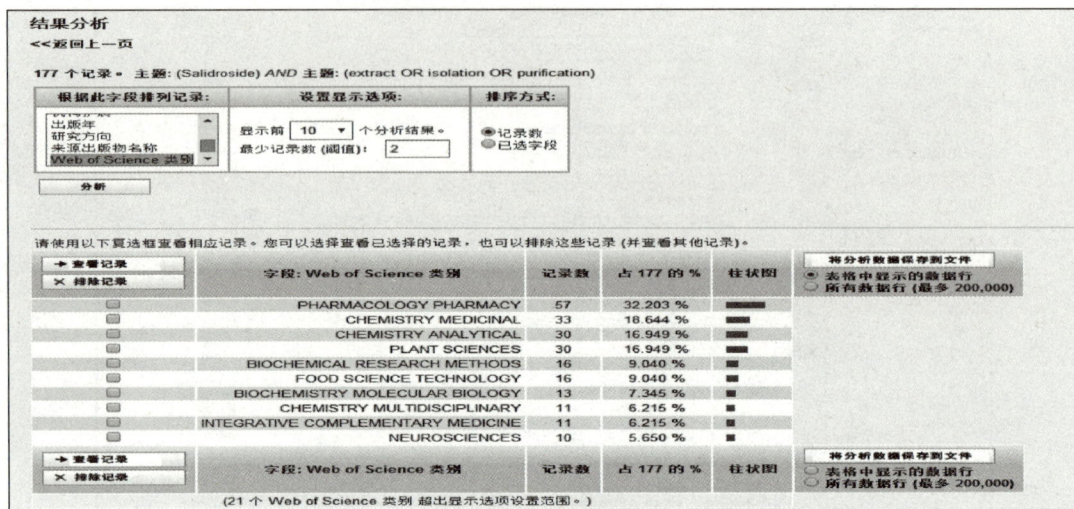

图 4-22　Web of Science 的检索结果分析界面

3. 数据输出　除了检索结果列表上方有数据输出按钮外，检索结果列表下方也有输出选项。先勾选需要输出的记录，再选择输出方式，或将选中的记录添加到标记结果列表，再点击标记结果列表。先选择需要输出的字段，再选择输出格式和输出方式。可供选择的输出方式有打印、E-mail 发送、存盘，或保存到 Endnote、Endnoteweb 等文献管理软件。

4. 全文获取　Web of Science 是引文数据库，并不收录全文，但用户可以通过 Web of Science 提供的强大的链接功能获取全文。①通过每条记录下方的全文链接按钮直接下载全文。②通过基于 OpenURL 协议的链接获取全文线索。③通过本地图书馆馆藏链接获取全文。④直接联系论文作者获取原文。

三、SCI 资源特点

（一）文献质量高

SCI 所收录的文献覆盖了国际上大多数学术价值较高、影响力较大的科技期刊，可用来检索高质量、高水准外文期刊论文及期刊、图书、会议论文等被收录与引用情况。

（二）科研成果新

SCI 收录了世界各国自然科学领域的最新研究成果，反映了学科的最新研究水平。利用 SCI 进行循环检索，能了解不同学科领域的发展过程及最新进展，捕捉国内外相关领域最新科研信息和研究动态，从而准确把握学科研究的方向和可能出现的重大进展，使科研成果在深度和广度上得到开拓。

（三）多角度的情报分析功能

SCI 提供作者、机构、出版年、研究方向、语种等多维分析角度，方便查检者了解某一特定课题在不同学科的分布情况，获取某学科领域的核心研究人员等信息，从而发现某研究领域隐含的发展趋势。

（四）丰富的引文索引功能

SCI 最大的特色是回溯检索，即从被引文献检索其引用文献的情况，通过论文间的相互引用与被引用的情况，发现文献之间的相关性和影响力，如某篇文献是否被他人引用过、引用次数是多少。查检者还可以追溯某一研究课题的来龙去脉。通过引文之间的联系分析，也可以较早发现新学科的交叉点。同时也可以帮助研究者了解自己著作的被引率与持续时间，从而估计其影响力。

（五）强大的科研评价功能

SCI 集合了各学科重要的研究成果，数据丰富，已成为国际公认的反映基础学科水平的评价工具，是唯一的全学科定量评价工具。论文被他人引用，是其学术成果、观点被他人借鉴的例证，是论文产生学术影响力的重要体现。被引频次越高，说明该论文受关注的程度越高，其学术影响力越大。科学论文的产出量及被引情况在一定程度上也反映了国家或科研机构的科研状况和实力，可用以比较不同国家或科研机构的科研发展情况。

【练习题】

1. 检索下面这篇文献是否被 SCI 收录，同时查找该论文被引用的情况。

Chen HJ.SiRNA directed against Livin inhibits tumor growth and induces apoptosis in human glioma cells.J Neurooncol，2012（107）：81-87.

2. 分别查找 SCI 收录的 2015 年诺贝尔医学奖或生理学奖得主所发表的论文，他们被引频次最高的文献是哪篇论文？尝试分析他们最主要的研究方向。

3. 查找茶叶抗癌的综述性文献，筛选最重要的 3 篇文献。

4. 根据专业及研究方向，使用 SCI 从多个角度分析出最重要的 3 种期刊和 5 篇文献。

第四节　其他外文生物医学文献数据库

外文生物医学文献数据库较多，如 Embase、Wiley Online library、SpringerLink、ScienceDirect 等数据库。这些数据库的学科范围涵盖了医学类目，也收集了一定数量的医学文献。

一、Embase

Embase 是生物医学和药学研究领域最重要的文摘数据库之一。该数据库整合了荷兰 Elsevier（爱思唯尔）公司的 EM（医学文摘）数据库与 MEDLINE 数据库的全部内容，并去除了重复的记录。

（一）资源概况

Embase 收录了全球 8400 多种生物医学和药学方面的同行评议期刊，总文献记录超过 2800 万条，文献可回溯至 1940 年。该数据库还收录了 2009 年以来重要的生物医学、药学及医疗设备方面的会议信息，每年收录来自 1000 多个会议的 30 万条会议记录文摘。

（二）检索方法

该数据库支持布尔逻辑运算、"NEAR/n" 和 "NEXT/n" 的邻近算符、"*" 和 "?" 两种截词符，以及双引号的短语检索。如果要限定在某个字段检索，系统提供"："和"/"两种限定方式。其中"："可用于所有字段，"/"仅用于对部分字段进行精确限定检索。

Embase 的检索功能强大，提供快速检索、高级检索、药物检索、疾病检索、设备检索、文章检索、主题词检索、期刊浏览和著者检索等多种检索途径。

药物检索是 Embase 提供的特色检索途径。查检者在主页上方 Search 下拉菜单中选择"Drug"进入药物检索页面，输入药物的通用名（generic name）、商品名（trade name）、实验室代码（laboratory code）或化学名（chemical name），系统会自动将检索词强制转换为相匹配的 Emtree 药物主题词）。系统还提供药物副主题词（Drug Subheadings）和给药途径（Routes）两种专有的检索限定选项，以提高查准率（图 4-23）。

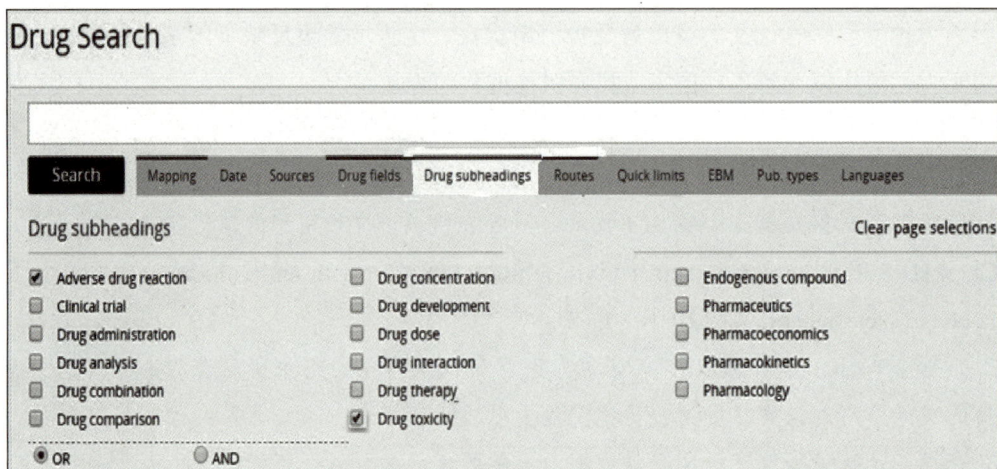

图 4-23　Embase 的药物检索界面

系统还为疾病检索途径提供了 14 个疾病副主题词，为设备检索增设了 4 个设备副主题词。

（三）检索结果的处理

Embase 的检索结果页面主要展示检索史和检索结果两块内容。

查检者可以选择检索史进行逻辑组配运算，也可以执行保存、删除、预览、输出等操作，系统还提供检索式的编辑功能。

检索结果以引文格式显示命中文献，包括篇名、作者、出处、被引用次数和数据来源。系统默认按出版日期（Publication）排序，也可以选择按相关度（Relevance）或出版年（Publication Year）排序。检索结果显示区的左侧为检索结果过滤器（Results Filters），可对检索结果做进一步的提炼或筛选。系统提供来源、药物、疾病、设备、浮动副主题词、年龄、性别、研究类型、发表类型、作者、会议摘要、药物商品名、药物制造商、设备商品名、设备制造商等 16 种筛选模块。

对于检索结果输出，Embase 提供显示（View）、打印（Print）、输出至参考文献管理软件（Export）、E-mail、原文订购（Order）、添加至剪贴板（Add to Clipboard）等多种输出方式。

二、Wiley Online library

Wiley Online library 是 Wiley-Blackwell 在网上推出的电子文献信息检索平台。该平台包括各个学科的学术期刊、电子图书、实验室指南及数据库等资源。

（一）资源概况

目前，Wiley Online library 平台收录了生命科学与医学、数学统计学、物理、化学、地球科学等多个学科领域 2375 种学术期刊、19184 种图书和 18 种实验室指南等资源。

（二）检索方法

该平台提供浏览和检索两种检索功能（图 4-24）。

1. 浏览　查检者可选择按主题浏览和按字顺浏览两种方式进行检索。学科主题浏览栏目下，列出了 17 个学科主题，每个学科主题下又细分为多个次级学科主题类目。点击感兴趣的类目，查检者可浏览当前学科的期刊、在线图书、参考工具书等资源。系统还提供当前浏览学科类目资源下的二次检索功能。

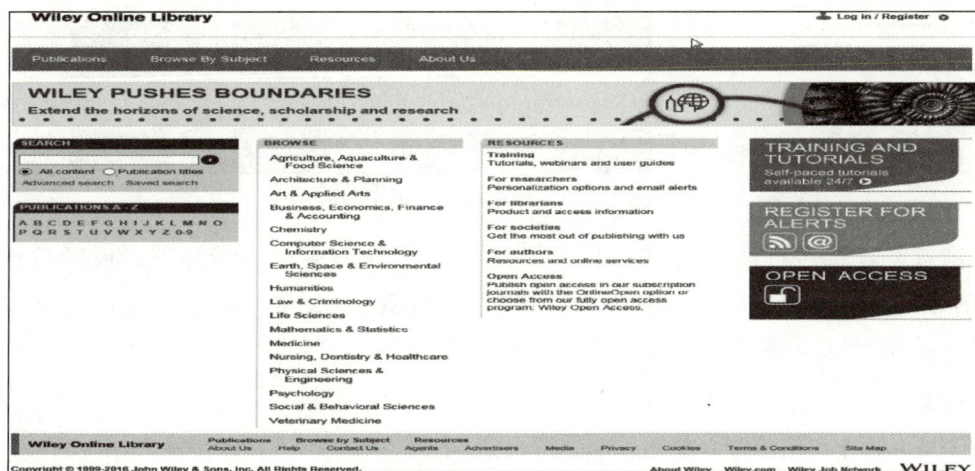

图 4-24　Wiley Online library 主页

2. 检索　该平台提供基本检索和高级检索两种途径。两种检索途径均支持布尔逻辑检索、截词检索、短语精确检索等多种检索技术。

（1）基本检索途径　查检者可在输入框中输入检索词，点击检索图标完成检索。

（2）高级检索途径　支持多种条件检索和时间限定，并可将检索词精确到特定字段，还可精确选定逻辑运算方式。在高级检索页面右侧，该平台还提供检索提示（Search Tips），方便查检者掌握该平台的检索规则。

（三）检索结果的处理

在检索结果页面，该平台列出检索信息和检出文献数，并将当前检出文献以题录显示。为了方便读者查阅文献，平台提供期刊、图书、数据库、实验室指南等文献类型筛选功能。此外，该平台还提供编辑检索式、保存检索策略、导出文献等特定功能。

三、SpringerLink

SpringerLink 是德国施普林格（Springer-Verlag）开发的在线科学、技术和医学（STM）领域学术资源平台。

（一）资源概况

SpringerLink 收录了自然科学、社会科学、医学及建筑等多个学科领域，近 3000 种科技期刊和 17 万余种科技图书，以及丛书、指南、参考作品等类型的文献。

（二）检索方法

SpringerLink 提供的检索方式简单、易用，主要包括浏览和检索两种方式（图 4-25）。该系统还提供限定检索，方便查检者缩小检索范围。

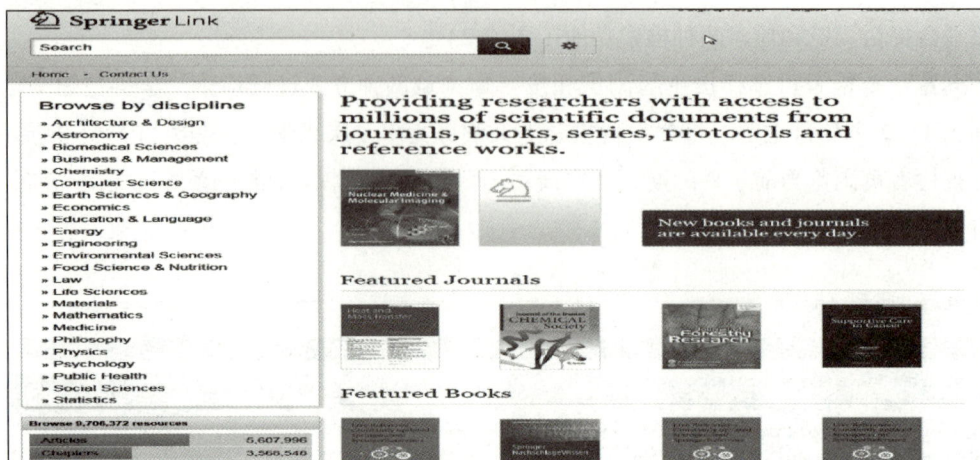

图 4-25　SpringerLink 的主页

1. 浏览　查检者可通过 SpringerLink 提供的 24 个学科主题进行浏览，或者按照"文献""图书章节""参考工具书""操作指南"等文献资源类型浏览。点击相应的类目即可出现所需学科或所需文献类型的出版物。

2. 检索

（1）简单检索　简单检索是 SpringerLink 默认的检索方式。查检者可输入相应的检索词或检索表达式执行检索。

（2）高级检索　高级检索支持多检索框检索，各检索框之间的逻辑关系为"逻辑与"，其中"with all of the words"表示输入的两个检索词是"逻辑与"的关系，"with the exact phrase"表示强制短语检索，"with at least of the words"表示输入的两个检索词是"逻辑或"的关系。

（三）检索结果的处理

查检者如果使用浏览功能，在检索结果页面，系统提供资源类型、子学科、语种等筛选条件供用户使用。

查检者如果使用检索功能，检索结果页面则列出检索信息和检出文献数。系统提供内容类型、学科、二级学科、出版物、语种进行分类，命中文献可按相关度、出版时间进行排序。每条题录下方均提供"Download pdf"和"View Article"的链接。

四、ScienceDirect

ScienceDirect 是荷兰爱思唯尔（Elsevier）出版公司在网上发行的文献信息全文检索系统，收录文献包括期刊全文、单行本电子书、参考工具书、手册及图书系列等，覆盖了包括生命科学、医学科学、物理科学、社会科学、人文科学在内的多个学科（图 4-26）。

（一）资源概况

ScienceDirect 收录了数学、物理、生命科学等 24 个学科领域、超过 3500 种期刊和 34000 册图书。

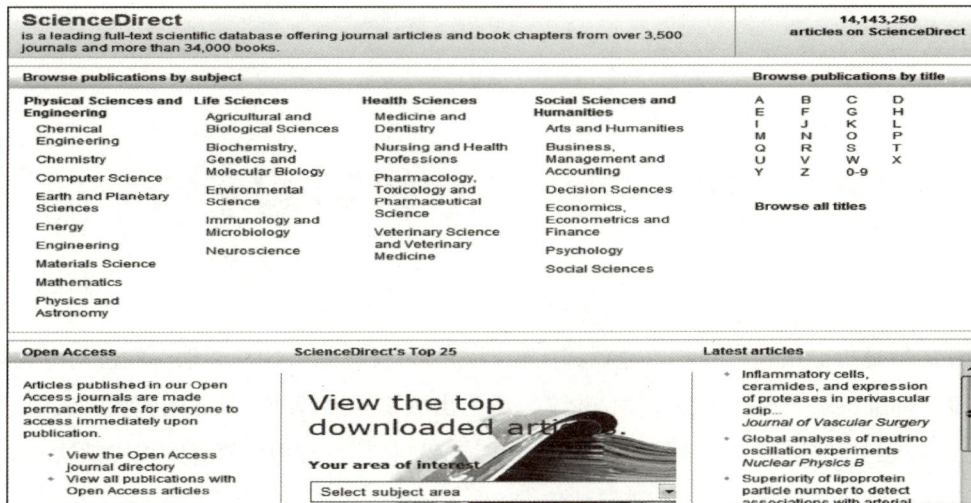

图 4-26 ScienceDirect 主页

（二）检索方法

与大多数外文检索工具一样，ScienceDirect 提供浏览和检索两种检索方式。查检者可通过学科主题或首字母字顺进行出版物浏览检索，也可以选择快速检索或高级检索获取检索结果。

（三）检索结果的处理

使用浏览功能时，检索到的出版物以首字母字顺排列，在页面左侧提供 "Filter by subject"（按学科分类筛选），页面右侧提供 "All publications"（出版物类型）和 "All access types"（获取方式）两种分类浏览方式。

若使用检索功能，在检索结果页面上方会显示命中结果数量和检索式。命中结果显示的信息包括题名、刊名、卷期、出版日期、页码、作者等信息。页面左侧可按年代、期刊、主题、内容类型等方式筛选检索结果，页面右侧的图标表示用户的全文查看权限，彩色图标表明可以查看全文，灰色图标表示只能查看文摘信息。

【练习题】

1. 利用 Embase 数据库检索有关米非司酮治疗异位妊娠方面的文献，同时检索米非司酮副作用方面的临床试验文献。

2. 利用 Wiley Online library 检索最近 1 年内期刊 Journal of gastroenterology and hepatology 上发表的有关肝硬化门脉高压症方面的文献。

3. 利用 SpringerLink 数据库检索脑膜瘤的放射影像学诊断方面的英文文献。

4. 利用 ScienceDirect 数据库检索 2010～2015 年有关小细胞肺癌并发重症肌无力研究方面的期刊论文，并了解该主题范畴文献主要发表在哪些出版物上。

5. 风湿病是一组侵犯关节、骨骼、肌肉、血管及有关软组织或结缔组织为主的疾病，其中多数为自身免疫性疾病，发病较隐蔽和缓慢。利用 ScienceDirect 数据库检索自身免疫性风湿病的发病原因及诊断方法方面的文献，查看最新的 1 篇相关文献是否可以免费获取。

6. 利用 Wiley Online library 的主题浏览查找临床心理学方面的出版物有哪些？其中可免费访问的期刊有多少种？

NOTE

第五章　特种文献信息检索

　　特种文献是指出版发行和获取途径都比较特殊的科技文献。特种文献一般包括专利文献、会议文献、标准文献、科技报告、学位论文、政府出版物等。特种文献的内容大多反映了该学科领域中最新的研究进展、新成果、新动态，在传递科技信息方面发挥着常规文献所不能取代的价值，在中医药文献检索中占有重要地位。

第一节　专利信息检索

　　专利文献是专门传递发现发明科研成果信息的知识载体，它以内容的独创性、新颖性、实用性和形式上的直观性等特有的方式揭示发明创造方面的知识信息。据统计，世界上90%～95%的发明创造成果能在专利文献中查到，并且许多发明只能在专利文献中查到。

一、专利

（一）专利的相关概念

1. 专利（Patent）　专利是受法律规范保护的发明创造。它是指一项发明创造向国家审批机关提出专利申请，经依法审查合格后向专利申请人授予的在规定的时间内对该项发明创造享有的专有权。专利的保护有时间和地域的限制。

2. 同族专利　同族专利是指基于同一优先权文件，在不同国家或地区，以及地区间专利组织多次申请、多次公布或批准的内容相同或基本相同的一组专利文献。在同一专利族中最早优先权的专利文献称基本专利。优先权来源于《保护工业产权巴黎公约》。

3. 等同专利　等同专利即通常所说的重复出版的专利。一般情况下，同族专利的件数越多说明专利的价值越高，可提供选择语种的机会越多。

（二）专利的特点

专利是知识产权的一种，它具有知识产权的三大特点。

1. 独占性　一定时间内，一项发明、一个商标或者一部文学艺术创作的发明创造享有独占权。未经专利权人许可，任何人不得制造、使用或销售已取得专利权的发明创造。

2. 地域性　一件发明只能在申请的国家或地区受到保护，对其他国家和地区不发生效力。

3. 时间性　知识产权受法律保护是有期限的。法律期限截止时，知识产权自行终止。该发明创造随即进入公有领域，任何人均可无偿使用。

（三）中国专利的类型

我国专利分为发明专利、实用新型专利和外观设计专利。

1. 发明专利　发明专利是指对产品、方法及其改进所提出的新的技术方案。

2. 实用新型专利　实用新型专利是指对产品的形状、构造或者其结合所提出的适于实用的新的技术方案。

3. 外观设计专利　外观设计专利是指对产品的形状、图案、色彩或者其结合所做出的富有美感并适于工业上应用的新设计。

中医药领域的许多发明创造可以申请专利，如新六味地黄丸可作为产品发明申请专利，药品新剂型、医疗仪器设备可申请实用新型技术专利，药品的外包装、改变药品物理形状设计可申请外观设计专利。

根据我国《专利法》的规定，发明专利从申请日起保护期为 20 年，实用新型专利和外观设计专利保护期为 10 年。

（四）授予专利的条件

1. 发明和实用新型专利授予的实质要件　根据《专利法》规定，发明和实用新型取得专利权要具备新颖性、创造性和实用性。

（1）新颖性　在申请日之前没有同样的发明或者实用新型在国内外出版物上公开发表过，或在国内公开使用过，或提出过申请，并被记载在申请日以后公布的专利申请文件中。

（2）创造性　与申请日之前已有的技术相比，该发明有突出的实质性特点和显著的进步。但在创造性的标准程度上，实用新型略低于发明。

（3）实用性　该发明或者实用新型能够制造或者使用，并且能够产生效果。实用性必须具备 3 个特征：①必须是一种技术课题的解决方案而不是纯理论的、纯科学的抽象性的概念。②具有再现性，即要求申请专利的发明或实用新型必须具有多次再现的可能性。③具备有益性，即对公众或技术是有益的。

2. 外观设计专利授予的实质要件　《专利法实施条例》规定，专利法所称外观设计是指对产品的形状、图案或者其结合以及色彩与形状、图案的结合所作出的富有美感并适于工业应用的新设计。《专利法》规定，授予专利权的外观设计应当不属于现有设计，也没有任何单位或者个人就同样的外观设计在申请日以前向专利行政部门提出过申请，并记载在申请日以后公告的专利文件中。授予专利权的外观设计与现有设计或者现有设计特征的组合相比，应当具有明显区别。授予专利权的外观设计不得与他人在申请日以前取得的合法权利相冲突。

（五）专利的审批制度

专利审批制度是指一项发明向专利行政部门提出申请后，专利行政部门依照法律程序进行审查和批准的制度。各国专利法都有不同的规定，大致可分为以下 3 种。

1. 形式审查制　形式审查制也称登记制。这种审查制只对专利进行形式审查，内容包括是否符合专利申请的法律程序、申请文件是否符合要求、申请的发明是否属于专利法保护范围、是否违反法律和社会公德、是否满足了发明单一性要求、是否缴纳了申请费等。

2. 实质审查制　实质审查制需对发明进行创新性、新颖性和实用性的审查。这种审查专利质量高，审查时间长。

3. 延迟审查制　延迟审查制是指专利行政部门收到专利申请后，经初审合格，即将申请公开，并予以临时性保护。申请人在规定时间内可以随时提出请求实质审查。

NOTE

二、专利文献

（一）专利文献的概念

世界知识产权组织 1988 年编写的《知识产权教程》阐述了现代专利文献的概念。专利文献是包含已经申请或被确认为发现、发明、实用新型和工业品外观设计的研究、设计、开发和试验成果的有关资料，以及保护发明人、专利所有人、工业品外观设计和实用新型注册证书持有人，所持权利资料已出版或未出版的文件（或其摘要）的总称。专利文献几乎涵盖人类生产活动的全部技术领域。尽管各国专利文献各有特点，但都反映了专利制度的法律保护和技术公开两大基本功能。从文献和检索的角度，专利文献主要包括专利说明书、专利分类表和专利数据库等。

（二）专利文献的种类

1. 专利公报　专利公报是专利局依法公布或公告专利申请、审查、授权等有关事项和决定的出版物。其以文摘形式报道专利申请项目的内容摘要，以及发明人的名称、地址、申请号、申请日期等各项著录，并附有当期发明专利申请公开、审定、授权索引和当期实用新型、外观设计专利申请公告、授权索引。

专利公报分为《发明专利公报》《实用新型专利公报》和《外观设计专利公报》3 种。

2. 专利说明书　中国专利说明书按发明、实用新型和外观设计 3 种专利分别出版 3 种说明书，以单行本形式与专利公报对应同时出版。

（1）发明专利说明书　包括《发明专利申请公开说明书》，即未经实质审查而公开的说明书。《发明专利申请审定说明书》，即经过实质审查，但未授权而公告的说明书。《发明专利说明书》，即已批准授予专利权的说明书。

（2）实用新型专利说明书　包括《实用新型专利申请说明书》，即初审合格而公告的说明书。《实用新型专利说明书》，即已批准授予专利权的说明书。

上述发明和实用新型专利申请，经专利局审定公告后，在授予专利权时，一般不再出版专利说明书。如果说明书必须重大修改后再授予专利权的，则另行再次出版专利说明书，并在专利号后标注"**"号。《中国专利说明书》由扉页（第 1 页）、权利要求书、说明书和附图组成。扉页刊登当期专利公报公布的该项专利申请案的著录项目、摘要，部分有附图或化学结构式等。

（三）专利文献的特点

1. 数量巨大，内容广泛　专利文献涵盖了绝大多数技术领域，几乎涉及人类生活的各个方面。每年各国出版的专利文献超过 150 万件，全世界累积可查阅的专利文献已超过 7000 万件。专利文献记录了发明创造的内容，展示了发明创造的实施效果，揭示了专利保护的技术范围，记载了专利的权利人、发明人和专利生效时间等信息。

2. 集技术、法律、经济信息于一体　专利文献记载了技术问题的解决方案及发明所有权和权利保护范围。通过对专利文献信息的分析研究，既可在国际贸易和引进技术活动中规避侵权，还可了解竞争对手在国内、国际市场上所占的市场份额、核心技术竞争力、专利战略和技术发展动态。

3. 传播速度快捷，内容新颖　专利制度的特点决定了申请人在一项发明创造完成之后通常以最快速度提交专利申请，以防竞争对手抢占先机。由于新颖性是专利申请的首要条件，因此，发明创造总是首先以专利文献而非其他科技文献的形式向外公布。

4. 完整、详细揭示发明创造内容　专利申请文件一般都依照专利法规中关于充分公开的要求对发明创造的技术方案进行完整而详尽的描述，并且参照现有技术指明其发明点所在，说明具体实施方式，并给出有益效果。

5. 格式规范标准，具有统一的分类体系　专利文献有统一的编排体例，采用国际统一的专利文献著录项目识别代码（INID 码）。专利说明书有法定的文体结构，每项内容都有具体的撰写要求和固定的顺序，并严格限定已有技术与发明内容之间的界线。WIPO 工业产权信息常设委员会为使专利文献信息出版国际统一，制定了一系列专利文献信息推荐标准。各国出版的发明和实用新型文献采用或同时标注国际专利分类号，外观设计文献采用或同时标注国际外观设计分类号。

（四）中国专利文献的编号体系

中国专利文献的编号体系包括 6 种。

1. 申请号　在提交专利申请时给出的编号。

2. 专利号　在授予专利权时给出的编号。

3. 公开号　对发明专利申请公开说明书的编号。

4. 审定号　对发明专利申请审定说明书的编号。

5. 公告号　对实用新型专利申请说明书、公告的外观设计专利申请的编号。

6. 授权公告号　对发明、实用新型专利说明书或公告的外观设计专利的编号。

中国专利文献采用国际标准化组织制定的国际标准著录代码。

三、国际专利分类法

世界上有专利制度至今已有 300 余年的历史，随着各国专利制度的建立，各国专利局制定了各自的专利分类法，各国专利分类的不同，不利于国际的交流和资源共享。1951 年在法国的提议下，法国、联邦德国、荷兰和英国专利局共同制订了国际专利分类法（International Patent Classification，IPC）。现已有 100 多个国家和组织在其出版的专利文献上使用 IPC 号，占世界每年出版专利文献总数的 90%。从 1980 年起，IPC 表由世界知识产权组织每 5 年修订 1 次。

IPC 分类体系采用等级形式，将全部技术按部（Section）、分部（Subsection）、大类（Class）、小类（Subclass）、主组（Group）、小组（Subgroup）逐级分类。

A 部　人类生活必需（Human Necessities）

B 部　作业、运输（Operations、Transporting）

C 部　化学、冶金（Chemistry and Metallurgy）

D 部　纺织、造纸（Textiles and Paper）

E 部　固定建筑物（Fixed construction）

F 部　机械工程（Mechanical Engineering）

G 部　物理（Physics）

H 部　电学（Electricity）

NOTE

电子版的 IPC 分类表具有直观性强、易操作的特点，成为专利检索数据库主要检索方式之一。医药卫生类的专利归属 A 部。

四、专利信息检索

专利文献检索可利用的工具书很多，有纸质的专利公报、专利索引，也有专业性较强的专门网站。目前，世界上很多国家的专利管理机构和国际专利组织在网上免费提供专利文献检索服务，包括传递专利说明书摘要、全文和附图，成为报道世界科技信息的重要窗口。

（一）中国专利信息及其检索

1. 中华人民共和国国家知识产权局"专利检索与查询系统"（http：//www.pss-system.gov.cn/sipopublicsearch/portal/index.shtml） 由国家知识产权局创建，收录 1985 年 9 月以来我国公布的全部专利信息，包括发明、实用新型和外观设计 3 种专利的著录项目及摘要，并可浏览各种说明书全文和外观设计图形。系统提供常规检索、表格检索、多功能查询等多种检索途径（图 5-1）。

图 5-1   国家知识产权局"专利检索与查询系统"常规检索界面

（1）常规检索   系统设 7 个检索字段供选择：自动识别、检索要素、申请号、公开（公告）号、申请（专利权）人、发明人、发明名称。通过勾选，可对某一字段的内容进行检索。检索时如选择"自动识别"字段，系统会就输入的关键词进行自动识别并进行检索。如选择"检索要素"字段，系统会在标题、摘要、权利要求和分类号中同时进行检索。鼠标放在输入框中，系统会显示关于查询条件的输入规则，查检者可按照规则进行检索操作。

（2）表格检索   进行中外专利联合检索、中国专利检索、外国及港澳台专利检索。表格检索设 16 个检索字段，查检者可根据需要或已知信息在相应的检索框中依次输入内容。

（3）多功能查询器   帮助查检者解决检索过程中遇到需要查询的相关信息，包括 IPC 分类号查询、同族查询、引证/被引证查询、法律状态查询、申请（专利权）人别名查询、国别代码查询、双语词典、分类号关联查询、关联词查询等。

2. CNIPR 中外专利数据库服务平台（http：//www.cnipr.com）　由中国知识产权网创建，收录我国建立专利制度以来在中国公开的全部专利文献，包括美国、日本、英国、德国、法国、加拿大、EPO、WIPO、瑞士等 98 个国家和组织专利的检索。检索功能包括中外专利混合检索、IPC 分类导航检索、中国专利法律状态检索、运营信息检索。检索方式除了表格检索、逻辑检索外，还提供二次检索、过滤检索、同义词检索等辅助检索手段。检索功能还新增法律状态联合检索、即时统计筛选、高亮显示、语义检索、相似性检索、公司代码检索等。该平台开发了专利信息分析和预警功能，对专利数据进行深度加工及挖掘。

3. 中国专利全文数据库（知网版）和海外专利摘要数据库（知网版）　专利数据来源于国家知识产权局知识产权出版社，收录从 1985 年至今的中国专利和从 1970 年至今的国外专利。目前，中国专利全文数据库共计收录专利 1307098 条。海外专利数据库共计收录专利 54574804 条。国内专利可一次性下载专利说明书全文，国外专利说明书全文可链接到欧洲专利局网站。

4. 万方中外专利数据库（Wanfang Patent Database，WFPD）　WFPD 收录专利数据始于 1985 年，涵盖 11 国（中国、美国、澳大利亚、加拿大、瑞士、德国、法国、英国、日本、韩国、俄罗斯）和两个组织（世界专利组织、欧洲专利局）。目前，包括 4500 余万项专利，年增约 25 万条。

（二）国外专利信息及其检索

1. 世界知识产权组织网站数据库（http：//www.wipo.int/portal/en/index.html）　该网站由世界知识产权局提供，由世界知识产权组织建立的知识产权电子图书馆（IPDL）提供 PCT 电子公报、马德里申请商标数据库、JOPAL 科学技术期刊数据库。其中，PCT 电子公报可以检索 1997 年 1 月 1 日至今公布的 PCT 专利申请。系统提供 Search（关键词检索）和 Browse（浏览）两种检索方式。关键词检索包括 Simple Search（简单检索）、Advanced Search（高级检索）、Field Combination（多字段检索）、Cross Lingual Expansion（跨语言扩展）；浏览检索包括 Browse by Week（按周浏览）、Sequence listing（序列表）、IPC Green Inventory、Portal to patent registers（专利登记部分）。

2. 美国专利商标局数据库（http：//www.uspto.gov）　美国专利商标局（United States Patent and Trademark Office，USPTO）是美国专利商标局建立的官方网站，面向世界各国提供专利、商标、国际法律法规及其他知识产权信息服务。其中，专利数据库收录美国建立专利制度以来的全部专利，包括发明、外观设计、植物、再公告和依法注册的发明书等。网上免费提供检索服务，数据每周更新。

美国专利商标局数据库分为两部分。

（1）Patents（PatFT）（授权专利数据库）　可检索 1976 年以来所有授权的专利说明书全文和 1790 年以来出版的所有授权的美国专利说明书全文扫描图像。

（2）Applications（AppFT）（公开专利申请数据库）　可检索 2001 年 3 月 15 日以来公开（未授权）的美国专利说明书图像。

两个数据库均提供快速检索（Quick Search）、高级检索（Advanced Search）和专利号检索

（Patent Number Search）3 种检索方式。

3. 欧洲专利局数据库（http：//ep.espacenet.com） 该数据库是由欧洲专利局（The European Patent Office，EPO）和专利组织与其成员国专利局基于互联网向世界各国免费提供专利文献数据库的检索系统。该系统包括世界专利数据库（worldwide）、欧洲专利组织（EP）数据库和世界知识产权组织（WIPO）数据库。其中，世界专利数据库收录了 80 多个国家和地区公开出版的专利申请文献。每个国家可检索的专利信息覆盖年限和详略程度不同，有些国家可检索全文，有些国家可检索文摘或题录。每个数据库均提供快速检索、高级检索、专利号检索和分类检索 4 种检索方式。

第二节　标准信息检索

一、标准文献概述

标准文献最早产生于英国，1901 年英国成立了世界上第一个标准化机构。20 世纪 60 年代以来，世界各国标准文献大幅度增长，已经成为一种特殊的科技文献体系。

（一）标准文献的概念

标准文献是按照规定程序编制并经过一个公认的权威机构批准的供在一定范围内广泛而多次使用，包括一整套在特定活动领域必须执行的规格、定额、规划、要求的技术文件所组成的特种科技文献体系。

（二）标准文献的类型

1. 根据作用和性质分 可分为标准和管理标准。

2. 根据适用范围分 可分为标准、区域标准、国家标准、行业标准。

3. 根据成熟程度分 可分为标准、推荐标准、试行标准、标准草案。

（三）标准文献的特点

标准文献是一种特殊的科技出版物，具有格式统一、适用性强、约束力、时效性强的特点。

二、国内外标准文献检索

一个国家的标准文献反映了该国的经济、技术、生产等方面的发展水平。通过查阅标准文献，可了解各国的经济政策、生产水平和标准化水平，对科技工作十分重要。

（一）国际标准化组织及其标准文献的检索

1. 国际标准化组织（International Standardization Organization，ISO） ISO 是一个制订国际标准的全球性的非政府组织，成立于 1947 年 2 月。ISO 标准不包括电工和电子类。该两类标准由国际电工委员会（International Electro-Commission，IEC）负责制定。ISO 标准是按照下设的技术委员会分类的，因此，ISO 编号就是技术委员会的编号。

2. 国际标准化组织网站（http：//www.iso.org） 该网站的标准检索提供浏览和检索两种方式。

（1）浏览　浏览包括 ICS（International Classification for Standards）和 TC（Technical Committees）。ICS 是一种国际标准分类号，共有 40 个一级类目，可以直接点击类目号浏览相应标准信息，可浏览该标准的标准号、英文题名、版本、TC 信息。

（2）检索　检索范围包括 Published standards（颁布标准）、Standards under development（即将实施标准）、Withdrawn standards（撤销标准）、Projects deleted（last 12 months）（废除标准）。标准的文摘可以免费获取，全文获取需付费。TC 是技术委员会的分类标准，共有 242 个技术委员会，浏览方法同 ICS。

检索方式包括简单检索和高级检索两种途径。简单检索通过输入标准号或关键词检索所需标准文献，关键词默认的检索字段是标题题名和文摘。高级检索的检索字段包括 keyword or phrase（关键词或短语）、ISO number（ISO 标准号）、ISO part number（ISO 部分类号）、Document type（文献类型）、Language（语种）、Supplement type（补充型）、Stage code（阶段代码）、Date（日期）、Committee（委员会）等（图 5-2）。检索结果以列表形式显示，单击某个具体标准的链接，可以查看该产品的摘要、格式等细节。

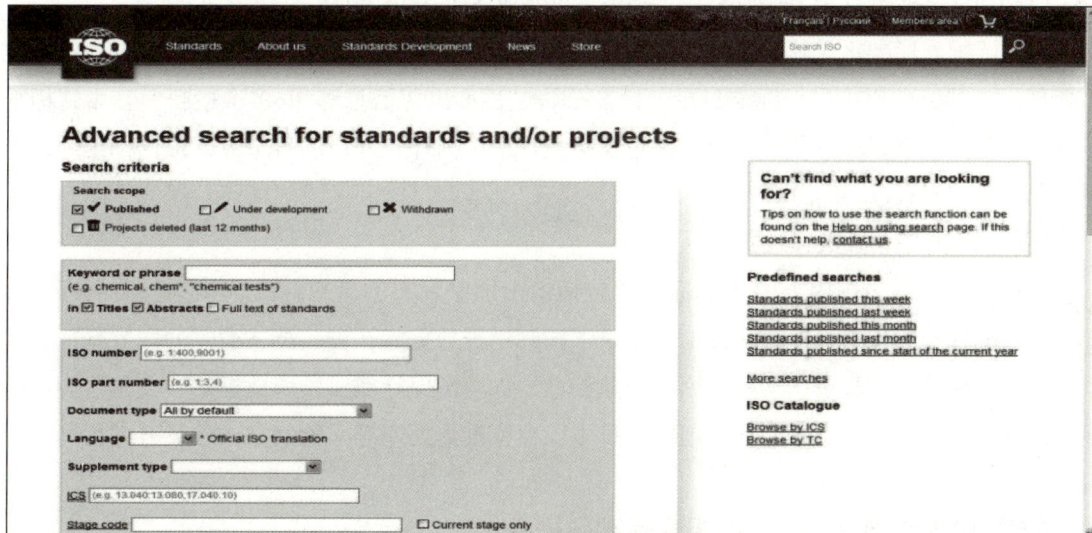

图 5-2　ISO 的标准高级检索界面

（二）美国国家标准学会网站（http://www.ansi.org）

美国国家标准学会（American National Standards Institute，ANSI）成立于 1918 年。学会本身极少制定标准，标准由相应的标准化团体、技术团体、行业协会等组织制定，经美国国家标准学会各专业委员审核后提升为国家标准。ANSI 的标准绝大多数来自各专业标准。

ANSI 网站提供美国国家标准查询、标准活动、新闻及出版物、会议事件、教育培训等链接。在 ANSI 主页面点击 "Access Standards"，进入标准检索页面，通过浏览和检索两种方式查询标准文献。在 "Browse Standards" 下拉菜单中选择某一标准发布者，可浏览该机构发布的所有标准信息。检索页面提供 simple search（简单检索）和 advanced search（高级检索）两种方式。简单检索通过输入 Document Number（标准号）、Abstract or Keyword（文摘或关键词）检索所需标准文献，高级检索页面可以进行标准制定者的筛选。标准文献全文需付费获取（图 5-3）。

NOTE

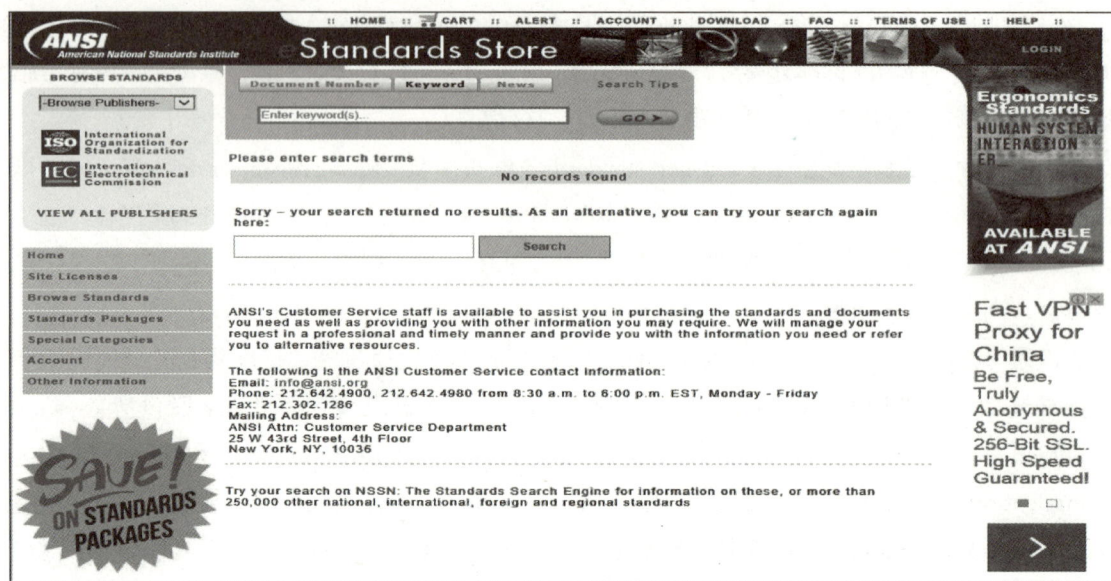

图 5-3　美国国家标准学会网站的浏览检索界面

（三）国家标准化管理委员会（http：//www.sac.gov.cn）

由中国国家标准化管理委员会和 ISO/IEC 中国国家委员会秘书处主办。网站设有中国标准化管理、中国标准化机构、标准目录、标准公告、标准出版信息等 30 多个栏目。其中，标准目录包括中国国家标准目录、中国国家建筑标准目录、国外先进标准目录等，提供标准号、标题、分类等检索入口。

（四）万方中外标准数据库

该数据库收录了国内外的大量标准，包括中国国家发布的全部标准、某些行业的行业标准，以及电气和电子工程师技术标准，收录了国际标准数据库，美、英、德等的国家标准，以及国际电工标准，还收录了某些国家的行业标准，如美国保险商实验所数据库、美国专业协会标准数据库、美国材料实验协会数据库、日本工业标准数据库等。检索方式参见万方数据知识服务平台。

（五）中国知网（CNKI）的国家标准数据库

CNKI 国家标准全文数据库是国内数据量最大、收录最完整的标准数据库，分为中国标准题录数据库（SCSD）、国外标准题录数据库（SOSD）、国家标准全文数据库和中国行业标准全文数据库。

1. 中国标准题录数据库（SCSD）　收录了所有的中国标准（GB）、国家建设标准（GBJ）、中国行业标准的题录摘要数据，约 13 万条。标准内容来源于中国标准化研究院国家标准馆。

2. 国外标准题录数据库（SOSD）　收录了 1919 年至今世界范围内重要标准，如国际标准（ISO）、国际电工标准（IEC）、欧洲标准（EN）、德国标准（DIN）等的题录摘要信息，约 31 万条。标准内容来源于中国标准化研究院国家标准馆。

3. 国家标准全文数据库　收录了 1950 年至今由中国标准出版社出版、国家标准化管理委员会发布的所有国家标准，占国家标准总量的 90% 以上，标准内容来源于中国标准出版社。

4. 中国行业标准全文数据库　收录了 1950 年至今现行、废止、被代替及即将实施的行业标准。

该数据库提供的检索途径包括基本检索、高级检索和专业检索，查检者可根据各级分类导航进行浏览或检索，免费下载题录和摘要，相关的文献、专利、成果等信息来源于 CNKI 各大数据库。检索方式参见 CNKI 全文数据库。

第三节 会议文献与信息检索

学术会议是进行学术交流的一种重要方式和渠道，一般正式的学术交流会议都会出版会议论文集。会议文献是各学术研究机构的科技人员在各专业会议上宣读的论文、报告和资料，提交的论文大都经过挑选，学术性比较强，内容比较新颖。会议文献往往能够反映专业领域的最新研究成果或阶段性成果，以及发展水平和发展趋势，具有专业性、学术性、新颖性、连续性、信息量大、内容丰富、涉及面广等特点。会议论文有助于研究人员了解有关领域的新发现、新动向和新成就，通过会议文献可以获取第一手的科研借鉴材料。

一、会议文献检索

（一）国外数据库

1. ISI Proceedings 该数据库是 Index to Scientific & Technical Proceedings（ISTP，科技会议录索引）和 Social Science & Humanities Proceedings（SSHP，社会科学与人类学）的 Web 版，汇集了世界上最新出版的科技领域会议录资料，包括专著、丛书、预印本和来源于期刊的会议论文，内容涉及农业、环境科学、生物化学与分子生物学、生物技术、医学、工程、计算机、化学和物理学等，通过 ISI Web of Knowledge 平台进行检索。通过该数据库，可以查找某一新的研究方向或概念的初始文献、未在期刊上发表的论文及在其他地方无法查到的会议文献，还可进行作者、研究所和研究机构及主题词的回溯检索，也可根据会议的部分信息检索会议录文献。

2. OCLC FirstSearch 中的会议论文数据库 包含两个重要的会议论文数据库。

（1）PapersFirst（国际学术会议论文索引数据库） 包含在"大英图书馆资料提供中心"的会议录中所收集的自 1993 年 10 月以来在世界各地的学术会议（代表大会、专题讨论会、博览会、座谈会及其他会议）上发表的论文，可通过馆际互借获取全文，每半月更新 1 次。

（2）Proceedings（国际学术会议录索引数据库） 是 PapersFirst 的关联库，包括在世界各地举行的学术会议上发表的论文目录表，每周更新两次。

（二）国内数据库

1. 中国重要会议论文集全文数据库（CPCD） 中国知网（CNKI）的 PCD 收录自 1953 年至今的会议论文集，重点收录 1999 年以来中国科协系统及国家二级以上的学会、协会，高校、科研院所，政府机关举办的重要会议，以及在国内召开的国际会议上发表的文献。其中，国际会议文献占全部文献的 20% 以上，全国性会议文献超过总量的 70%，部分重点会议文献回溯至 1953 年。目前已收录出版的国内外学术会议论文集 28394 本，累积文献总量 2566062 篇。

2. 中国学术会议文献数据库（China Conference Paper Database，CCPD） 万方数据 CCPD 收录了 1983 年以来召开的 4000 个重要学术会议的论文，年增 20 万篇全文，每月更新，

NOTE

以国家级学会、协会，部委、高校召开的全国性学术会议为主，是目前国内收录会议数量较多、质量较高、学科覆盖较广的数据库。查检者可选择检索字段，输入检索词进行检索，也可按照学科分类或会议主办单位浏览会议内容。提供的检索字段包括题名、关键词、摘要、作者、作者单位、会议名称和主办单位。

3. 中国医学学术会议论文数据库（CMAC） CMAC 是中国人民解放军医学图书馆研制开发的中文医学会议论文文献书目数据库，收录了 1994 年以来中华医学会所属各专业分会、各省分会等组织召开的医学学术会议上的 2000 余种论文集的题录和文摘，累计文献 50 余万篇。数据更新周期为半年。

4. 国家科技图书文献中心（National Science and Technology library，NSTL，http: //www.nstl.gov.cn/） NSTL 包括中文会议论文数据库和外文会议论文数据库。中文会议论文数据库收录了 1985 年以来我国国家级学会、协会、研究会，以及各省、部委等组织召开的全国性学术会议论文。外文会议论文数据库主要收录了 1985 年以来世界各主要学会、协会、出版机构出版的学术会议论文。收藏重点为自然科学各专业领域，每年涉及 600 多个重要学术会议，年增加论文 4 万余篇。

二、会议信息检索

（一）医学信息网站

1. The conferencewebsite.com（http: //www.medical.the conferencewebsite.com/） 该网站是一个独立的个人网站，以预告与发布全球范围内即将召开的医学会议和继续医学教育（CME）信息为目的。系统设有 Search（简单检索）、Advanced search（高级检索）和 Browse by specialty（按专业浏览）3 种检索途径。高级检索页面提供的检索字段包括 Your Specialty（专业）、Title/Abbreviation/Keyword（题名 / 缩写词 / 关键词）、Location（会议地点）、Start date/End date（会议召开 / 结束日期）（图 5-4）。

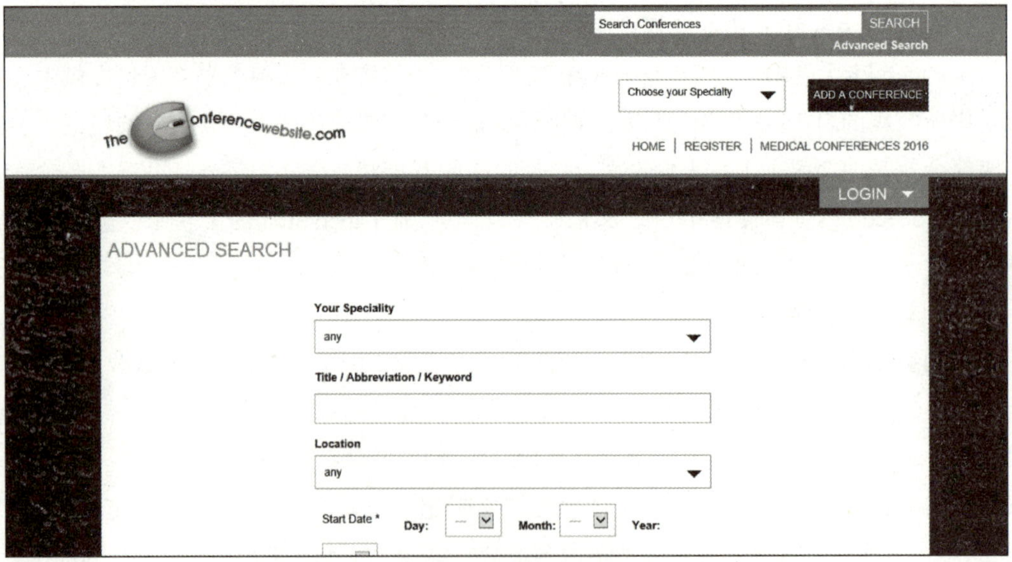

图 5-4 The conferencewebsite 的高级检索界面

2. hum-molgen news alert（https: //hum-molgen.org/） 该网站给出了未来一年半内召

开的生物科学与医学方面的国际会议预告。在网站主页点击"events"，进入会议检索页面，系统提供分类浏览和输词检索两种检索途径。可通过会议召开的时间或学科主题浏览相关会议信息，也可通过限定 Type（类别）、Subject（学科）、Continent（大陆），输入 Keyword（关键词）查找具体某一学科方面的会议信息，得到的会议信息默认按时间排序，显示的信息包括学科、会议简介、会议名称、会议召开的时间和地点、会议召开的方式。点击会议名称会得到详细的会议信息。

3. Conal conference alerts（http：//www.conferencealerts.com/） 该网站提供的检索途径包括 Search（基本检索）、Advanced search（高级检索）、Conferences by topic（按主题浏览）、Conferences by country/cities（按国家 / 城市浏览）（图 5-5）。结果显示会议召开的名称、地点，点开可查看详细的会议信息，包括会议的网址、会议简介等。可以定制自己关注的学科领域，系统会自动推送相关会议信息。

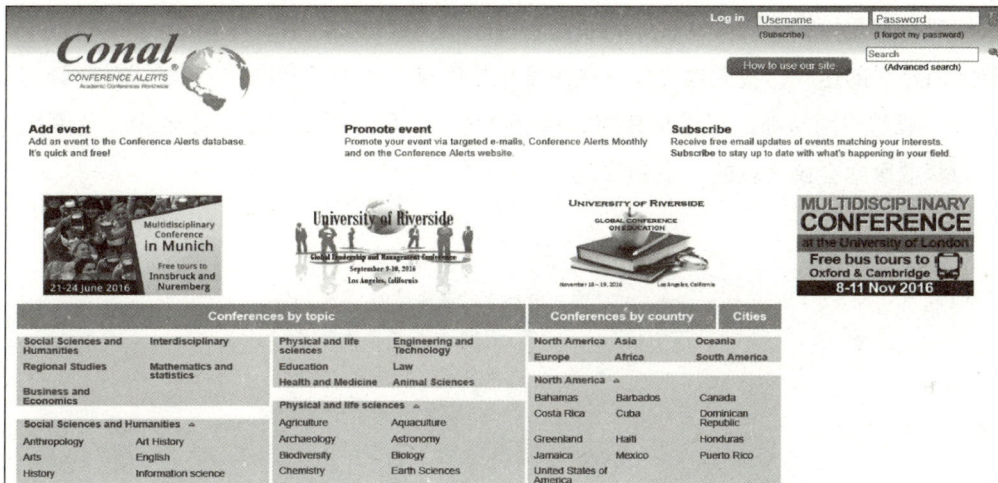

图 5-5　Conal conference alerts 主页

4. PharmWeb（http：//www.pharmweb.net） 在 PharmWeb 的 主 页 点 击"Conferences/Meetings"，即可浏览药学及与健康相关的会议信息。结果显示有会议召开的时间、会议名称、会议召开的地点、E-MAIL、网址等。

5. MedSci 会议频道（http：//www.medsci.cn/meeting/） MedSci 是专业临床研究与学术服务平台，主要提供临床研究学术服务、科研教育和会议信息等。会议频道提供按会议名称、学科、地域、会议日历等途径进行检索。会议名称可以输入中文或英文关键词进行检索，得到的信息包括会议名称、地点、召开时间，点击会议名称，可查看详细的会议信息。

6. 医学会议在线（http：//www.medig.com.cn/） 该网站汇集了大量的国内外医学会议信息，数据每日更新。主页设有会议搜索、最新会议、近期会议等栏目，提供按科室、会议规模、地址、类型、日期、主办单位及会议名称分类浏览会议信息。免费注册会员可查看详细的会议信息。

7. 中国学术会议在线（http：//www.meeting.edu.cn/meeting/） 中国学术会议在线由教育部科技发展中心主办，是公益性的学术会议信息发布平台。为用户提供学术会议信息预报、会议分类搜索、会议在线报名、会议论文征集、会议资料发布、会议视频点播、会议同步直播等服务。可通过学科分类浏览相应会议信息，或从会议预告、会议回顾、会议通知 3 个栏目获取相关信息。系统设有模糊检索、会议检索、视频检索和会议论文摘要检索 4 种方式。显示的信息包括会议所属学科、会议名称、会议时间、会议地点、论文摘要截至时间、往届会议。

（二）网络检索工具

1. 按分类目录浏览   一般检索工具都设有分类目录，只需找到医学主题，在下级类目中点击会议主题，即可浏览关于医学方面的会议信息。

2. 输入关键词检索   在检索输入框中输入专题词汇和会议词汇进行检索。若使用外文检索工具，可输入的表示学术会议的词汇有 Meeting、Conference、Congress、Seminar、Workshop、Symposium、Convention 等。例如，检索有关高血压方面的会议，输入检索词"高血压"（high blood pressure 或 hypertension）和"会议"（meeting、conference、congress 等）进行检索，就可得到相关会议的信息。

通过会议信息网站和搜索引擎检索到的一般是一些会议消息，介绍会议召开的时间、地点等相关情况。如要检索会议文献，应到一些专门收录会议论文的数据库查找。

除上面提供的途径，我们也可到一些医学机构网站、医学期刊网站、医学院校网站获取相关信息。一般这些网站都会报道与其相关的会议信息，虽然报道的数量比较少，范围比较窄，但不失为获取医学会议信息的一个有效途径。

第四节　学位论文检索

一、学位论文概述

（一）学位论文的概念

按照《中华人民共和国学位条例》的规定，学位论文分学士论文、硕士论文和博士论文。学位论文检索通常指的是查找硕士和博士学位论文。随着对学位论文电子全文的需求不断上升，各数据库商纷纷推出网络版学位论文数据库，许多学位授予单位的院校和研究机构也将学位论文放在自己的网站上，供检索和利用。

（二）学位论文的特点

1. 论文质量较高   通常，学位论文的开题和撰写必须对所研究内容的先进性、创新性、实用性和可行性等进行论证，在导师的直接指导和审核下 2 ~ 3 年间完成，且必须通过院校或研究所的专家评审、答辩后方可通过。

2. 具有一定的独创性   研究生导师大多为学术带头人，从事或指导着较高水平的科研工作，所获得的科研成果在国内外所属学科中具有领先地位。在其指导下的学位论文专业性强，具有一定的独创性。

3. 参考文献多而全面   研究生撰写论文时往往要查阅大量国内外文献，以助于对相关学科文献进行追踪检索。从某种意义上讲，学位论文是很好的三次文献，所附参考文献更是不可忽视的。

4. 一般不公开出版   由于学位论文是向校方或科研机构提供的，通常以打印本或抄本的形式保存在学位授予单位，只有少部分学位论文日后在期刊或会议上发表或以专著的形式出版。

二、常用学位论文数据库

（一）国家科技图书文献中心（NSTL，http：//www.nstl.gov.cn）

NSTL 提供的二次文献数据库涉及期刊、学位论文、会议论文、科技报告、专利、标准、计量检定规程、科技成果、研究报告、计量基准、图书和工具书等文献类型。其中，中文学位论文数据库收录了 1984 年以来的中文博士、硕士学位论文，外文学位论文数据库收录了美国 ProQuest 公司 2001 年以来的优秀博士、硕士学位论文。学科范围涉及自然科学各专业领域，并兼顾社会科学和人文科学，提供题名、作者、关键词、导师、学位、培养单位、研究专业、研究方向、授予年、文摘 10 个检索字段；还可设置查询的限制条件，如馆藏范围、时间范围等。

（二）中国优秀博硕士学位论文全文数据库（CDMD）

中国知网的 CDMD 是国内资源完备、高质量、连续动态更新的学位论文全文数据库，分为中国博士学位论文全文数据库和中国优秀硕士学位论文全文数据库。收录了全国 427 家培养单位的博士学位论文和 686 家硕士培养单位的优秀硕士学位论文，目前已累积博硕士学位论文全文文献 200 万篇，涵盖理工、农业、医药卫生、文史哲、经济政治与法律、教育与社会科学、电子技术与信息科学学科。提供的检索途径包括基本检索、高级检索、专业检索、科研基金检索和句子检索。

（三）中国学位论文全文数据库（China Dissertation Database，CDDB）

万方数据的 CDDB 收录了自 1980 年以来我国自然科学和社会科学各领域的硕士、博士和博士后研究生论文的文摘信息，总计 200 余万篇。涵盖理、工、农、医、人文社科、交通运输、航空航天、环境科学等各学科，提供的检索途径包括快速检索、分类检索和高级检索。

（四）中国高等教育文献保障系统（CALIS）学位论文中心

该系统面向全国高校师生提供中外文学位论文检索和获取服务。目前，博士和硕士学位论文数据逾 384 万条，其中中文数据约 172 万条，外文数据约 212 万条，且数据处于持续增长中。检索功能便捷灵活，提供简单检索和高级检索，可进行多字段组配检索，也可从资源类型、检索范围、时间、语种、论文来源等多角度进行限定检索。

（五）PQDT（ProQuest Dissertations & Theses）学位论文全文数据库（http：//pqdt.calis.edu.cn/）

PQDT 是美国 ProQuest 公司（原 UMI 公司）出版的博硕士论文数据库，是 DAO（Dissertation Abstracts Ondisc，学位论文文摘光盘）的网络版。ProQuest 公司是美国国会图书馆指定的收藏全美国博硕士论文的分馆，也是加拿大国家图书馆指定的收藏全加拿大博硕士论文的机构。2002 年开始，国内各高等院校、学术研究单位及公共图书馆共同组建了"UMI 博士论文全文中国集团"，共同采购 PQDT 国际博硕士论文的全文，集团成员之间所采购的全文实现共享，从而在我国建立了 PQDT 国际博硕士论文全文数据库。

该数据库是目前国内唯一提供国外高质量学位论文全文的数据库，主要收录了来自欧美国家两千余所知名大学的优秀博硕士论文，涉及文、理、工、农、医等多个领域，是学术研究中十分重要的信息资源。该数据库提供基本检索和高级检索两种途径，提供的检索字段包括标

NOTE

题、摘要、学科、作者、学校、导师、来源、ISBN、出版号等。

【思考题】

1.什么是专利文献，其特征、种类如何？我国专利采用何种分类方法？

2.标准文献主要包括哪些类型？检索标准可以通过哪些方式？

3.会议文献与期刊论文相比有何差别？

4.学位论文具备哪些特点？

【练习题】

1.使用专利检索系统检索有关治疗面瘫的中药制备方法方面的专利信息，并查看第 1 条专利的法律状态，且浏览说明书全文。

2 查出有关青少年脊椎弯曲异常的筛查方面的国家标准。

3.检索 2015 年世界肾脏病学大会上有关肾移植的文献，并查询国内外即将召开的以肾移植为主题的会议信息。

4.检索有关理气活血法治疗慢性萎缩性胃炎的硕士和博士学位论文。

第六章　网络资源利用

第一节　网络搜索引擎

一、搜索引擎概述

（一）搜索引擎定义

搜索引擎来自英文"Search Engine"。其定义有广义和狭义之分。广义的搜索引擎泛指网络上提供检索服务的一切工具和系统，即网络检索工具的统称。狭义的搜索引擎专指利用自动搜索技术软件，如 Robot、Spiders 等对互联网资源进行搜索、组织并提供检索的信息服务系统，即全文搜索引擎。

（二）搜索引擎工作原理

搜索引擎一般由四部分组成，即数据采集系统、数据标引和索引系统、用户界面及数据检索系统。工作原理见图 6-1。

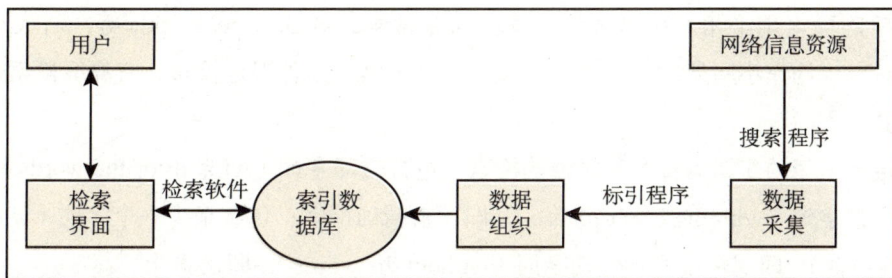

图 6-1　搜索引擎原理图

（三）搜索引擎分类

1. 根据检索原理分　可分为全文搜索引擎和目录式搜索引擎。

（1）全文搜索引擎　全文搜索引擎也称关键词搜索引擎，主要采用 Robot、Spider、Crawler、Worm 等搜索程序自动搜索和标引各个网站的信息来建立和维护其数据库，用户在检索页面直接输入关键词，经匹配，系统将与用户提问相关的记录按一定的顺序返回给用户，如 Google、必应、百度等。

（2）目录式搜索引擎　目录式搜索引擎也称网络资源目录，由人工采集网页并按学科分类原理进行分类，建成树状等级目录。用户利用检索工具的分类目录，按学科逐级查找，如 DMOZ、早期的 Yahoo！等。目前纯目录式搜索引擎已不多见。

2. 根据检索内容分　可分为通用搜索引擎、专业搜索引擎和专题搜索引擎。

（1）通用搜索引擎　该类搜索引擎收录信息涉及面广，包罗万象，也称综合性搜索引擎，如 Google、Yahoo！、百度、必应等。

（2）专业搜索引擎　专门查找某一学科信息的搜索引擎，专业针对性强。有关医学专业搜索引擎有 Medical Matrix、Medscape 等。

（3）专题搜索引擎　指收录范围更窄、专指性更强的一类搜索引擎。例如，美国宾夕法尼亚大学癌症中心开发的癌症信息检索系统 Oncolink，可利用该引擎迅速、准确而全面地获取肿瘤方面的各种信息，但不收集医学其他方面的信息。

3. 根据检索范围分　可分为独立型搜索引擎和元搜索引擎。

（1）独立型搜索引擎　该搜索引擎拥有自己的索引数据库，可向用户提供基于自身数据库的查询服务，目录式搜索引擎和全文搜索引擎都属于独立型搜索引擎。

（2）元搜索引擎　元搜索引擎也称集合型搜索引擎。此类搜索引擎是将用户的检索请求传送给多个独立搜索引擎去检索，然后将反馈结果经筛选和组织后再返回给用户，如 Dogpile、Clusty、Mamma、万纬搜索等。

二、主要综合性搜索引擎

（一）Google（谷歌，http：//www.google.com）

该搜索引擎由斯坦福大学两个博士生 Larry Page 和 Sergey Brin 于 1998 年 9 月推出，是目前公认的全球最大的搜索引擎，收录了 80 多亿个网址，支持 144 种语言，包括简体中文和繁体中文。

Google 检索功能强大，提供网页、地图、新闻、图片等多个检索入口。支持布尔逻辑运算，逻辑与用"AND"或符号"+"或空格表示，逻辑或用"OR"表示，逻辑非用"-"表示。词组精确检索用半角双引号表示。支持命令搜索，如 filetype、intitle 等。对大小写不敏感，系统对字母均作小写处理。可进行网域、文献类型等多种限定检索。有高级检索途径（图 6-2）等功能。

1. 限定检索词的逻辑运算关系或精确检索　包含全部字词（with all of the words），即逻辑与；包含完整字句（with the exact phrase），即词组精确检索；包含至少一个字词（with at least one of the words），即逻辑或；不包括字词（without the words），即逻辑非。

2. 限定语言　限定搜索网页的语言，如中文简体、中文繁体、英文等。

3. 限定搜索或者排除特定的文件格式　有 PDF、PPT、XLS（Excel 文档）、DOC（Word 文档）等文件格式。

4. 限定网页的更新日期　有过去 3 个月、6 个月、1 年等时间限定。

5. 限定查询字词的位置　默认是在网页的任何地方，也可以选择网页标题、内容、网址或链接中。

6. 限定搜索的网域或网站　如 .com（限定在 .com 为后缀的网站中检索）或者 google.com（只在 Google 网站中检索）等。另外还可设定使用权限、搜索类似网页、网页链接等。

【检索示例】用谷歌高级检索查找小儿捏脊的 PPT 课件。

分析：关键词有"捏脊""小儿"（还应考虑儿童、幼儿等），文献格式为 PPT。

检索步骤：在第 2 个检索框输入"捏脊"，第 3 个检索框输入"小儿 儿童 幼儿 婴幼儿"，文件格式仅限定为 PPT，点击右上侧的"Google 检索按钮"，即得到检索结果。

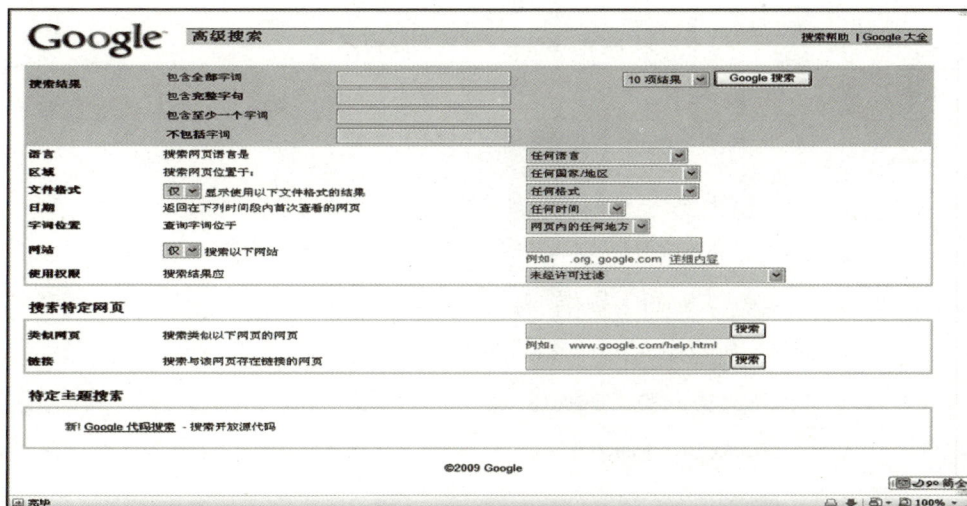

图 6-2　Google 的高级搜索界面

2004 年 Google 推出了学术搜索，用户可以检索各种学术论文、图书等。内容涉及多种学科，可检索到中文数据库 CNKI、VIP、万方中的题录和文摘信息，有不少外文文献可直接链接全文信息。Google 具有基本检索和高级检索功能，高级检索（图 6-3）可选择逻辑运算、精确检索、限定字词位置、作者、刊物、出版时间等功能。

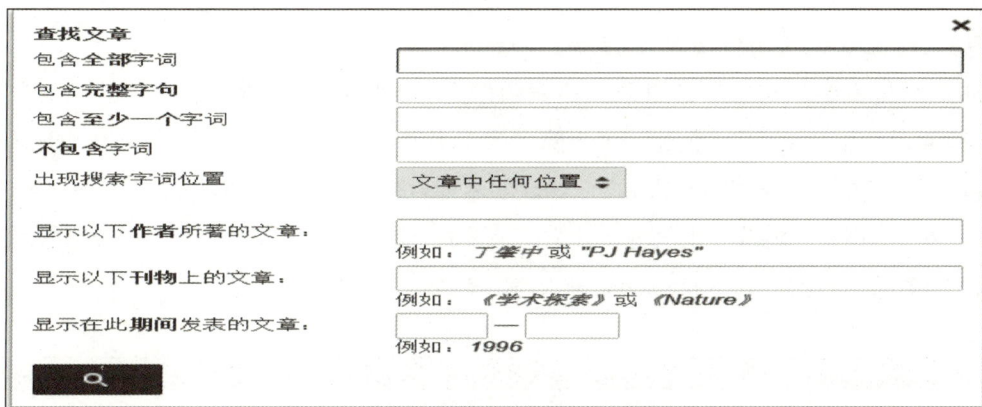

图 6-3　Google 的学术高级搜索界面

【检索示例】用 Google 学术搜索查找施杞教授发表的有关颈椎病手法治疗的文献。

分析：作者"施杞"，关键词"颈椎病""手法"。

检索步骤：第 1 个检索框输入"颈椎病 手法"，作者栏输入"施杞"，点击检索按钮，即得到检索结果。

（二）Bing（必应，http：//www.bing.com/）

Bing 由微软公司 2009 年推出，是北美地区第 2 大搜索引擎，中文名称为必应，网址为 http：//cn.bing.com/。bing 首页每天会推出一张美图。检索入口有网页搜索、图片、视频、词典、资讯、地图等。

Bing 支持布尔逻辑运算和精确检索，运算符同 Google。支持以下命令搜索（表 6-1）。

表 6-1　Bing 支持的命令检索

命令	定义
contains：	只搜索包含指定文件类型的网站
filetype：	仅返回以指定文件类型创建的网页
inanchor：	指令返回的结果是导入链接锚文本文字 / 定位标记中包含搜索词的页面
inbody：	搜索正文中含有检索词的网页
intitle：	返回网页标题中含有检索词的网页
IP：	查找特定 IP 地址的网站
language：	返回指定语言的网页
loc：或 location：	返回特定国家或地区的网页
prefer：	着重强调某个搜索条件或运算符，以限定搜索结果
site：	返回指定网站的网页
feed：	查找包含检索词的 RSS 或 Atom 源
hasfeed：	一般与 site 命令联用，表示在某网站上查找包含检索词的 RSS 或 Atom 源
url：	检查列出的域或网址是否位于 Bing 索引中

（三）Yahoo！（雅虎，http：//search.yahoo.com）

Yahoo！搜索引擎是最早的目录式搜索引擎之一，1994 年由斯坦福大学的博士生 Jerry Yang（杨致远）和 David Filo 创建。雅虎除了搜索引擎功能，还有门户网站 www.yahoo.com。该页面也可进行检索，通过 search.yahoo.com 的网址直接进入检索界面。提供多种检索入口，如新闻、体育、财经、游戏、天气等，检索结果页面可进行分类浏览和时间限定。如果使用网页目录，可直接通过网址 dir.yahoo.com 进入（图 6-4）。

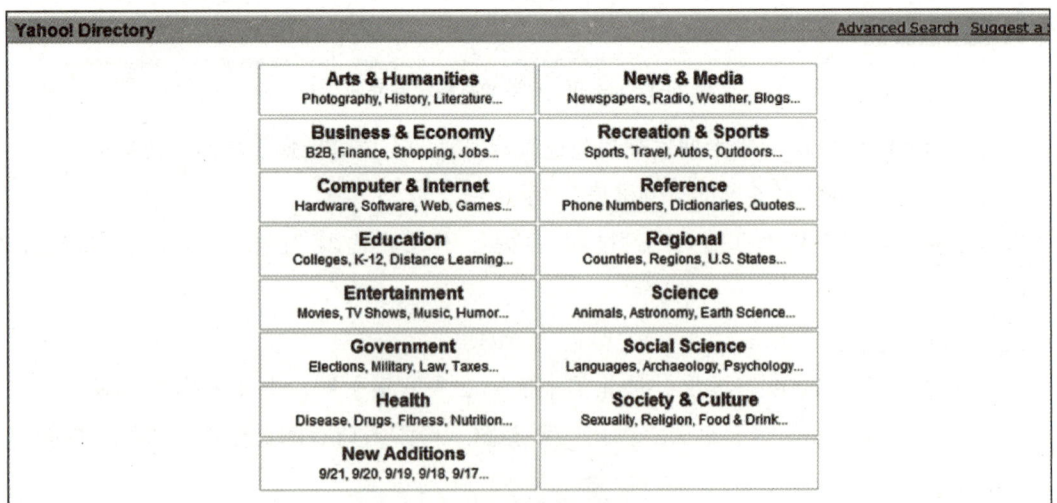

图 6-4　Yahoo！的网页目录界面

Yahoo！通过人工分类建立其分类体系，有 14 个基本大类，包括 Art & Humanities（艺术与人文）、Business & Economy（商业与经济）、Computers & Internet（计算机与网络）、

Education（教育）、Entertainment（娱乐）、Government（政府）、Health（健康与医药）、News & Media（新闻与媒体）、Recreation & Sports（休闲与运动）、Reference（参考资料）、Regional（国家与地区）、Science（科学）、Social Science（社会科学）、Society & Culture（社会与文化），New Additions 可以查看各类目新添加的网站资源。根据其拥有的信息或网站数量及知识组织的需要程度，每一个基本类目下细分不同层次的下级类目，越下级类目中的网站其主题越专指。Yahoo！的分类体系为许多搜索引擎所效仿。

在进行 Directory 基本检索时，可以按类目层层点击，比如选择 Health，即可见其下级类目有 Alternative Medicine（558）NEW、Disabilities@、Health Care（297）……其中括号里的数字表示此类目相关的网站数，标识 NEW 的，表示是近 3 天收入的内容，@ 表示交叉类目。下方 Site Listings 可按照 By Popularity 或者 Alphabetical 浏览，即按知名度或字顺列出当前类目下相关网站的标题和简介。标题使用粗体表示该网站有相关下级站点，并标明下级站点数，比如 Centers for Disease Control and Prevention（CDC）（24），网站后 👓 标识表示该网站在内容和版面设计上都优于其他项。同时在主题检索页面，也可通过 Advanced Search 进行关键词检索，检出 Yahoo！目录中人工采集的相关网站。

（四）百度（http：//www.baidu.com）

百度于 2000 年 1 月由李彦宏、徐勇创立于北京中关村，是全球最大的中文搜索引擎，主要提供中文（简／繁体）网页搜索服务，目前有超过 10 亿的中文网页数据库。默认以关键词精确匹配方式搜索。支持"–"号、"."号、"|"号、"link："、书名号《》等特殊搜索命令。在搜索结果页面，设置了关联搜索功能，方便访问者查询与关键词有关的其他方面信息。提供百度快照功能。百度快照功能在服务器上保存了几乎所有网站的大部分界面。若打开网站，提示错误代码、文章已删除等，可利用百度快照正常浏览网页中的文本信息。

具有高级搜索功能。高级搜索页面有 4 个检索框，分别表示逻辑与、精确检索、逻辑或、逻辑非，还可限定时间、语言、文档格式、网站和每页显示的检索结果数（图 6-5）。

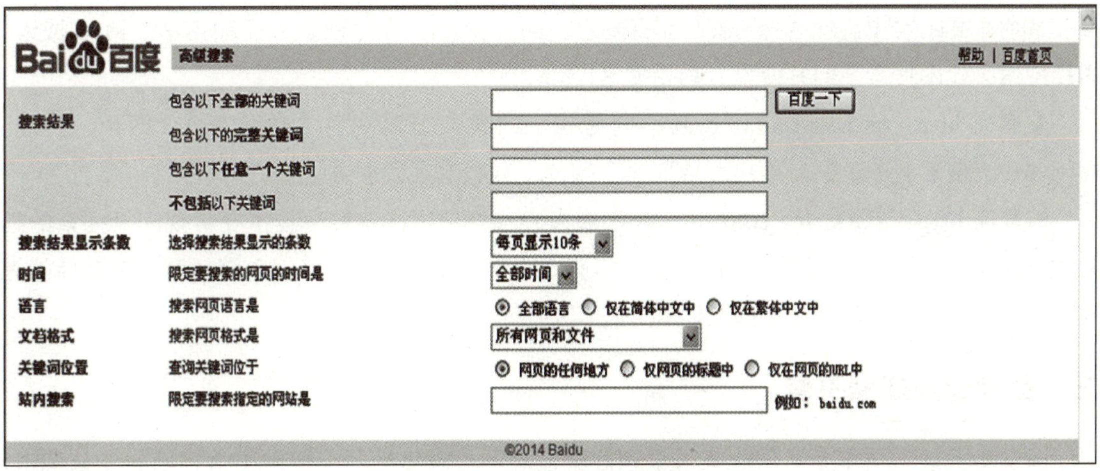

图 6-5　百度的高级搜索界面

百度 2014 年 6 月 13 日推出学术搜索（图 6-6），收录国内外学术站点超过 70 万家，涵盖中国知网（CNKI）、万方、维普（VIP）、IEEE、Springer 等，共计收录中外文学术资源总量逾 2 亿，中文超 1.5 亿，外文超 1 亿，有部分免费的学术文献，检索结果可以实现时间、学科领域、期刊范围、文献类型筛选功能，可以按照"相关性""被引频次""发表时间"进行排序。

图 6-6　百度的学术搜索界面

（五）其他

1. 搜狗 http：//www.sogou.com/　由搜狐公司 2004 年推出，既可进行网页目录搜索也可进行全文搜索。全文搜索的检索入口有网页、新闻、音乐、微信、问问、图片、购物、地图搜索等，提供网页高级检索功能，可限定字词位置、逻辑运算和文献类型；还开展一些特色服务功能，如查询 IP、查询股票、查询天气、英文单词翻译、查询汉字、查询成语等。

2. 搜搜 http：//www.soso.com/　腾讯旗下的搜索网站，2006 年发布。搜搜主要包括网页搜索、综合搜索、图片搜索、音乐搜索、论坛搜索、搜吧等 16 项产品，通过互联网信息的及时获取和主动呈现，为广大用户提供实用和便利的搜索服务。用户既可以使用网页、音乐、图片等搜索功能寻找海量信息，也可以通过搜吧、论坛等表达和交流思想。

3. 综合搜索 http：//www.so.com/　由奇虎 360 于 2012 年推出，属于元搜索引擎，整合了百度和谷歌的搜索内容，主要包括新闻搜索、网页搜索、微博搜索、视频搜索、MP3 搜索、图片搜索、地图搜索、问答搜索、购物搜索。

4. 有道 http：//www.youdao.com/　网易旗下的搜索引擎，主要提供网页、图片、热闻、视频等传统搜索服务，同时推出海量词典、阅读、购物等在线服务。

5. 爱问 http：//iask.sina.com.cn/　新浪研发，在保留了传统算法技术在常规网页搜索的强大功能外，以一个独有的互动问答平台弥补了传统算法技术在搜索界面上智慧性和互动性的先天不足，通过调动网民参与提问与回答，让用户彼此分享知识与经验。

三、医学专业搜索引擎

医学专业搜索引擎是专门收集医学和健康信息的检索工具，一般由医学领域的专家编辑，能免费检索到许多电子期刊的全文。医学专业搜索引擎不仅弥补了通用搜索引擎可信度和专业信息量少的缺陷，也弥补了医学数据库费用和地域的限制，是进行医学学习、科研的重要工具，常见的医学搜索引擎有 Medscape、Medical Matrix 等。

（一）Medscape（医景，http：//www.medscape.com/）

Medscape 是美国 Medscape 公司 1994 年研制，1995 年 6 月投入使用，是网络上最大的免费提供临床医学全文文献和医学继续教育资源的网站，可免费检索到 Medline 数据库的文摘和丰富的药物信息，能查询 20 多万种药物的使用剂量、毒性、注意事项等。网站设有专家网页、专门针对病人的教育网页，以及 125 种医学期刊的检索和医学新闻，并出版发行期刊《Medscape General Medicine》，报道内容多、更新快、质量高。

非注册用户通过 Medscape 只能查看文章题录信息和少量介绍，免费注册用户可查看全文，还可根据个人需要定制个性化的页面及免费订购用户所从事专业的新闻。

1. 主页　主页左侧有 36 个 Specialties（专题）链接。点击某一专题可查看该专题的新闻、专家观点、会议、讨论、报道、期刊文章、教科书和参考工具。主页左上角有关键词检索框（图 6-7）。

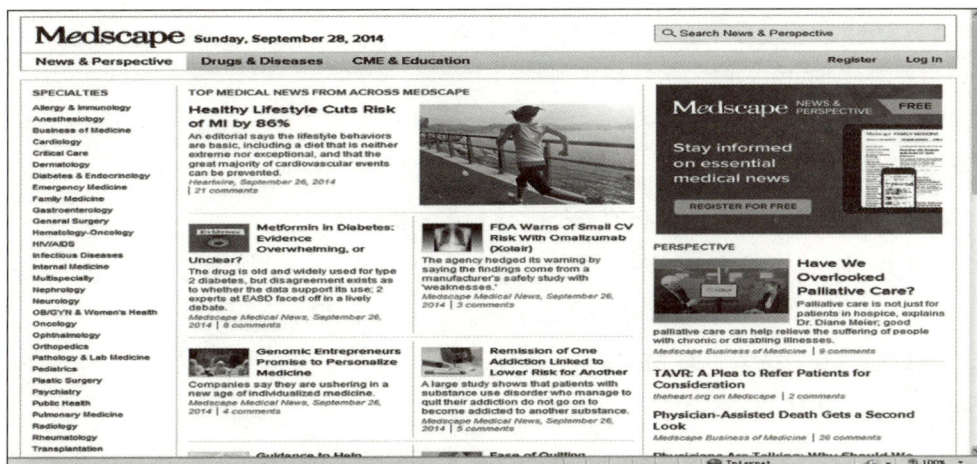

图 6-7　Medscape 主页

网络导航有 News & Perspective（新闻和观点）、Drugs & Diseases（药物和疾病）、CME & Education（Continuing Medical Education，医学继续教育资源，每两周更新 1 次）。

2. 检索方法　在检索框输入检索词，空格默认为"逻辑与"，支持词组精确检索。系统将查检者输入的关键词在作者、文章标题、文摘、刊名缩写和文章正文中进行匹配，然后返回结果。结果页面可选择"资源类型""检索结果排序方式"（有相关度排序和出版日期排序两种排序方式）和"筛选时间范围"（有近 3 个月、近 6 个月、近 1 年）。

（二）Medical Matrix（医源 http：//www.medmatrix.org）

创建于 1994 年，由美国 Healthel 公司建立，收录了 4600 多个医学网址。以临床医学为主，最适合临床医师使用。必须付费注册才能进行检索服务。

分类目录浏览是该数据库主要特色，有疾病种类、临床应用、文献、教育、健康和职业、医学计算机等 8 大类，每类下根据内容形式分为新闻、全文、摘要、参考书、操作手册、多媒体、实用指南、病例、影像学和病理切片、患者教育、教育资源等若干子类。提供关键词搜索，检索结果按相关性排列，五星最佳。

（三）Healthlinks（http：//www.healthlinks.net）

由专家人工编辑的医学网络资源目录，目前收录 58000 多个链接。

NOTE

提供分类浏览和关键词检索两种检索途径。关键词检索支持逻辑运算，默认为"OR"，支持词组精确检索，支持截词符 *。截词符可用于单词任意位置，但至少输入 3 个字母。

Healthlinks 提供具有特色的专题检索，比如多媒体资源、招聘信息、临床试验、电子图书馆等专题检索。

【思考题】

1. 搜索引擎如何分类?

2. 你比较喜欢用哪一个或哪几个搜索引擎，为什么? 你觉得它有什么优点?

【练习题】

一、通过通用搜索引擎查找

1. 氨苄西林钠进行静脉滴注的最高剂量。

2. 期刊 PNAS 的刊名全称、中文名和主页网址分别是什么?

3. 阿司匹林（aspirin）的化学结构式图片。

4. 有关阴阳学说的课件。

5. 冬虫夏草的功能、主治。

6. "脂氧素抑制子宫内膜异位症的分子机制"英文翻译。

7.《中国中药杂志》发表的丹参化学成分的学术文献。

8. 2010 年以来有关三七药理作用的学术文献。

二、通过医学专业搜索引擎 Medscape 查找

1. HIV 疫苗（HIV vaccine）的期刊文章。

2. 近 5 年有关心衰（heart failure）治疗的临床病例报告文献。

第二节　医学网站资源

一、世界卫生组织

世界卫生组织（World Health Organization，WHO，以下简称世卫组织）是联合国系统内卫生问题的指导和协调机构，是国际上最大的政府间卫生组织，总部设在瑞士的日内瓦，1948 年 4 月 7 日成立，有 194 个会员国。

世卫组织的网站（http：//www.who.int/en/）有阿拉伯文、中文、英文、法文、俄文、西班牙文 6 种语言版本，可以从主页（图 6-8）上方直接点击进入。

世卫组织网站主页有世界各地有关卫生情况的新闻提要、卫生突发事件、焦点、疾病暴发、出版物和重要文件等。主页主要导航有卫生主题、数据和统计数字、媒体中心、出版物、国家、规划和项目、关于 WHO、WHO 站内搜索框。特色栏目和功能介绍如下。

（一）数据和统计数字（Data）

该栏目包含全球卫生观察站、数据仓储库、分析报告、国家数据和地图集等。

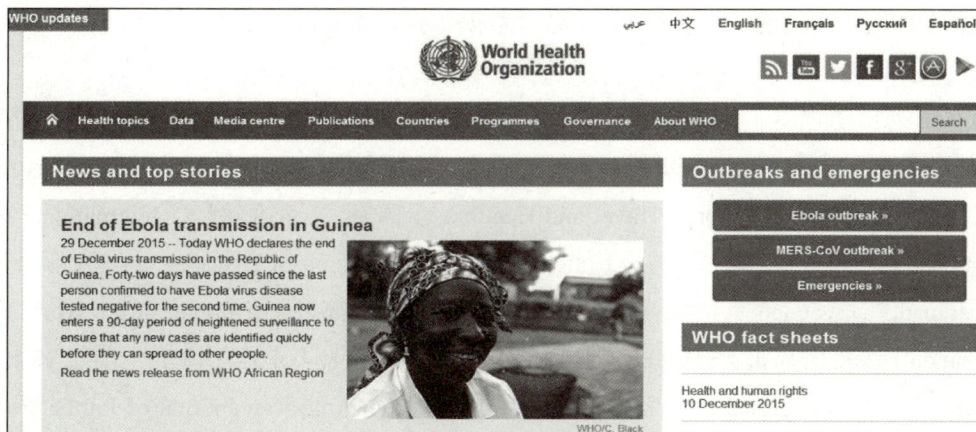

图 6-8 WHO 主页

1. 全球卫生观察站（Global Health Observatory data，GHO） 在世卫组织主页顶部的导航栏点击"Data"即可进入全球卫生观察站。全球卫生观察站是世卫组织关于世界各地卫生相关统计数据的网站，提供国家数据和统计信息、世卫组织监测全球、区域和国家情况与趋势做出的分析数据。原有的世卫组织统计信息系统（WHO Statistical Information System，WHOSIS）已被整合到全球卫生观察站。全球卫生观察站每年发布《世界卫生报告》。

2. 数据存储库（Data repository） 全球卫生观察站的数据存储库包含一个广泛的卫生指标列表，可以选择主题浏览或多维查询功能。这是世卫组织的主要卫生统计库。主题信息（By theme）涵盖全球卫生重点，如与卫生相关的千年发展目标、死亡率和全球卫生评估、卫生系统、药物滥用和精神健康、公共环境卫生、非传染病、传染病、伤害和暴力、世界卫生统计等。各主题下又细分不同的类目（By category），如千年发展目标主题下细分为儿童体重不足、儿童健康、免疫、孕产妇和生殖健康、HIV/AIDS、疟疾、被忽视的热带病、肺结核、供水和公共卫生、基本药物等。各类目信息亦可通过卫生指标列表（By indicator）查询。卫生指标列表按字母顺序排列，每个卫生指标链接指向这一指标的定义及相关统计数据表格。点击"By country"可按国家字顺查找 WHO 成员国各项卫生指标数据表格。点击"GHO Search"则进入全球卫生观察站数据存储库的检索页面，可在检索框内输入检索词进行检索。全球卫生观察站的数据库是交互式的卫生统计数据存储库，查检者能够选定卫生主题、国家和区域的数据，并能以 Excel 格式下载按需要定制的表格。

3. 分析报告（reports） 全球卫生观察站发布关于全球重点卫生问题的现状和趋势的各类分析报告，包括每年发布的《世界卫生统计》（World Health Statistics），其中汇总了主要卫生指标的统计数据。分析报告页面的右侧栏目显示世卫组织相关项目的专题统计报告。

4. 国家数据（Country statistics） 按字母顺序排列世卫组织各成员国的卫生统计数据和卫生概况，包括各卫生主题和卫生指标的分析汇总信息。

5. 地图集（Map gallery） 全球卫生观察站为每一主题专门编制了数据视图，包括国家概况和地图集。

（二）卫生主题（Health Topics）

卫生主题页面按照字顺列出了300多个卫生主题。例如，查找有关空气污染（Air pollution）的信息，按字顺找到相关卫生主题的单词，通过点击主题的链接，可以获得关于该主题的相关网站、实况报告、重要文件、统计数据、相关链接和特写等信息。

（三）出版物（Publications）

该页面列出了世卫组织出版的近期出版物、重要出版物和期刊。重要出版物包括《世界卫生报告》（The World Health Report）、《世界卫生统计》（World Health Statistics）、《国际旅行和健康》（International Travel and Health）、《国际卫生条例》（International Health Regulations）、《国际疾病分类》（International Classification of Diseases）、《国际药典》（International Pharmacopoeia）等，期刊包括《世界卫生组织简报》（Bulletin of the World Health Organization）、《疫情周报》（Weekly Epidemiological Record）、《东地中海卫生杂志》（Eastern Mediterranean Health Journal）、《泛美公共卫生杂志》（Pan American Journal of Public Health）、《世界卫生组织东南亚公共卫生杂志》（WHO South-East Asia Journal of Public Health）、《西太平洋监测和反应》（Western Pacific Surveillance and Response）、《世界卫生组织药物信息》（WHO Drug Information）等。

点击出版物页面右侧的"Browse the Who Digital Library"，可以进入世卫组织信息共享数据库（The Institutional Repository for Information Sharing，IRIS），供检索世卫组织自 1948 年出版的资料和技术信息的全文数字化图书馆，可用世卫组织 6 种官方语言免费检索。IRIS 提供按出版日期、作者、标题、主题等方式浏览，还可在右上角的搜索框输入检索词搜索。高级检索功能中提供更多检索选项，包括 MeSH 主题词检索。

（四）国家（Countries）

在导航栏点击"Countries"进入国家页面。该页面按照字顺列出了 194 个世卫组织成员国，通过国名链接，可以获得各成员国的国情、卫生支出、疫苗接种覆盖面、卫生系统的组织和管理，如卫生立法、寿命表、特定疾病的发病率、卫生人力资源、人口数等统计资料。

（五）规划和项目（Programmes）

该页面按字顺列出了世卫组织规划、伙伴关系及其他项目。如点击"Cancer"进入癌症的规划和项目页面，可了解癌症的概况、各国控制癌症的规划、癌症的预防、治疗等信息。在癌症的国别统计数据文档页面，以字顺排列国家名称，可通过点击国家名称，下载各国癌症统计数据和图表的 PDF 文档。

（六）WHOLIS 数据库（WHO Library & Information Networks for Knowledge Database）

WHOLIS 是世卫组织的图书馆和信息知识网络项目（library and information networks for knowledge）成果之一，可通过网址 http：//www.who.int/library/databases/wholis_tutorial/en/ 找到 WHOLIS 检索入口。作为 WHO 总部及其地区办事处的出版物、期刊等信息资源的网络数据库，WHOLIS 收录的信息资源内容广泛、类型多样，主要包括自 1948 年以来世卫组织总部及地区办事处的出版物，1986 年以来世卫组织总部及地区办事处未正式出版的技术文献，1986 年以来世界卫生大会报告，执行委员会报告，地区委员会报告，世卫组织期刊，全球科学期刊中关于世卫组织活动的文章，世卫组织新闻稿、通讯和视听材料，其他组织及出版社出版的有关世卫组织内容的书籍等。

WHOLIS 数据库具有"Quick Search""Advanced Search"和"Browse"检索功能，默认页面为"Advanced Search"。可以组合多个检索项，准确检索出所需信息。WHOLIS 数据库主要采用 MeSH 词表对收录的文献进行标引，并以 MeSH 词作为检索主题入口词，用户可以通过输入主题词方式检索特定主题相关的所有文献。利用"Browse"检索功能可以实现对某一类检索词进行浏览，包括作者、标题、主题、系列文献、期刊等。例如，在"Browse on"检索框中输入某一作者名，点击"author"，可以检索出 WHOLIS 数据库中收录的此作者的全部文献。

二、美国国立卫生研究院

美国国立卫生研究院（National Institutes of Health，NIH）创建于 1887 年，隶属于美国卫生部，是国际著名的生物医学科研机构，有 27 个研究所及研究中心。NIH 主要支持生物医学领域的基础性研究和临床研究，如分子生物学、基因研究、预防、诊断和治疗各种疾病和残障等。NIH 除了大力开展院内科研外，还支持国内外各大学、医学院校、医院、研究机构和企业的科研活动，为研究人员提供培训服务和基金。NIH 的研究课题是由科学家根据科学的发展提出申请和立项，由 NIH 组织评审来确定的。各国的科学家均可申请，申请成功的课题即可获得 NIH 的资金支持。

NIH 的网址为 http：//www.nih.gov/（图 6-9）。NIH 网上资源丰富，主页的导航有卫生信息、科研资助、新闻与事件、科研培训、NIH 下属机构网页的链接、NIH 介绍等。主页右上侧有一个关键词检索框，可以实现对 NIH 各网页信息的检索。

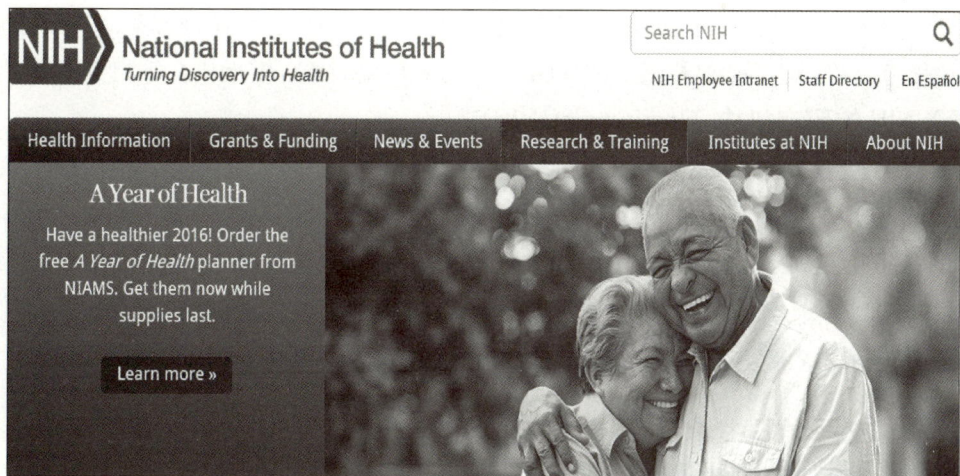

图 6-9 美国国立卫生研究院（NIH）主页

（一）卫生信息（Health Information）

提供 NIH 各种卫生信息资源，如疾病的字顺索引及分类主题索引、出版物信息、教育资源、临床试验资源、联邦卫生机构链接等。其中，临床试验信息（点击"NIH Clinical Research Trials and You"）是 NIH 在本国和全球范围开展许多疾病的临床研究试验，包括癌症、阿尔茨海默症、过敏和感染性疾病、神经失调等。要想了解有什么临床试验，可点击"Finding a Clinical Trial"，再选择美国临床试验数据库的网站链接"ClinicalTrails.gov"即可进入该数据库（图 6-10）。该数据库提供美国和其他 191 个国家进行的临床试验，目前收录了由 NIH、美国其他联邦机构和私营企业赞助的 205641 条临床试验信息。每条信息的内容有试验名称、试验主办单位、试验目的、试验内容、志愿者的条件、是否继续招收志愿者、联系信息等。该数据库提供简单的一框式检索（可使用逻辑组配）和可设置多种检索条件的高级检索（Advanced

NOTE

Search）功能，还可按试验主题浏览（See Studies by Topic）和按试验地浏览（See Studies on Map）。

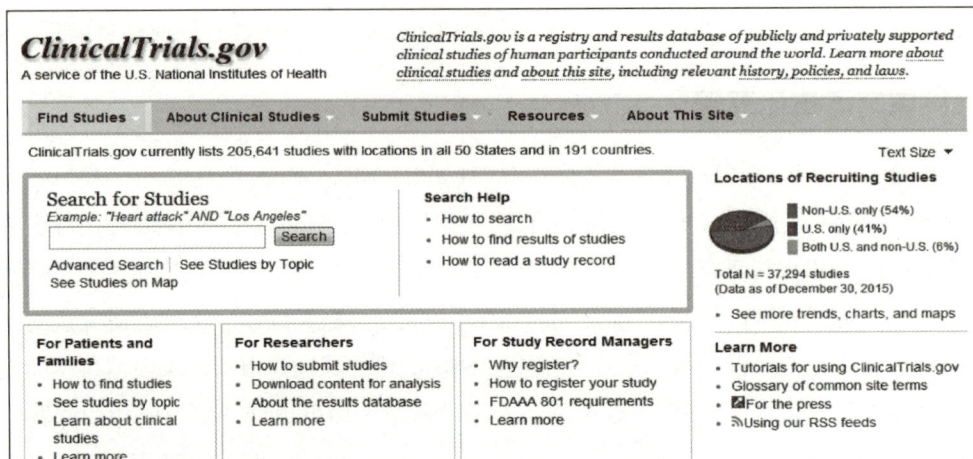

图 6-10　ClinicalTrails.gov 的临床试验数据库界面

（二）科研资助（Grants and Funding）

NIH 每年投入大量资金用于资助 NIH 院内研究项目和院外研究项目。2015 年，在 303 亿美元的 NIH 研究资金中，大约有 83% 的资金资助了 30 多万名研究人员。这些研究人员遍布美国各州及世界各地的 3000 多所大学、医学院和其他研究机构。NIH 科研资助页面有申请资助的相关信息介绍，还可通过检索"NIH Guide"查找资助政策、资助机会等相关信息。

（三）NIH 的研究机构（Institute at NIH）

提供 NIH 院长办公室及 NIH 下属 27 个研究所和中心的主页链接。有 NCI（National Cancer Institute，国立癌症研究所）、NEI（National Eye Institute，国立眼科研究所）、NHLBI（National Heart, Lung, and Blood Institute，国立心、肺、血液研究所）等，每个下属机构的网页提供丰富的信息，如相关专业的数据库、最新研究成果新闻、专业研究项目、本专业基础知识、统计数据、学术会议、临床试验信息、出版物及相关链接等。

三、美国国立医学图书馆

美国国立医学图书馆（National Library of Medicine，NLM）隶属于美国国立卫生研究院，是世界上最著名、最大的生物医学图书馆。馆藏 1900 多万册图书、期刊、手稿、视听资料及其他形式的医学资料，网上信息资源丰富多样，网址 https：//www.nlm.nih.gov/（图 6-11）。NLM 主页有卫生新闻、NLM 的新闻、站内检索等。网页左侧是多个数据库导航，右侧是"Find, Read, Learn"导航，提供特定目的查询的快速入口。有 Search biomedical literature（查找生物医学文献，点击则直接链接到 PubMed 数据库）、Find medical terminologies（查找医学术语，点击则可看到 MeSH、UMLS 医学术语的简介和链接）、Search NLM collections（检索 NLM 馆藏，链接到 NLM 的馆藏查询），Read about diseases（了解疾病，点击则链接到 MedlinePlus 的 Health Topics 专题）、Learn about drugs（了解药物，点击则可看到 Drug Information Portal、DailyMed 等数据库的链接）、Explore history（浏览历史，点击可查看 NLM 的历史介绍页面）、Find a clinical trial（查找临床试验，点击可链接到 ClinicalTrials.gov 数据库）、

NOTE

Use a medical dictionary（使用医学字典，点击则链接至 MedlinePlus 的 Medical Dictionary 专题）、Find free full-text articles（查找免费全文，点击则直接链接到 PubMed Central）。

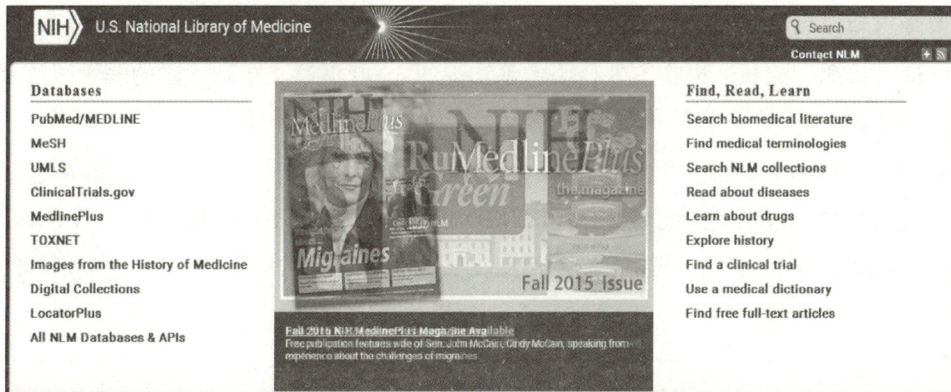

图 6-11　美国国立医学图书馆主页

主页左侧的 Databases 提供了 PubMed、Mesh、UMLS（Unified Medical Language System 一体化医学语言系统）等数据库资源链接，通过 All NLM Databases & APIs 可查看所有的数据库资源。

（一）MedlinePlus

MedlinePlus 是 NLM 创建的一个公众健康网站，以通俗的语言介绍疾病、症状及其他健康问题。用户可在网站上学习最新的治疗方案，寻找药物信息，了解专业术语，查看医学视频或图片，还可就感兴趣的疾病和相关主题找到最新医学研究的资源链接。MedlinePlus 的数据来自美国国立卫生研究院及其他可靠来源，收录 950 多种疾病资料，内容丰富，每日更新（图 6-12）。

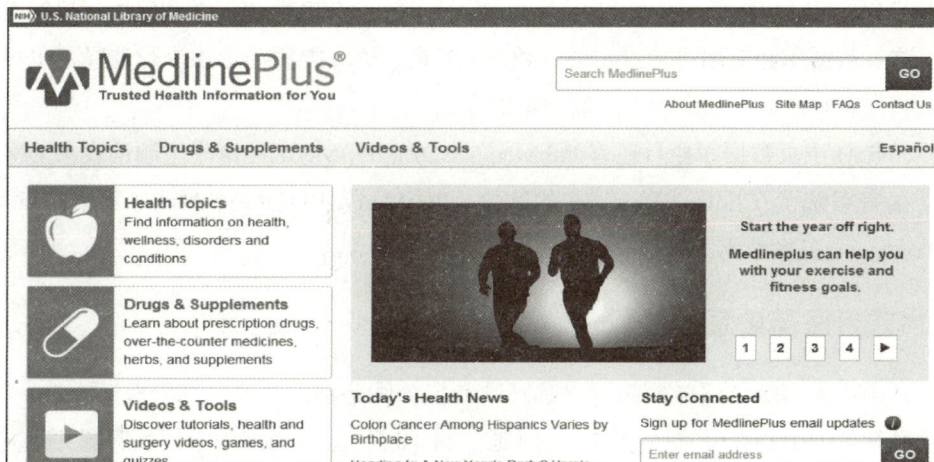

图 6-12　MedlinePlus 主页

1. 健康主题（Health Topics）　提供 950 多种疾病和健康问题的症状、病因、治疗和预防等相关知识。健康主题提供按字顺排列和分类浏览两种查找功能。

2. 药物信息（Drugs，Herbs and Supplements）　药物部分提供处方药和非处方药的相关信息，包括副作用、剂量、注意事项等，可按药物的通用名或商标名字顺查找。草药部分提供草药的有效性、剂量、药物相互作用等信息，按字顺排列。可以检索中草药，如人参（Asian

Ginseng）等。

3. 视频和工具（Videos & Tools） 按主题提供解剖、身体系统、外科手术程序、卫生新闻等视频及一些交互式的体检工具和健康小游戏。

4. 医学百科全书（Medical Encyclopedia） 提供《A.D.A.M 医学百科全书》在线检索，包括关于病证、检测、症状、损伤、外科手术等知识的 4000 多篇文章和大量的医学照片及图片。

（二）TOXNET

TOXNET 是涉及毒理学、危险化学品、环境卫生和有毒物质排放等相关内容的多个数据库组成的检索平台，包括危险物质数据库（HSDB）、有毒物质文献参考库（TOXLINE）、化学品词典（ChemIDplus）等 16 个数据库。TOXNET 提供多库检索和浏览功能，高级检索只针对单库检索。

（三）Images from the History of Medicine（IHM）

IHM（医学历史影像）提供在线检索 7 万多份数字化影像，这些数字化资源由超过 10 万份的 NLM 收藏转化而来。这些影像资料包括自 15～21 世纪医学社会历史方面种类广泛的视觉媒体，如美术、摄影、雕塑、海报等。

（四）Digital Collections

NLM 向全球免费提供生物医学数字化图书和视频资料等数字化馆藏。

（五）LocatorPlus

LocatorPlus 用于查找 NLM 馆藏，并且能指向藏馆位置，显示可用状态，帮助用户使用 NLM 的馆藏。NLM 的馆藏只提供馆内阅览，不提供外借服务。外借服务需通过参与 NLM 馆际互借的当地图书馆提供，因为 NLM 行使"图书馆的图书馆"职能，只提供馆际外借（图书和声像资料可借原件，期刊论文只提供复印件）。

（六）ALL NLM Databases & APIs

点击"ALL NLM Databases & APIs"，可进入 NLM 的 288 个数据库和应用接口的查找和链接页面。这些数据库和应用可通过主题、数据 / 工具、资源类型等选项进行选择，也可按字顺选择。字顺列表对数据库和应用有一些简单的介绍。

此外，NLM 主页数据库栏目还有 PubMed/MEDLINE、MeSH（医学主题词表）、UMLS（一体化医学语言系统）、ClinicalTrials.gov 的链接。PubMed/MEDLINE、MeSH 见第四章第一节，ClinicalTrials.gov 见本章第二节。

四、国内常用医药信息网站

目前，国内大型综合医学网站、专题网站和传统医药网站很多，如中医药在线、丁香园、公共卫生科学数据中心、爱唯医学网、医脉通、科学网等，为我国医学信息资源共享与传递做出了很大贡献。

（一）中医药在线

中国中医科学院中医药信息研究所研发的"中医药在线"（www.cintcm.com）多库融合检索平台——中国中医药数据库检索系统（http：//cowork.cintcm.com/engine/windex.jsp），汇集了多个数字化的中医药参考工具构成的事实型数据库及期刊文献数据库。该检索系统需购买才能使用，不提供免费检索。中国中医科学院中医药信息研究所自 1984 年开始进行中医药学大型数据库建设，目前数据库总数 40 余个，数据总量约 110 万条，包括中医药期刊文献数据库、疾病诊疗数据库、各类中药数据库、方剂数据库、民族医药数据库、药品企业数据库、各类国家标准数据库（中医证候治则疾病、药物、方剂）等相关数据库，提供全部数据库、期刊文献类、中药类、方剂类、药品类、不良反应类、疾病类、机构类、标准类及其他等类目分类导航（图 6-13）。

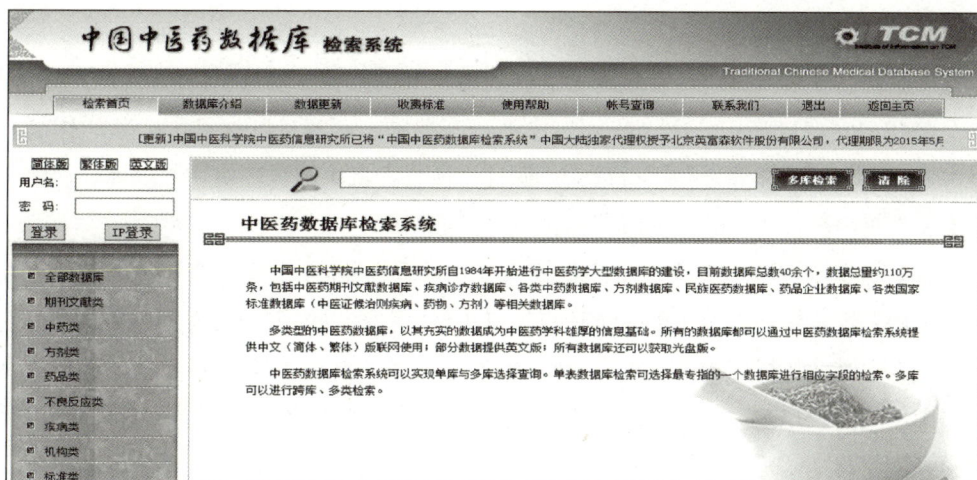

图 6-13 中国中医药数据库检索系统界面

中国中医药数据库检索系统是一个多类型的中医药数据库，所有的数据库都可通过中医药数据库检索系统提供中文（简体、繁体）版联网使用，部分数据提供英文版，所有数据库还可获取光盘版。中医药数据库检索系统可实现单库与多库选择查询。单库检索可选择最专指的一个数据库进行相应字段的检索。多库可进行跨库、多类检索。

1. 中药类数据库——中国中药数据库 收录中药 8173 种，综合参考《中华人民共和国药典》《中药大辞典》《中华药海》《中国药材学》《常用中药成分与药理手册》《中华本草》等权威工具书及专著，对每味中药进行了性味、归经、功效、主治、用法用量、产地、化学成分、药理作用、毒理学、炮制方法、药材鉴别等多方面描述，可通过中药的品名、汉语拼音名、英译名、拉丁名、功效、主治、产地、药理作用、化学成分、药材基原、毒理学、用法用量、服用禁忌等途径进行检索。中国中医药数据库检索系统还有中国中药药对数据库、中国中药化学成分数据库、中国藏药数据库、蒙药数据库、维吾尔药数据库、苗药数据库、傣药数据库、瑶药数据库等中药类数据库。

2. 方剂类数据库——中国方剂数据库 收录来自 710 余种古籍和现代文献中的古今中药方剂 84464 首，分别介绍每一方剂的不同名称、处方来源、药物组成、功效、主治、用药禁忌、药理作用、制备方法等方面的信息，可通过方名、别名、处方来源、药物组成、功效、主治、用药禁忌、药理作用等途径查询所需的方剂。中国中医药数据库检索系统还有方剂现代应用数据库。

3. 药品类数据库——中国中药新药品种数据库 收录自 1985 年以来国家批准的中药新药品种 3412 种，对每一中药新药的介绍包括正式名称、药品类型、药物组成、剂型、研究单位、所属省份、生产单位、生产单位省份、申请编号、申请日期、新药证书编号、批准文号、批准号、保护期、批件号、功效、主治、用法用量、不良反应、用药禁忌、注意事项、贮藏、有效期、制备方法、鉴别、检查、含量测定等，可分别从正式品名、药品类型、药物组成、剂型、研究单位、所属单位、生产单位、生产单位省份、新药证书编号、批准文号、标准号、批件号、批准日期、功效、主治等途径进行查询。中国中医药数据库检索系统还有国家药品标准化学药说明书、临床用药配伍指南数据库、中国藏药药品标准数据库、中药成方制剂标准数据库、中药非处方药数据库、中国药典数据库、中国国家基本药物数据库等药品类数据库。

4. 不良反应类数据库——疾病诊疗数据库　全面介绍疾病的中西医诊断治疗信息，共收录疾病 3776 种。疾病诊疗数据库根据多种中西医学权威著作制作而成，从中、西医学两个角度详述疾病的临床诊疗和基础研究，内容包含疾病的中英文名称、定义，中西医病因、病机、诊断、鉴别诊断和治疗等。可通过疾病的中英文病名、汉语拼音、别名、西医疾病分类代码、中医疾病分类代码、西医病因、中医病因、中医诊断标准、西医诊断标准、症状、体征、并发症、中医治疗、西医治疗等途径进行检索。此外，还有有毒中药合理应用数据库、药物不良反应数据库、有毒中药古籍文献数据库等不良反应类数据库。

5. 机构类数据库——中国医药企业数据库　收录国内 4044 家医药企业（以制药工业、中成药工业与中药饮片工业为主）的主要信息，其中经济指标以国家经贸委发布的信息为主。可通过企业名称、工业分类、企业规模、地址、省市、企业登记注册类型等途径进行查询。此外，还有中国 GMP 认证企业数据库、国外传统医学机构数据库等机构类数据库。

（二）丁香园

丁香园（http：//www.dxy.cn/）成立于 2000 年 7 月 23 日，是国内医学、药学、生命科学专业网站之一。网站面向专业医生、药剂师等医学专业人士，网站内容涉及专业医学知识和对医药产品的信息和讨论。目前，丁香园拥有丁香人才网、丁香通、丁香客、用药助手、丁香医生、PubMed 中文网、调查派、丁香会议等板块，汇聚超过 400 万医学、药学和生命科学的专业工作者，是生物医学工作者重要的信息交流和检索平台（图 6-14）。

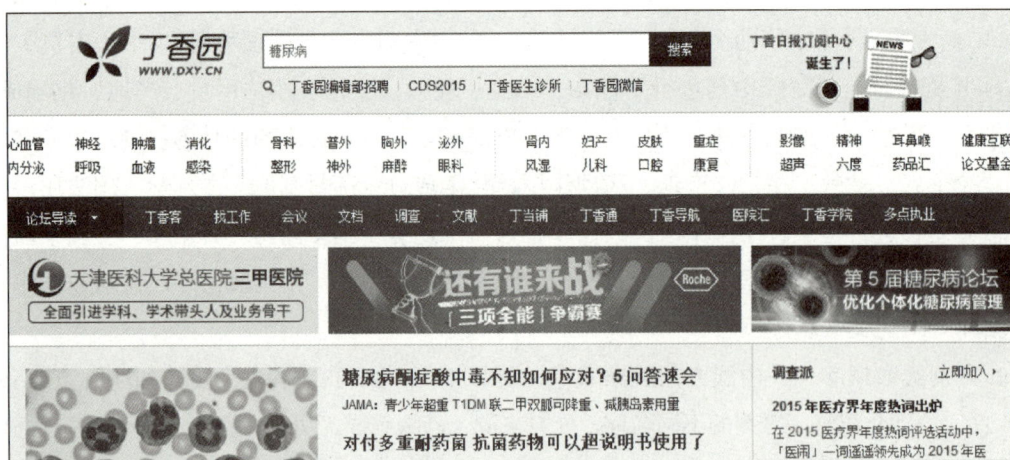

图 6-14　丁香园主页

1. 丁香园用药助手　收录了数千种药品说明书，可通过商品名、通用名、疾病名称、药理分类等多种形式迅速找到药品说明书内容。药品信息完全按照药品生产厂家说明书整理汇编，保证数据的规范和权威性。用药助手为临床医生、药师、护士和医疗人员提供便捷的药物信息查询工具。

2. 丁香园医药数据库（Insight China Pharma Data）　是一个综合搜索平台，能够实现智能检索，提供药品简报、企业简报、多种药品名称关联、可视化分析等功能。Insight 提供中国医药市场在研与上市药品全流程信息，实时监控进度变化，追溯研发与注册流程的时间线索，展示产品的产生过程；提供药物研发情报，涵盖药物研发领域的全部情报，监测每一个适应证的全球动态，跟踪在研产品的研发动向，避免侵犯已有的知识产权，不遗漏每一个重要的临床试验，及时获取有效的文献资源；提供政策市场情报，动态跟踪变革中的中国药品政策与市场信息，包括保障性药物市场、全球药品价格、产品市场动态、多角度政策与市场分析等。

3. 丁香园论坛　分为 5 个临床讨论区、基础医学和生命科学讨论区、药物讨论区、实验讨论区、公共卫生与预防医学讨论区、科研与学习交流区、考试交流区、检索知识与求助区等多个板块，是医学、药学、生命科学专业人士获取最新进展、交流专业知识的网络平台。

4. 丁香园搜索　是专业的医学、医疗、药学、生命科学知识搜索引擎。搜索内容涵盖医学内容搜索、丁香园论坛搜索、丁香人才网职位搜索、试剂耗材搜索、丁香博客搜索、最新资讯等。

5. 丁香导航　专业的医学导航，目前已收录数千个医学网站，提供最简单、便捷的医学导航服务。

6. 丁香无线　丁香园开发了很多实用的 APP 应用，在丁香无线可免费下载使用，如用药助手、丁香园、医学时间、丁香医生、执考助手——掌上题库、执考助生——教材数表编、医学深造、西综题库、医药调查派、医药大词典等。

（三）公共卫生科学数据中心

公共卫生科学数据中心（http：//www.phsciencedata.cn/Share/index.jsp）由中国疾病预防控制中心开发，提供公卫数据库和公卫百科供用户在线检索及下载。公卫数据库有传染性疾病、慢性非传染性疾病、健康危险因素、生命登记、基本信息等 60 多个数据库。公卫百科是开放的网络公共卫生平台，包含丰富的健康知识，提供搜索词条和按词条字顺浏览等功能。

（四）爱唯医学网

爱唯医学网（http：//www.elseviermed.cn/）是爱思唯尔医学网站的简称，由世界领先的科学、技术和医学信息产品和服务提供商创建。该公司基于与全球科技和医学界的合作，每年出版超过 2000 种期刊，包括《柳叶刀》《细胞》等世界著名期刊，还出版近 2 万种图书，包括 Mosby、Saunders 等著名出版品牌的参考工具书。爱唯医学网宣称是中国与世界医学界的桥梁，提供各类医学信息。期刊类有爱思唯尔精选全文、中国作者重要发表、精选文摘等，还提供《柳叶刀》中文版、《消化内镜杂志》中文版等爱思唯尔出版的期刊中文版信息。

（五）医脉通

医脉通网（http：//www.medlive.cn/）是面向医疗工作者提供医学最新资讯、医学文献、医学交流、诊疗知识库、医学资源共享的专业学术性网站，旨在为医生的工作、科研、学习、讨论、知识分享等提供一站式信息服务，以节省医生的宝贵时间。主要功能和服务有临床指南，包括所有科室的国内外临床指南、解读、翻译，免费下载。以疾病为核心的诊疗知识库包括 6 大知识轴、30 个字段、百余关键点。期刊文献精选 200 多本医学期刊，提供权威、前沿、免费的精华医学文献。

（六）科学网

科学网（http：//www.sciencenet.cn/）由中国科学院、中国工程院、国家自然基金委、中国

NOTE

科学技术协会主管,《中国科学报》社主办,主要为用户提供快捷、权威的科学新闻报道,丰富、实用的科学信息服务,以及交流互动的网络平台,目标是建成最具影响力的全球华人科学社区。科学网提供包括生命科学、医学科学、化学科学、地球科学等学科的科学信息服务。

【思考题】

1. NLM 主页提供的数据资源有哪些?其中适合查找毒理学的数据库资源是什么?适合普通公众使用的数据库资源是什么?

2. 临床试验数据库有何作用?

【练习题】

一、在世界卫生组织（WHO）网站查找

1. 用 WHO 全球卫生观察站数据存储库查找 2011～2013 年中国的麻风病发病数（Leprosy-number of reported cases）。

2. 用 WHO 信息共享数据库（IRIS）查找并下载 1 篇世卫组织出版的有关传统医学（Traditional medicine）的文献。

二、在美国国立卫生研究院（NIH）网站查找

1. 流感（flu）的相关信息。

2. 用美国临床试验数据库（ClinicalTrials.gov）查找阿尔茨海默病（Alzheimer disease）在纽约（New York）开展的临床试验项目。

三、在美国国立医学图书馆（NLM）网站查找

1. 使用 MedlinePlus 查找大蒜（garlic）的相关信息。

2. 通过 MedlinePlus 的 Drugs & Supplements 查找药用植物颠茄（Belladonna）的相关信息。

第三节　网上免费开放获取资源

一、概述

（一）开放获取定义与发展

开放获取译自英文"Open Access",简称 OA,又译作开放存取、开放共享、开放访问、开放阅览等,起源于 20 世纪 90 年代,国际学术界、出版界、图书情报界为了推动科研成果,利用互联网自由传播而兴起的运动,是将同行评议过的科学论文或学术文献放到互联网上,使用户可以免费获得,而无需考虑版权或注册的限制,目的是促进科学及人文信息利用互联网进行广泛交流与出版,提升科学研究的公共利用程度、保障科学信息的长期保存,提高科学研究的效率。

（二）开放获取的特征

1. 作者付费出版,读者免费使用。

2. 通过网络获取。

3. 读者可获取全文，而不仅是文摘。

4. 作者和版权所有者授予全世界所有的读者免费、永久地获取、复制传播、向公众展示作品、传播派生作品、以合理的目地将作品复制到任何形式的数字媒介上的权利，以及用户制作少数印本作为个人使用，版权协议允许文章被转载和再使用，只要注明出处即可。

5. 开放获取期刊经由同行评议，质量较高。

（三）开放获取的主要实现途径

1. 开放获取期刊（Open Access Journals） 出版提供开放获取的杂志，或者将原有杂志改造为开放获取的杂志。

2. 开放获取仓储（Open Access Repository） 对于有版权，但出版社允许进行自存储（self-archiving）的作品，作者可放到开放获取仓储中，如论文、专著等。对于没有版权的作品，作者可直接放到开放获取仓储中，如讲义、PPT 等。

3. 个人网页 对于有版权但出版社允许进行自存储的作品，作者可放到个人网页上。对于没有版权的作品，作者可直接放到个人网页上。

4. 公共信息开放使用 如专利或标准文献等提供开放获取。

二、开放获取期刊

开放获取期刊是一种论文经过同行评审、网络化的免费期刊，全世界的所有读者从此类期刊上获取学术信息将没有价格和权限的限制，编辑评审、出版和资源维护的费用无需用户承担，而由作者本人或其他机构承担，包括新创办的开放获取期刊和由原有期刊改造转变而来的开放获取期刊。

开放获取期刊根据期刊的开放程度分为完全开放获取期刊、延时开放获取期刊和部分开放获取期刊。完全开放获取期刊是指期刊在出版的同时即全部免费获取，即全刊免费，如《British Medical Journal》（BMJ，《英国医学杂志》）。延时开放获取期刊是指期刊出版一段时间后再通过互联网为用户提供免费服务，时滞短则 1 个月，长则两三年，即过刊免费，如《Journal of Virology》（《病毒学杂志》）。部分开放获取期刊是指同一期期刊中，只有部分文章为用户提供免费服务，如《Journal of the American Medical Association》（JAMA，《美国医学会杂志》）。

开放获取期刊根据出版形式分为纯网络版电子期刊和平行出版两种。纯网络版电子期刊（Electronic-only）是指完全依托计算机、网络和通信技术编辑、出版和发行的期刊，不发行印刷本。此种期刊内容新颖，表现形式丰富，如 BioMed Central 在线出版的系列期刊。平行出版物是指出版印刷版的同时，将期刊全部或部分卷期的全文发布于网上，供免费使用。其主要内容与印刷版相同，但利用网络和计算机技术增加了许多服务功能，如检索结果和内容的超文本链接，读者交流，相关学科的网站或资料的介绍，利用电子邮件发送最新卷、期、目次的期刊目次推送服务（E-mail alert）等，如《Cancer Research》（《癌症研究》）杂志。大部分开放获取免费电子期刊属于后者。

据 ISI 发布的相关报告显示，开放获取期刊的种数，就学科领域而言，最多的为医学、生命科学，其次是物理、工程技术与数学、化学，社会科学和人文科学较少，增长也比较缓慢。主要开放获取期刊可通过以下平台获取。

NOTE

（一）HighWire Press（http：//home.highwire.org 或 http：//highwire.stanford.edu/）

1995 年由斯坦福（Stanford）大学图书馆分支机构 HighWire 出版社创建，收录的文献以生物医学为主，还包括自然科学、人文科学、社会科学等学科。共收录 1700 多种学术期刊和数千种学术书籍，提供 234 多万篇免费全文。除了免费全文，HighWire 还收录了大量收费全文，达 400 多万篇。在 Researchers 页面下点击"Search HighWire-hosted journals now！"按钮，进入检索页面（图 6-15），默认高级检索，提供题名、出版商和主题 3 种浏览法。

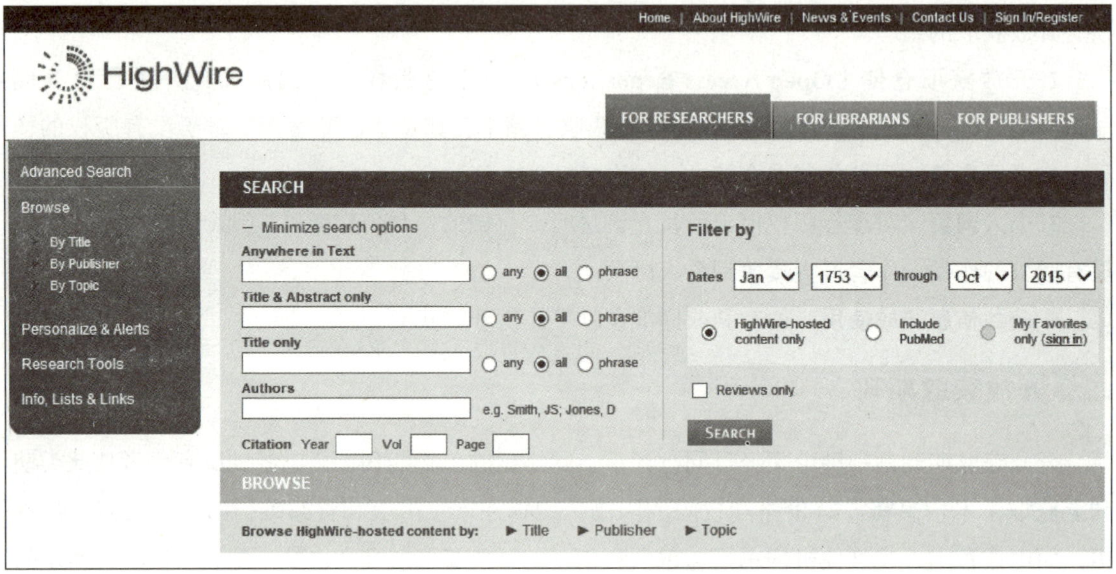

图 6-15　HighWire 的检索界面

1. 高级检索　提供 all（逻辑与）、any（逻辑或）和 phrase（精确检索）3 种匹配方式，在检索词间使用空格默认的是 all 的关系。若检索策略比较复杂，在检索式中也可使用布尔逻辑运算符 AND、OR、NOT 和引号""。检索入口有全文、题名、题名或摘要、作者。作者检索遵循姓在前用全称、名在后用缩写的规则，若是多作者检索，中间用分号。Citation 一栏可输入文章的年代、卷期和页码，检索范围有 4 种选择：① HighWire-hosted content only，只在 HighWire 中检索。② Include PubMed，检索包括 PubMed 在内的所有文献。③ My Favorite only，限定在自己设定的期刊中检索，只针对注册用户。④ Reviews only，只检索综述文献。另外，还可限定检索结果的年代范围，可回溯检索至 1753 年。

高级检索的检索结果（图 6-16）显示，每条记录的信息有文献类型、标题、作者、期刊名、卷期、页码等。左侧有来源期刊的封面，若为免费全文，期刊封面下一般有 this article is FREE 的标志，如图 6-16 第 4 条记录。右边的链接有 Abstract（查看文摘的链接）、full text（链接到 HTML 文本格式全文）、PDF（链接到 PDF 格式全文）。文章是否免费还可通过 Full Text 和 PDF 后有无标注价格进行判断，如图 6-16 第 2 条结果也可免费获取全文。Find more like this 可链接到类似的文献。结果显示可选择 standard（标准）或 condensed（压缩）格式，默认为标准格式。结果排序方式有 best match（相关度）或 newest first（时间）排序，默认为相关度排序。点击页面的 Create Alert 按钮可以创建跟踪检索服务，系统将当前检索策略保存，有新的检索结果时反馈给用户的邮箱，前提是免费注册用户才能享受这项服务。

NOTE

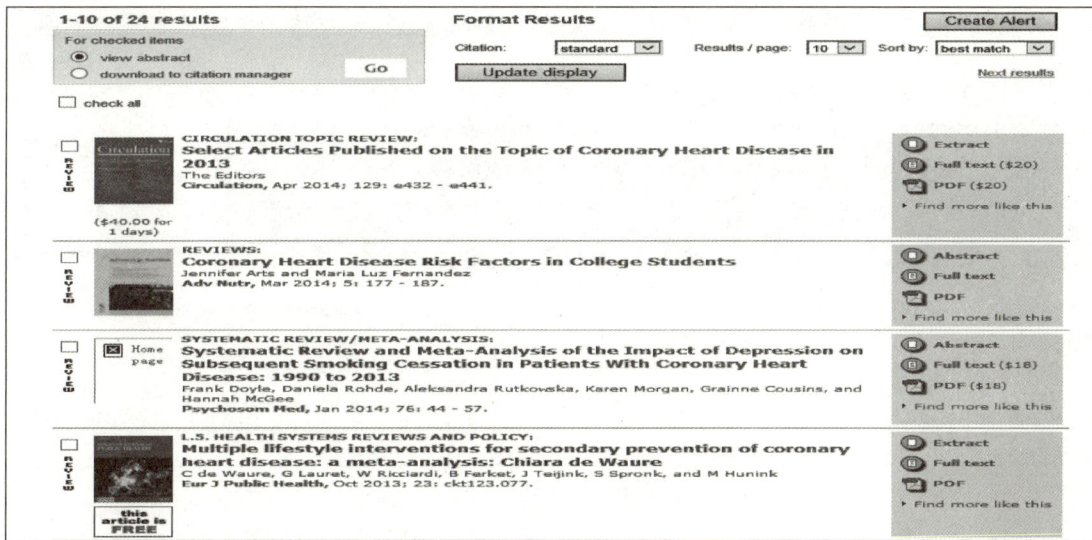

图 6-16　HighWire 的检索结果界面

2. 浏览法　提供题名、出版商和主题 3 种方式浏览。

题名浏览法依据期刊刊名字顺浏览。出版商浏览法依据出版商的字顺浏览，每个出版商下面列出了该出版商被收录进这个网站的电子期刊。主题浏览法依据主题分类进行浏览，共分五大类生物学、人文科学、医学、自然科学、社会科学，下分下位类目，类目前有 "+" 号的表示还有下级类目。点击每一个子类目，不仅能查看到这个子类目的下级类目，还可浏览与这个子类目相关的所有期刊刊名。点击具体期刊后的 info 可查看该期刊的出版社信息、联系方式、ISSN 号、影响因子等信息。刊名后还有 "Free ISSUES" "Free TRAIL" 或 "Free SITE" 标注。"Free ISSUES" 表示过刊免费，"Free TRAIL" 表示免费试用，"Free SITE" 表示全刊免费，未标注的是收费期刊。目前，HighWire Press 全刊免费的有 109 种，过刊免费的有 280 种，免费试用的期刊有 28 种。点击刊名链接便可进入该电子期刊的网站浏览期刊文献或者检索。

（二）PMC（PubMed Central，http：//www.pubmedcentral.org/ 或 http：//www.pubmedcentral.nih.gov/）

PMC 由美国国立医学图书馆（NLM）的国家生物技术信息中心（NCBI）于 2000 年创建，是一个提供生命科学期刊文献的全文数据库，并在全球范围内免费使用，所有文献的浏览、检索、下载均无需注册。PMC 是 PubMed 数据库中免费全文的重要来源。

PMC 现收录有 1582 种全刊免费期刊、297 种 NIH 资助的期刊，以及 2758 种部分免费期刊，共有文献 320 多万篇。提供关键词检索和期刊刊名浏览。注册用户能享受 E-mail Alert 服务，通过 E-mail 自动获取 PMC 新刊通报。

1. 关键词检索　检索方法与 PubMed 基本相同，有基本检索和高级检索，主页（图 6-17）的检索框为基本检索，点击 Advanced 可进行高级检索。高级检索界面设置和方法也与 PubMed 相似。检出结果有文章标题、作者、刊名、卷期、页码及 PMCID，点击记录下的 Full text 链接浏览以网页形式（HTML）显示的全文，PDF 链接可浏览 PDF 格式的全文，Abstract 可浏览摘要。检索结果的 "Links" 提供该文献在 NCBI 其他数据库中的链接，部分文献有 Referenced Articles（参考文献）链接和 Cited in PMC（在 PMC 中被引用情况）链接。

NOTE

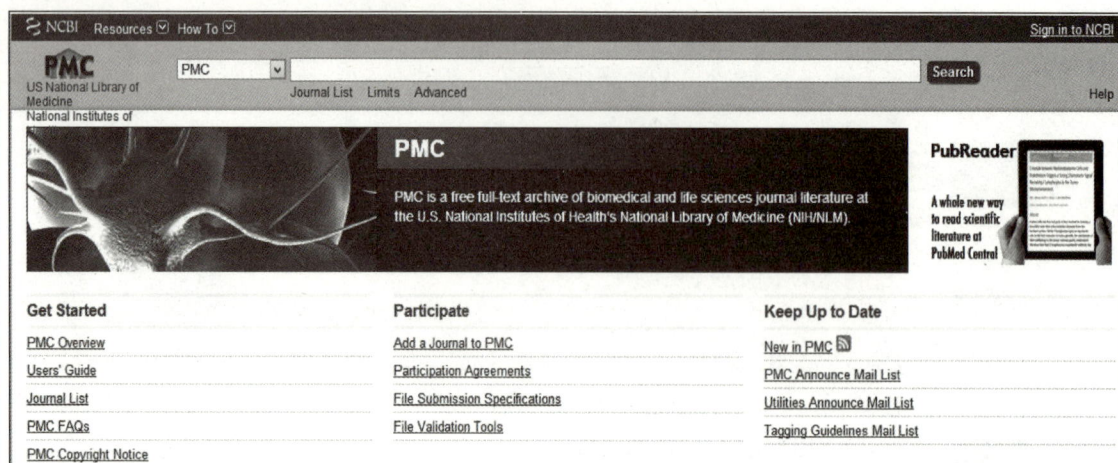

图 6–17 PMC 主页

2. 期刊浏览 Journal List 为 PMC 的期刊浏览途径（图 6–18），依据刊名字顺浏览或检索框输入部分或完整刊名查找某一具体期刊。通过期刊浏览可查看到的期刊信息有 ISSN 号、刊名（若刊名有变动，会标注新旧刊名）、被收入 PMC 的起始卷期、该刊出版多久后免费，以及是否可以链接到其出版商的网站等信息。查找期刊文章可通过两种方式：①点击刊名，可浏览到这一期刊被收录的每一卷期，然后选择具体的卷期即可浏览到这一卷期的所有文章。②通过刊名前的 search 按钮对某一具体期刊进行关键词检索。

Search this Journal	ISSN	Title	Volumes in PMC Latest	Volumes in PMC First	Free Access	Participation Level
	1550-7416	The AAPS Journal (v.1;1999)	v.16(5) Sep 2014	v.6 2004	12 months or less	Full
	1530-9932	AAPS PharmSciTech	v.15(5) Oct 2014	v.1 2000	12 months or less	Full
	1948-7193	ACS Chemical Neuroscience	v.5(8) Aug 20, 2014	v.1 2010	12 months or less	Full
	1948-5875	ACS Medicinal Chemistry Letters	v.5(10) Oct 9, 2014	v.1 2010	12 months or less	Full
	1672-9145	Acta Biochimica et Biophysica Sinica	v.45(8) Aug 2013	v.41 2009	12 months	NIH Portfolio
	2052-5192	Acta Crystallographica Section B, Structural Science, Crystal Engineering and Materials	v.70(Pt 5) Oct 1, 2014	v.69 2013	12 months	NIH Portfolio
	0907-4449	Acta Crystallographica Section D: Biological Crystallography	v.70(Pt 10) Oct 1, 2014	v.55 1999	12 months	NIH Portfolio
	1600-5368	Acta Crystallographica Section E: Structure Reports Online	v.70(Pt 9) Sep 1, 2014	v.64 2008	Immediate	Full

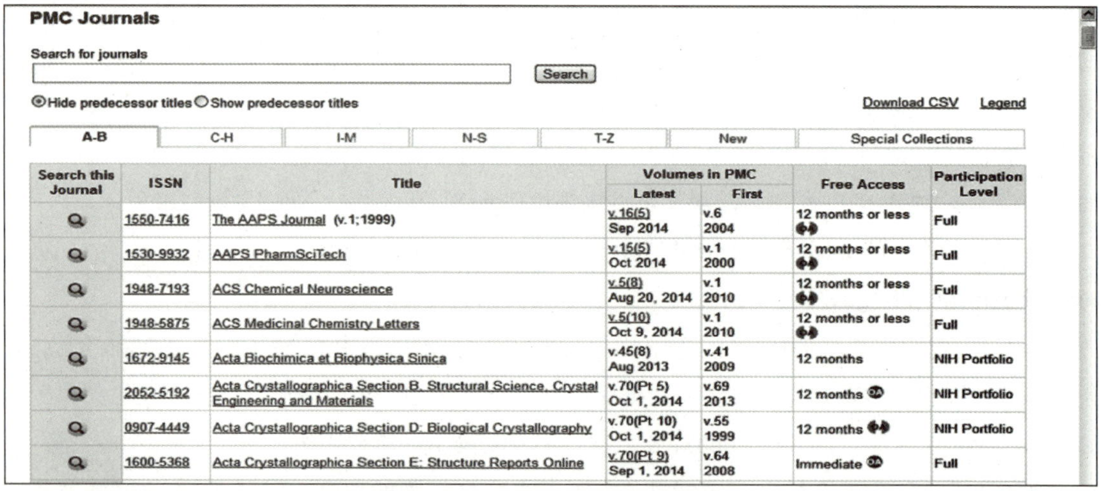

图 6–18 PMJ 的期刊浏览界面

（三）Free Medical Journals（http：//www.freemedicaljournals.com/）

Free Medical Journals 是一个提供免费全文医学期刊目录服务的网站，通过链接到具体期刊网站检索或者链接到 PubMed 收录的该刊所有文献，有 4000 多种医学免费电子期刊。检索途径仅浏览法，提供 5 种浏览方式主题、影响因子、免费获取时间、刊名字顺、语种。按照主题浏览时，每个主题标注了收录的所有期刊数和同时被 ISI 收录的期刊数，对具体期刊著录的信息有期刊语种、ISSN 号、影响因子、免费范围，注明 Free 的期刊表示全刊免费。

（四）BioMed Central（http：//www.biomedcentral.com/journals）

BioMed Central（BMC）以出版网络版期刊为主的出版商，在其网站上发表的所有研究文章都即时存档并进入 PubMed Central 的文献索引。该站点的资源全部免费，由作者本人独立拥有文章版权。目前出版 272 种生物学和医学领域的期刊，收录有文章 7000 多篇，少量期刊同时出版印刷版。

（五）DOAJ（Directory of Open Access Journals，http：//www.doaj.org）

DOAJ 是由瑞典 Lund 大学图书馆创建和维护的一个随时更新开放获取期刊列表的网站，于 2003 年 5 月正式发布，可提供刊名、国际刊号、主题、出版商、语种等信息。目前有 135 个国家的 10028 种开放获取期刊，均为高质量的学术性期刊，涵盖农业和食物科学、生物和生命科学、化学、历史和考古学、法律和政治学、语言和文献等 16 学科主题，其中 5878 种期刊提供全文检索，包括 1747296 篇文章。

（六）Socolar（http：//www.socolar.com/）

Socolar 为中国教育图书进出口公司开发的资源整合平台，旨在为用户提供开放获取资源检索和全文链接服务，为非营利性项目。收录开放获取期刊 11000 多种，其中健康科学的开放获取期刊 2382 种。提供的检索途径有期刊学科分类浏览、字顺浏览，文章基本检索和高级检索。

（七）其他

1. Open J-Gate 电子期刊（http：//openj-gate.org/）　有超过 4000 种的科研性 OA 期刊，其中超过 1500 种期刊是有同行评审的学术性期刊，可链接到全文百万余篇，且每年新增全文 30 万篇左右。

2. American Chemical Society（美国化学学会 /ACS，http：//www.acs.org/）　是 ACS 建立的电子期刊全文资料库，提供该学会出版的 31 种电子期刊。

3. 英国医学杂志（BMJ，British Medical Journal）出版集团期刊（http：//journals.bmj.com/）　以编辑出版创刊于 1840 年的综合性医学杂志《英国医学杂志》为主体，同时编辑出版 40 多种医学杂志，对发展中国家免费提供期刊全文。

4. Wiley Online Library（Wiley 在线图书馆，http：//onlinelibrary.wiley.com/）　提供 1500 种期刊的超 400 多万篇文献，以及 15000 多在线书籍等，学科范围包括农业、动物学、经济学、金融学、数学、统计学、工程、计算机科学、保健学、人文学、法学、生命和自然科学、医学、社会科学及行为科学等。部分期刊提供免费全文。

5. John Hopkins 大学韦尔奇医学图书馆电子期刊专栏（http：//www.welch.jhu.edu/）　共有 5000 多种电子期刊，还有 400 多种数据库和 1300 多种电子书，提供关键词检索、刊名字顺浏览，查询结果中有［free］的可免费获取全文。

6. 发展中国家联合期刊库（http：//www.bioline.org.br/）　非营利的电子出版物服务机构，提供来自发展中国家（如巴西、古巴、印度、印尼、肯尼亚、南非、乌干达、津巴布韦等）的开放获取期刊的全文。

三、开放获取仓储

开放获取仓储不仅存放学术论文，还存放其他各种学术研究资料，包括实验数据和技术报告等。主要分两种类型：①由机构创建的机构资料库或者机构知识库（Institutional Repositories，IR）。②按照学科创建的学科资料库（Disciplinary Repositories，DR）。OA 仓储一般不实施内容方面的实质评审工作，只要求作者提交的论文基于某一特定标准格式（如 Word 或 PDF），并符合一定的学术规范。典型的开放获取仓储有以下几种。

（一）DigiNole Commons 仓储（http：//dscholarship.lib.fsu.edu）

DigiNole Commons 为佛罗里达州立大学的各个院系及其研究人员提供自我存档和自我管理研究成果和教学资料。从存储对象看，不仅存储论文的预印本，而且涉及其他几乎任何基于电子格式的学术内容，包括工作文档、技术报告、会议录、实验数据、电子演示文稿、多媒体文件和简单的网络文献，提供基本检索、高级检索、学科分类浏览、学院部门浏览、出版类型浏览等多种检索途径（图 6-19）。

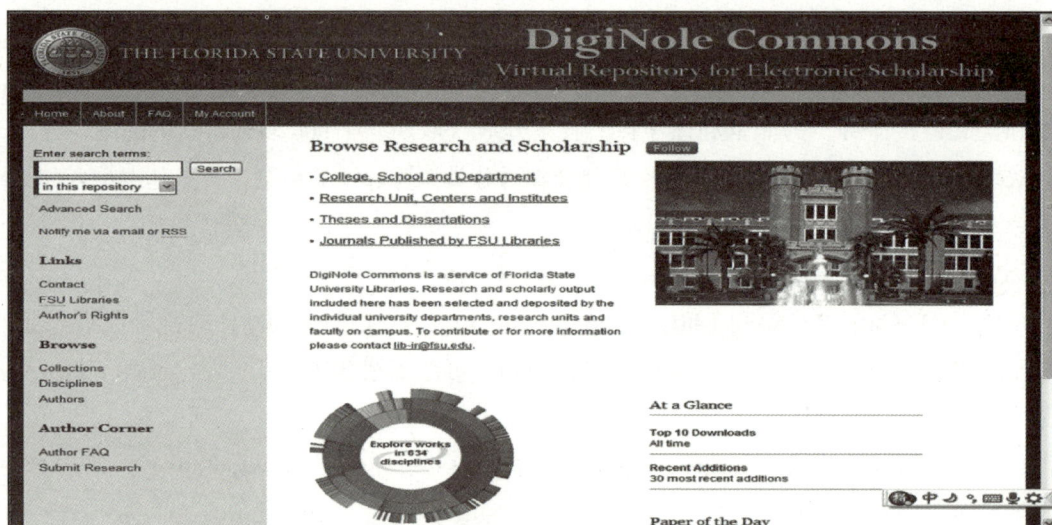

图 6-19　DigiNole Commons 主页

（二）arXiv.org（http：//www.arXiv.org）

arXiv.org 是由美国国家科学基金会和美国能源部资助，在美国洛斯阿拉莫斯（Los Alamos）国家实验室建立的电子预印本（Preprint）文献库，是一个专门收集物理学、数学、计算机科学和生物学学术论文电子预印本的开放访问典藏库。预印本是指科研工作者的研究成果还未在正式刊物发表，而出于与同行交流的目的自愿通过邮寄或网络等方式传播的科研论文、科技报告等文章。与刊物发表的论文相比，预印本具有交流速度快、利于学术争鸣、可靠性高的特点。arXiv 预印本文献库是基于学科的开放获取仓储，旨在促进科学研究成果的交流与共享。目前包含物理学、数学、非线性科学、计算机科学和量化生物 5 个学科共计 17 万篇预印本文献。研究者按照一定的格式将论文进行排版后，通过 E-mail、FTP 等方式，按学科类别上传至相应的库中。arXiv 电子印本文档库没有评审程序，不过同行可以对文档库的论文发表评论，与作者进行双向交流。论文作者在将论文提交 e-print arXiv 的同时，也可将论文提交学术期刊正式发表。论文一旦在某种期刊上发表，在 e-print arXiv 中的该论文记录中将会加入文献正式发表的期刊卷期信息。目前，世界各地共有 arXiv 的镜像站点 17 个，方便世界各国研究人员随时调用其中的文献。在中国的站点位于中科院理论物理研究所（http：//xxx.itp.ac.cn）。有基本检索、高级检索和分类浏览等方式。

（三）OpenDOAR（http：//www.opendoar.org）

OpenDOAR 是由英国的诺丁汉（Nottingham）大学和瑞典的伦德（Lund）大学图书馆在

NOTE

OSI、JISC、CURL、SPARC 欧洲部等机构的资助下于 2005 年 2 月共同创建的开放获取机构资源库、学科资源库目录检索系统，用户可通过机构名称、国别、学科主题、资料类型等途径检索和使用这些知识库，包含各种免费资源，有期刊论文、会议论文、学位论文、技术报告、专利、学习对象、多媒体、数据集、工作论文、预印本等。

（四）中国科技论文在线（http：//www.paper.edu.cn）

中国科技论文在线是经教育部批准，由教育部科技发展中心创建的科技论文网站，每日更新，可为在网站发表论文的作者提供该论文发表时间的证明，并允许作者同时向其他专业学术刊物投稿，以使科研人员新颖的学术观点、创新思想和技术成果能够尽快对外发布，并保护原创作者的知识产权。文章包含各种学科，目前已有纸本期刊出版，文章的来源从网站中选择。提供基本检索、高级检索、学科浏览等方式查看论文。

（五）中国预印本服务系统（http：//prep.istic.ac.cn/）

中国预印本服务系统于 2004 年 3 月 15 日正式开通，是由中国科学技术信息研究所与国家科技图书文献中心联合建设的以提供预印本文献资源服务为主要目的实时学术交流系统，是国家科学技术部科技条件基础平台面上项目的研究成果。系统主要收藏的是国内科技工作者自由提交的预印本文章，提供分类浏览和关键词检索，能实现浏览全文、发表评论等功能。

（六）其他

1. 剑桥大学机构库（http：//www.dspace.cam.ac.uk/） 由剑桥大学图书馆（Cambridge University Library）维护，提供剑桥大学相关的期刊、学术论文、学位论文等电子资源。

2. 密西根大学论文库（http：//deepblue.lib.umich.edu/） 包含美国密西根大学论文库两万多篇期刊论文、技术报告、评论等文献全文，包含艺术学、生物学、社会科学、资源环境学等学科的相关论文，另还有博、硕士论文。标识有 OPEN 的可以打开全文。

3. 加利福尼亚大学机构库（http：//repositories.cdlib.org/escholarship） 提供加利福尼亚大学研究成果，可按不同学校浏览和检索资源。

4. 麻省理工学院机构库（http：//dspace.mit.edu/） 存储了麻省理工学院很多电子版资源，包括预印本、技术报告、工作论文、学位论文、会议文献、图像等。大部分可以免费下载全文。

5. 厦门大学学术典藏库（http：//dspace.xmu.edu.cn/dspace/） 主要用来存储厦门大学教学和科研人员具有较高学术价值的学术著作、期刊论文、工作文稿、会议论文、科研数据资料，以及重要学术活动的演示文稿等。主要目的在于长期保存厦门大学的学术成果，方便校内外及国内外同行学者之间的学术交流、评议、知识共享等，展示厦门大学学术成果，加快学术传播，提高学术声誉，促进电子出版和公开获取运动。提供关键词基本检索和高级检索，提供学院、研究所、专集、作者、题名、主题等浏览途径。

6. 香港科技大学科研成果全文仓储（http：//repository.ust.hk/dspace） 由香港科技大学图书馆用 Dspace 软件开发的一个数字化学术成果存储与交流知识库，收录由该校教学科研人员和博士生提交的论文（包括已发表和待发表）、会议论文、预印本、博士学位论文、研究与技术报告、工作论文和 PPT 演示稿全文。可通过全文、作者、题名、主题、ISSN/ISBN 等进行检索，检索结果可以依据格式、作者、主题、杂志等缩小结果范围。

7. 香港大学学术库（http：//hub.hku.hk/） 收录了 1941 年以来的 1.7 万余篇港大授予的

硕士和博士论文，包含艺术、人文、教育，以及社会科学、医学和自然科学各学科，主要为英文论文，部分为中英双语或只用中文。

目前，除了期刊、会议论文、学位论文等开放获取资源外，网络上还有不少开放获取课程等。由于网站资源是不断变化的，因此还可使用 Google、百度等搜索引擎了解最新一些资源站点，或者借助一些收集开放获取资源的网站，比如 OA 图书馆（http：//www.souoa.com/）进行浏览和检索。

【思考题】

1. 何为开放获取？开放获取的特征和实现途径有哪些？

2. 开放获取仓储如何分类？

3. 比较 PMC 与 PubMed、HighWire Press 与 Free Medical Journals 的不同特点。

【练习题】

一、在 HighWire Press 中查找

1. 有关阿司匹林（Aspirin）治疗心衰（Heart failure）方面的文献。

2. 查找 Shou — Dong Lee 发表的关于乙肝（hepatitis B）诊断方面的全文文献，并查找作者的工作单位。

3. 根据刊名途径查找期刊 bone & joint research 中有关类风湿性关节炎（rheumatoid arthritis）的文献，并下载一篇文献的全文。

二、在 Free Medical Journals 中查找

1. 利用学科浏览途径查找有关营养方面的免费电子期刊共有多少种？其中多少种被 ISI 收录？

2. Journal of Cell Science 的免费范围。

三、在 PMC 中查找

1. 用基本检索查找有关腱鞘炎（tenosynovitis）治疗方面的全文。

2. 利用刊名浏览途径查找期刊 International Journal of Health Geographics 被收录的年限和免费开放情况，并浏览最新 1 期文献的 1 篇综述文献，下载其 PDF 格式全文。

3. 有关肺癌免疫疗法（immunotherapy）方面的全文文献。

第七章　图书馆信息资源共享与利用

　　信息资源共享是文献信息机构按照互利互惠、互补余缺的原则，在一定范围内进行信息资源建设的协调和分享，通过资源协调采集、合作编目与编制联合目录、集团订购数据库、馆际互借、文献传递服务等形式实现，构建各具特色、资源互补、有机组合的一体化信息资源体系。

　　我国的文献资源共建共享有 3 个大系统，即由教育部组织建设的"中国高等教育文献保障体系"（CALIS）、由科技部牵头组织的"国家科技图书文献中心"（NSTL）、由文化部组织规划建设的"中国图书馆信息网络工程"。

第一节　电子图书检索

　　电子图书是相对于传统纸质图书而言的、数字化的、以电子形式存储在各种介质中，以数字形式发行、传播和阅读的图书。与传统的印刷图书相比，电子图书具有存储信息量大、检索功能强、下载传输方便等优点。常用的有超星数字图书馆、方正 Apabi 电子图书、Wiley Online Library Ebooks、Springer LINK 电子图书等。

一、超星数字图书馆与读秀学术搜索

（一）超星数字图书馆

　　1. 资源简介　超星数字图书馆是中文电子图书资源库，收录了 1950 年至今 100 多万种 160 万册的图书原文（每天更新），2015 年更新图书 10 万册。按照《中国图书馆分类法》分为医药卫生、生物科学、文学、政治法律、历史地理、数理科学和化学、天文学地球科学等 22 个大类，其中生物科学、医药和卫生类图书超过 7 万种。

　　2. 检索方法　超星数字图书馆提供分类浏览、快速检索和高级检索 3 种途径（图 7–1）。

　　（1）分类浏览　超星数字图书馆首页左侧有分类列表，分医药卫生、生物科学等 22 个大类，点击分类展开下级类目，点击下级类目，页面右侧呈现分类下的所有图书。

　　（2）快速检索　提供书名、目录、作者和全文检索 4 个检索入口，还提供二次搜索功能。检索结果可按照出版日期和书名首字母升序排列。

　　（3）高级检索　提供书名、作者、主题词和中图分类号 4 个检索字段，多个检索选项，还可限定出版时间进行精确检索。检索结果可按照出版日期和书名升序排列。

　　3. 图书阅读　超星电子书有超星主站和镜像站点两种访问平台，提供网页阅读、阅读器阅读、下载到本地 3 种阅读方式。随着信息技术的发展，还有 PC 端阅读、iPad 客户端和安卓客

NOTE

户端，供移动终端用户随时随地获取图书资源。用户还可通过"我的图书馆"栏目注册账号，收藏超星数字图书馆资源，整理归类，创建个人数字图书馆。

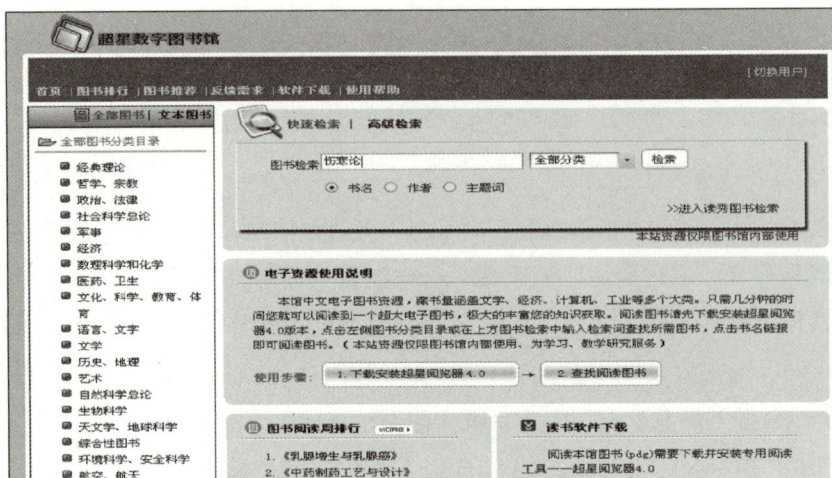

图 7-1　超星数字图书馆的检索界面

（二）读秀学术搜索

1. 资源简介　读秀学术搜索由超星数字图书馆开发，是一个由海量全文数据和元数据组成的超大型数据库。为用户提供深入到图书章节内容的全文检索、部分文献的原文试读，以及查找获取报纸、期刊论文、人物、学术视频等各种类型学术文献的一站式检索系统，是一个集成式的学术搜索和文献服务平台。

（1）特点

1）整合不同类型资源，一站式检索　以中文图书为主，整合了图书、期刊、学位、会议、视频、报纸、人物、会议论文、人物、讲座多种不同类型的学术资源，以及图书馆纸质馆藏、中文电子图书、电子期刊等各类学术异构资源，实现一站式检索，节省检索时间。

2）深度揭示内容，阅读多途径　较传统的图书 MARC 数据管理更加深度地揭示内容。除提供书名、出版社、出版日期、ISBN 号等基本图书信息外，还提供前言页、版权页、目次页及部分正文页等更为丰富的原文试读。通过试读，用户能够清楚地判断是否是所需的图书。

3）检索深入到章节和全文，实现基于内容的检索　读秀突破了传统图书检索模式的局限，检索不止步于书名和作者、主题词等 MARC 字段，而是围绕关键词深入章、节、页，直至全文之中进行检索。

4）多途径获取资源，建立了远程文献传递平台　整合了图书的出版状况、网络购买信息、馆际互借等多种获取资源的途径于同一平台上，提供多种获取资源的捷径。

（2）收录范围　收录了 420 万种中文电子图书的题录信息和 275 万种中文图书原文，并将电子图书原文拆分成 13 亿页的资料、2.5 亿条目次。另外，还收录了 5000 万条期刊元数据、2000 万条报纸元数据、100 万个人物简介、1000 万个词条解释等一系列学术资源。

2. 检索方法

（1）基本检索　进入读秀首页（图 7-2），默认知识检索状态，在全文范围内检索。输入关键词，点击"中文搜索"，系统将在所有资源中围绕检索词深入章节进行信息查找，并搜索与关键词相关的扩展知识点，为用户提供围绕检索点的全面知识描述，使信息查找更为精准。

基本检索还提供二次检索功能。

　　2008 年起读秀新增加了"外文搜索"功能，直接输入英文关键词，点击"外文搜索"，系统将搜索相关的外文期刊信息，2011 年读秀将外文搜索功能集成到百链云图书馆中。

图 7-2　读秀主页面

　　（2）高级检索　点击图书检索上的"高级搜索"按钮，在检索框中可输入多个关键字进行精确搜索。高级检索可满足较为复杂的查询。

　　（3）检索结果页面

　　1）知识检索结果页面　中文搜索"三尖瓣"方面的文献，知识检索结果页面（图 7-3）显示的主体为来自中文图书全文的符合三尖瓣的原文条目。在同一页面，还同时有词条解释、相关的图书、相关的期刊论文、会议论文、网页信息、相关人物等围绕着"三尖瓣"的扩展信息，亦可将原文所在页面点击"PDF 下载"，下载 PDF 原文。

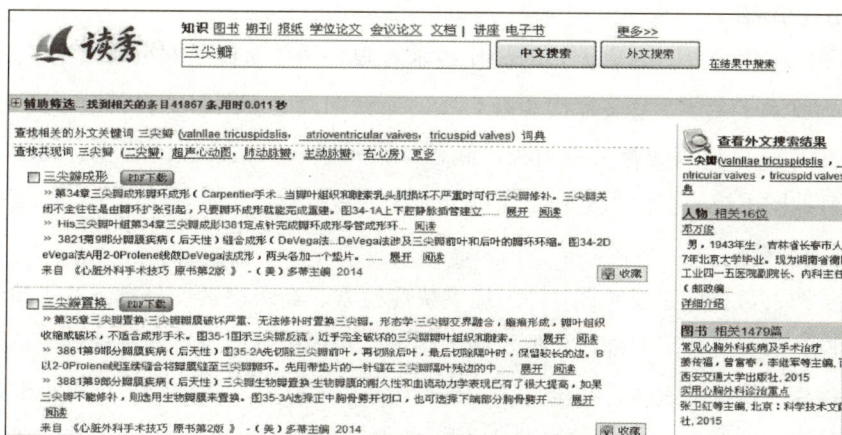

图 7-3　读秀的知识检索结果界面

　　2）试读原文　点击结果链接，进入该结果的全文试读页面。全文试读提供包括检索点所在页部分页原文试读，并可以在试读页面做页面的缩放、收藏、打印、选取文字进行编辑、查看本页来源等操作。在试读页面选择"资料来源"，点击书名，进入该书详细页面，可以获取该图书的更多信息。

　　3）展示图书的详细信息　点击图书封面或书名进入图书详细信息页面（图 7-4），可显示封面、题名、作者、出版社、出版时间、页数、主题词等详细信息。同一页面还提供主题词和作者链接，以查找与检索主题内容或同名作者相关的其他图书。在线阅读部分可链接点击试读，同时可以查看本书的书评及其他的类似图书。页面右上方将显示图书馆中的纸质图书和电子图书的馆藏信息，可以直接借阅馆藏或者阅读馆内电子图书全文。图书下载需先安装超星阅览器。

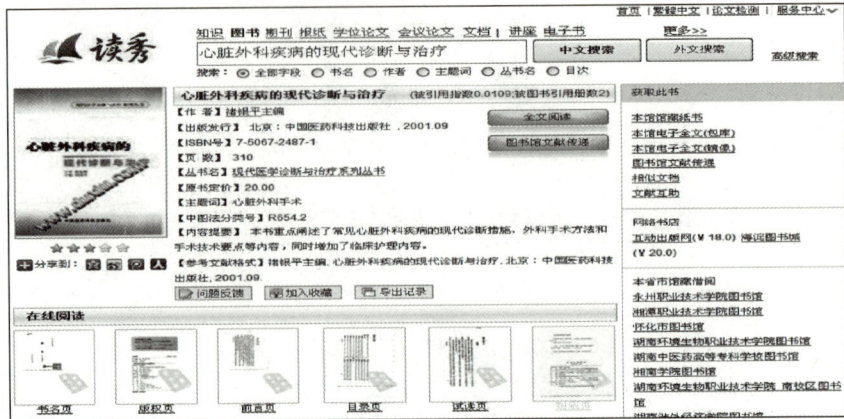

图 7-4　读秀的图书详细信息界面

4）文献传递　点击"图书馆文献传递"，进入参考咨询页面，用户只需填写需求范围页数和正确有效的电子邮箱，输入验证码，点击"确认提交"即可实现图书全文的远程传递，信息会返回到索求者个人信箱中。凡属于校园网上的电脑，申请全文传递图书单次可申请50页，允许每星期同一本书累计咨询量不超过全书的20%。所有咨询内容有效期为20天，不提供下载、打印服务。

二、方正电子图书检索

（一）资源介绍

方正电子图书资源库是北京方正阿帕比技术有限公司（简称"方正阿帕比"）数字出版物的核心资源，收录了全国500多家出版社出版的最新中文电子图书，在销电子图书达50多万种。其中，2007年后出版的新书占70%，涵盖社会科学、人文、经济管理、文学、科技等学科。除提供订购图书馆的在馆阅览外，还提供远程借阅服务。

（二）检索方法

方正电子图书数据库主页（图7-5）提供快速检索、高级检索、分类浏览等检索方式，还具有新书速递、人文科技图书推荐、编辑精选图书、热门图书周排行和月排行等不同板块。

1. 快速检索　快速检索执行在全部字段进行检索，直接输入检索词，即可得到检索结果。

2. 高级检索　高级检索页面可选择书名、作者、出版社、ISSN、目录等字段，选择逻辑关系 AND、OR，输入检索词，选择出版时间，执行检索，即可得到检索结果。

3. 分类浏览　方正电子图书数据库依据《中国图书馆分类法》进行分类，可根据需要，选择分类名，查看所选择类别包含的图书。

4. 检索结果浏览和全文阅读　检索结果页面提供按相关度排序、按出版时间排序等方式浏览图书。大部分图书提供封面页、书名页、版权页的浏览和全书内容的在线阅读。点击图书封面，进入该书详细信息页面，可查看图书摘要，利用目录可浏览并收藏图书的各部分内容，可对图书进行评价，同时可进行书内检索，查看浏览历史等操作。点击"在线阅读"，可直接阅读图书的电子全文，安装 Apabi Reader 阅读器后，点击"借阅"即可下载电子图书。

NOTE

图 7-5　方正电子图书资源库主页

三、《四库全书（电子版）》

（一）资源介绍

《四库全书》是乾隆皇帝亲自组织的中国历史上一部规模最大的丛书，内容十分丰富，分经、史、子、集四部分，部下有类，类下有属。1999 年推出《四库全书（电子版）》，收录了经典的 500 部作品约 1 万卷。中医药专业版是为配合用户研究中医学而设，内容包含 104 本共2250 卷中国医学经典著作，方便中医学的研读和利用。

（二）检索方法

有"作品集名称""编纂者姓名""卷章节标题"和"卷章节内容"4 种检索途径。检索结果显示页面从左至右为作品集名称、卷章节条目、正文内容。

【检索示例】检索张机所编纂的著作。

检索步骤：启动程序，显示检索主页面，点选"编纂者姓名"检索途径，在检索框中输入"张机"，点击查找按钮，得出检索结果（图 7-6）。在正文区拖动鼠标左键就可选定文字内容，再点击右键即可复制保存文档。

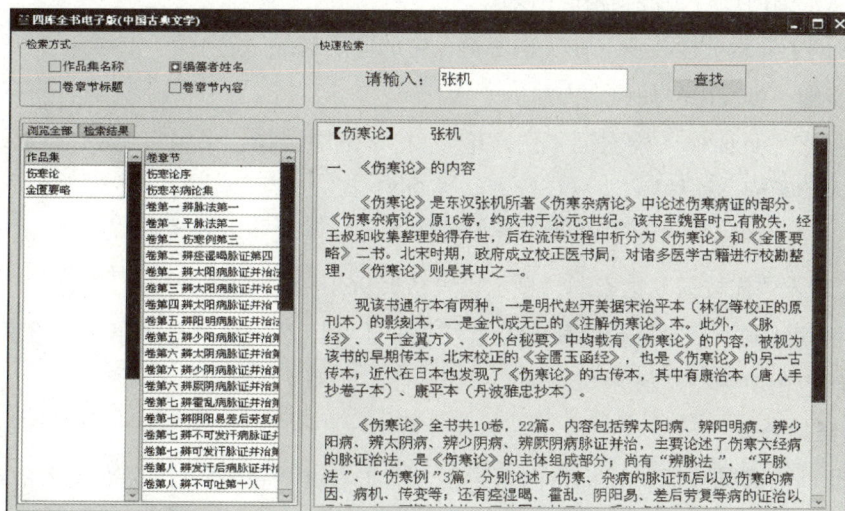

图 7-6　《四库全书（电子版）》的检索界面

NOTE

四、《中华医典》

（一）资源介绍

《中华医典》由中华中医药学会、湖南电子音像出版社等联合推出，是对中医古籍经过全面系统整理、字体简化、文字标点而制成的全文数据库，最新版本（第5版）收录了新中国成立前的中国历代医学古籍1156部，卷帙上万，4.5亿字，汇集了新中国成立前的历代主要中医著作，其中不乏罕见的抄本和孤本，是至今为止规模最为宏大的中医类电子丛书，被列为"九五"国家重点电子出版规划项目。

编排体例：《中华医典》按专业分类法将收入的历代中医古籍分为医经、诊法、本草、方书、针灸推拿、伤寒金匮、温病、综合医书、临证各科、养生食疗外治、医论医案、其他等12个大类60多个小类，条理清晰、经纬分明，涉及中医学的所有学科，大部分有影响的中医古籍均囊括其中，如长达800余万字的《普济方》，名贯中外的《本草纲目》等巨著均已收录。《中华医典》还设置了内容丰富的辞典，由"名医""名言""名词""名著""名药""名方"六个部分组成，收录了200多位古今名医的生平业绩，2500多条中医名言，6000多个中医名词术语，800多部名著内容，1200多味中草药生态、功用和彩色图谱，1000多种临床广泛应用的中成药药方及1000多个常用方剂。

（二）检索方法

该数据库提供"目录区""正文区"和"指定范围"3种检索方法和途径。

1. 对目录区进行检索　输入关键词，在"检索范围"中选择"目录"，点击"搜索"按钮，程序会找出所有包含关键词的目录，并给出提示，结果集中显示在目录区。

2. 对正文区进行检索　输入关键词，在"检索范围"中选择"正文"，点击"搜索"按钮，程序会找出所有包含关键词的正文，并给出提示。与目录区不同，正文区数据量非常大，检索耗时较长。

3. 对指定范围进行检索　《中华医典》以目录树的形式组织数据，目录树中的任何一点都可称为节点。节点有可能是一本书，有可能是一本书中的一个章节，也可能是一个分类。搜索可在指定节点范围内进行，得到精准结果。

【检索示例】检索"桂枝汤"在《伤寒论》中的应用情况。

1. 检索步骤　可使用两种检索方法。

（1）在检索主页面输入检索词"伤寒论"，检索范围选择"书名"，显示检索结果20条，确定后再输入检索词"桂枝汤"，显示检索结果9681条。

（2）在目录区选择"伤寒金匮类"节点，检索范围选择"正文"，勾选"从选中的节点中搜索"，直接输入"桂枝汤"检索词，显示检索结果9681条（图7-7）。

2. 阅读检索结果　目录区显示所有检索结果，正文区系统自动显示第1条检索结果全文，文中检索词红色色块标亮显示。

3. 检索结果处理

（1）导出　搜索结束后，鼠标指向目录区，点击右键"导出"，以标准文本格式导出搜索结果。

（2）保存　在正文区拖动鼠标左键就可选定文字内容，再点击右键即可复制。

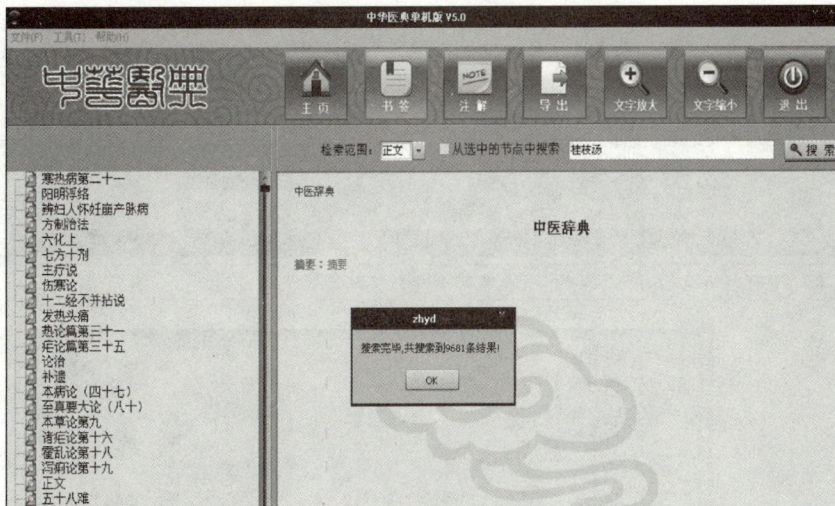

图 7-7　《中华医典》的检索界面

五、网络古籍数字资源

（一）古籍书目信息检索

中国中医科学院图书馆"馆藏中医古籍目录数据库"（http：//lib.cintcm.ac.cn：8001/）是全国馆藏中医古籍最为丰富的单位之一，现藏有中医古籍 5 千余种 6 万余册，著录了中医古籍的书名、作者、卷数、册数、版本等信息。

【检索示例】检索《针灸甲乙经》的版本信息。

检索步骤：进入中国中医科学院图书馆主页，打开"馆藏中医古籍目录数据库"，根据需求选择检索途径，输入"针灸甲乙经"，选择检索入口"正书名"，点击"检索"按钮，检索结果包括该书版本数量、卷数、著者、版本等，点击书名查看某一版本的详细信息（图 7-8）。

图 7-8　馆藏中医古籍目录数据库的检索结果界面

（二）全文检索（古籍全文数据库）

1. 书同文古籍数据库（http：//guji.unihan.com.cn/Permit/）　由北京书同文公司制作，包括《中医中药古籍大系全文库》《四部丛刊》《十通》等。其中，中医中药古籍大系全文库共汇集历朝各代经典中医中药著作 104 部，约 2200 万字。古籍全文按原书原版本格式进行电子编排，保留原书体例、字体、竖排形式。书同文古籍数据库获得用户授权后，可以直接通过 IE 浏览器访问其网站进行检索（图 7-9）。

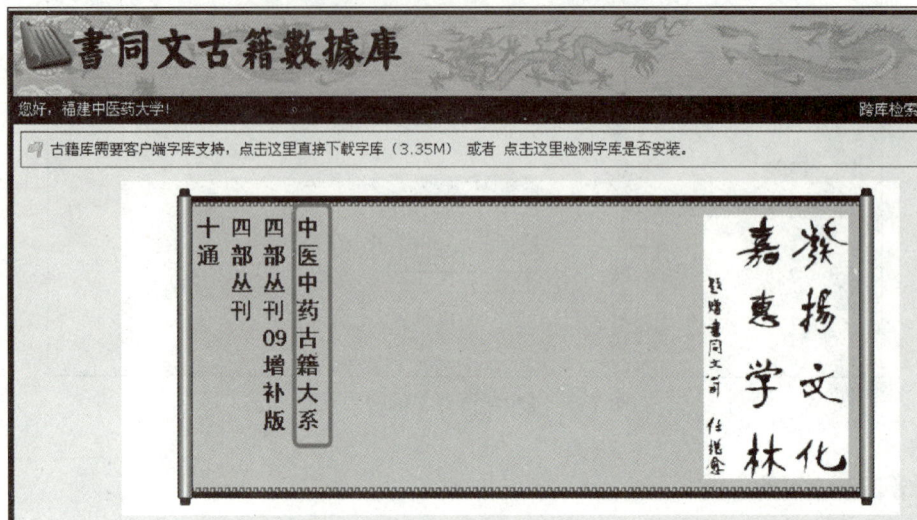

图 7-9　书同文古籍数据库主页面

（1）特点　书同文古籍数据库各个分辑可以独立检索，也可跨库检索，实现字字可查、句句可检的全文检索功能。检索页面和检索结果可以通过网络浏览器直接进行浏览和阅读，支持键盘输入和手写输入。在线工具丰富，任意字词复制、选词检索、图文放大镜、跳转等功能方便检索使用。

（2）检索方法

①关键词检索：支持选择的数据库内的关键词检索。

②跨库检索：支持同一个关键词在各库的跨库检索。

③当前书目检索：选择某一书名，如《针灸甲乙经》，输入的关键词仅限于本书的内容查找。

2.《中国基本古籍库》(全文网络版)　由北京爱如生数字化技术开发研究中心制作，是综合性大型古籍数据库，共收录自先秦至民国（前 11—20 世纪初）历代典籍及各学科基本文献 1 万种、16 万余卷，选用版本 12500 个、20 万余卷，其中中医药古籍 500 余种。每种典籍均制成数码全文，并附所据版本及其他重要版本之原版影像。合计全文 17 亿字、影像 1000 万页，数据总量约 320G。其内容包括哲科库（下设医学类）、史地库、艺文库、综合库等，是世界目前最大的中文数字出版物，也是中国有史以来最大的历代典籍总汇。

提供分类检索、条目检索、全文检索和高级检索 4 种检索途径，可进行全方位的快速海量检索，并可运用版本对照、字体转换、标点批注、分类收集、下载编辑、原文打印等 10 个研读功能。

3. 域外汉籍库（http://gj.reasonlib.com/）　是国内一家专业收录中国历史上流失到海外的汉文著述的数据库，收录范围包括域外抄录、整理、出版的汉文古籍。目前共收录海外汉籍珍本 3.4 万多卷，每年增加 1 万多卷，其中大部分为彩色影像。图像精美清晰，是研究中国古代历史文化的重要文献数据库。数据库将所有文献分为经部、史部、子部、集部、类从部、新学类 6 个大类，每个大类下又划分不同小类，其中子部医家类有书 175 种，数据库提供标题、人物、关键词、年代、出版地点、出版机构、全部等检索字段，可以精准、快捷地查询目标文献。

【练习题】

1. 查找潘卫三著《新药制剂技术》本校图书馆是否收藏其纸质图书？索书号是多少？还有哪些图书馆有收藏？并查找潘卫三个人简介及其所著的书籍目录。

2. 有关"药物制剂"的中文图书本校馆藏纸本图书有多少本？电子图书有多少本？其中《药物控释新剂型》的纸本图书在国内哪些图书馆有收藏？

3. 查找近 5 年我国出版的与《针灸甲乙经》相关的中文图书有多少种？

第二节　馆际互借与远程文献传递

一、概述

馆际互借是图书馆之间或图书馆与其他文献情报部门之间根据互相签订的协议，利用对方的馆藏文献满足读者需求的一种服务方式。馆际互借是一种返还式的文献提供服务，一般用于图书原书的外借。

文献传递是图书馆利用本馆或外馆的文献资源，将读者所需文献，通过电子邮件、网络即时通信工具、传真等方式提供给读者的一种服务方式。文献传递会收取一定的费用，是一种非返还式文献提供服务。

馆际互借和文献传递两种服务方式有助于实现馆藏资源的共享，增加图书馆的虚拟馆藏，一般在某一系统或某一地区组成的信息资源共享服务协作网络中实现，形成不同的馆际互借与文献传递系统。目前，国内最具影响力、与医学关系比较密切的馆际互借与文献传递系统有 CALLS、NSTL 等。

二、馆际互借与远程文献传递系统

（一）CALIS

CALIS（http：//www.calis.edu.cn/）是中国高等教育文献保障系统（China Academic Library & Information System）的简称，是经国务院批准的公共服务体系。CALIS 的宗旨是建设以中国高等教育数字图书馆为核心的教育文献联合保障体系，实现信息资源共建、共知、共享，为中国的高等教育服务。

CALIS 管理中心设在北京大学，下设文理、工程、农学、医学四个全国文献信息服务中心，华东北、华东南、华中、华南、西北、西南、东北七个地区文献信息服务中心和一个东北地区国防文献信息服务中心。迄今参加 CALIS 项目建设和获取 CALIS 服务的成员馆已超过 500 家。

1. e 读学术搜索引擎（http：//www.yidu.edu.cn/）　e 读学术搜索引擎选取 600 多家高校图书馆的几百万种图书、几千万篇外文期刊论文、百万篇中外文学位论文，以及图书馆珍藏的古籍、拓片等学术资源，提供有特色、高质量的全文学术资源。

NOTE

在 e 读学术搜索引擎主页面输入检索词，如"脾虚"，点击"检索"，即可得到检索结果。在检索结果页面（图 7-10），用户可利用左侧的限定显示范围、出版年、语种、类型、学科、收录数据库、收录馆等选项，对检索结果进行筛选。

图 7-10　e 读学术搜索引擎的检索结果界面

检索结果显示部分上方，用户可查看检索词"脾虚"的相关图片、英文注释及系统提供的相关检索词，点击"更多"，则进入以检索词"脾虚"为知识点的学知搜索页面，用户可查看"脾虚"的知识关联图谱，还可查看一些专指领域有关"脾虚"的期刊论文，帮助用户更好地理解"脾虚"检索词的含义。

检索结果显示页面下方，用户可以查看到检索结果的具体内容。对工具书条目、年鉴条目、报纸文章仅能看到题目，图书、期刊文章、学位论文可以查看题录及文摘。所有类型的文献在检索结果显示页面可直接进行文献传递。图书、期刊文章、学位论文还可通过点击题目，进入单篇文献显示页面，通过"借外馆纸书"和"文献传递"实现文献的馆际互借及文献传递。

2. e 得（易得）文献获取（http：//www.yide.calis.edu.cn/）　e 得文献获取是 CALIS 研发的为用户提供一站式服务的原文文献获取门户（图 7-11）。CALIS 成员馆的用户均可获得 e 得所提供的文献获取服务。主页提供的资源如下。

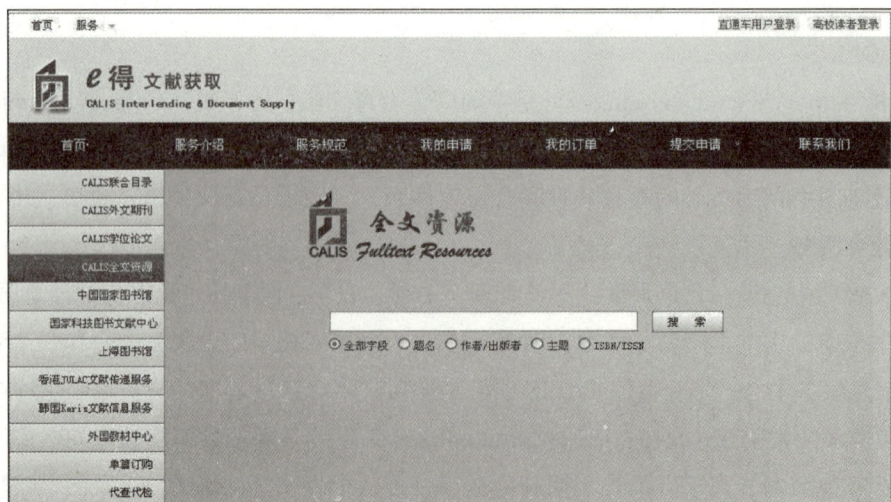

图 7-11　e 得（易得）文献获取主页面

（1）CALIS 联合目录　收录近 600 万种的书目信息，可查找高校成员馆馆藏图书情况，CALIS 成员馆可提供图书的部分章节复印服务。

（2）CALIS 外文期刊　收录 10 万多种纸质版和电子版的外文期刊，8000 多万的期刊篇名信息，面向全国高校师生提供中外文期刊论文检索和获取服务。

（3）CALIS 学位论文　收录 400 多万篇中外文学位论文，面向全国高校师生提供中外文学位论文检索和获取服务。

（4）CALIS 全文资源　收录 36 万种中文图书和 3000 多册外文图书，提供在线阅读和电子书借还服务。

CALIS 外文期刊、CALIS 学位论文、CALIS 全文资源也可通过 e 读学术搜索引擎进行检索。

（5）中国国家图书馆　国家图书馆作为国家总书库，是全球最大的中文文献保障基地和国内最大的外文文献收藏机构。国家图书馆文献提供中心作为全国馆际互借中心，与全国近 700 家文献信息提供单位建立了馆际互借关系，与 117 个国家和地区的 500 余家机构开展文献共享合作。CALIS 与国家图书馆的合作服务已经开通，高校读者通过本馆的图书馆用户账号，即可获得国家图书馆丰富的馆藏资源。

（6）国家科技图书文献中心（NSTL）　CALIS 与国家科技图书文献中心（NSTL）2012 年 3 月合作开通"NSTL 文献传递服务（高校版）"，高校读者可通过部署在本校的 CALIS 馆际互借系统，利用本校的图书馆用户账号，即可获得 NSTL 的文献。

（7）上海图书馆　上海图书馆馆藏丰富，门类齐全，拥有图书、报刊和科技资料近 5200 万册（件），其中外文期刊近 6000 种，外文图书 160 万册。CALIS 与上海图书馆合作，用户可通过 CALIS 获得上海图书馆的馆藏资源。

（8）外国教材中心　提供全国 13 个外国教材中心的外文教参馆藏信息（含书目、书评、封面、收藏馆等），总量达 20 多万册，覆盖了理、工、农、医各科的各类专业。

（9）单篇订购　即 Pay Per View，简称 PPV 服务。用户可对期刊中的文章进行单篇文献获取请求，用户实时付费。目前 CALIS 提供维普中文刊的 PPV 服务。

（10）代查代检　提供一种资源间接获取的服务方式。当用户无法查找到资源所在地时，可直接向本馆图书馆员提交代查代检服务申请。

3. CALIS 联合目录（http：//opac.calis.edu.cn/）　主要包括简单检索、高级检索、古籍四部类目浏览、检索历史、收藏夹、规范检索等功能。

（1）简单检索　用户可选择全面检索、题名、责任者、主题、分类号、所有标准号码、ISBN、ISSN 等字段，输入检索词，进行检索。

（2）高级检索　用户可选择字段，输入检索词，选择包含、前方一致、精确匹配等匹配方式，选择逻辑关系，并设置内容特征、语种、出版时间、资源类型等限制性条件进行检索，如"查找人民卫生出版社的《本草纲目》"（图 7-12）。

（3）古籍四部类目浏览　用户可利用古籍中的四部分类法（经、史、子、集），选择相应的分类查看，如从子部查找医学类的古籍。

（4）检索历史　用户可查看最近的 10 个检索表达式，关闭浏览器后，检索历史将清空。

（5）收藏夹　普通用户无法使用，有权限的用户可通过收藏夹保存检索式与记录列表、标注书签、添加和维护用户评论的功能。

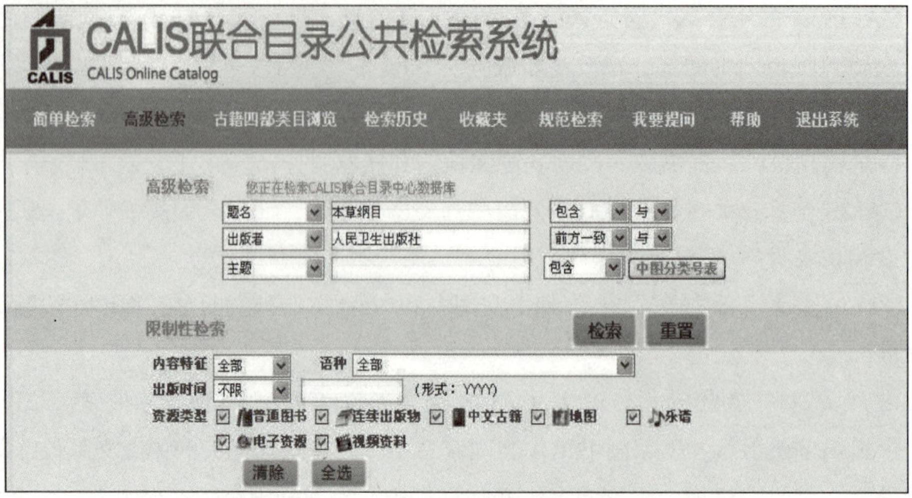

图 7-12　CALIS 联合目录的高级检索界面

（6）规范检索　用户可利用规范检索，实现包括中、西、日、俄文所有规范数据的检索。

（7）检索结果显示与查看　用户可通过左侧选项栏中的数据库、责任者、资源类型、丛编题名、学科分类、出版日期、语种等选项精简检索结果。检索结果显示栏中，用户可实现检索结果输入、加入收藏夹、排序、保存检索式等操作。每篇文献主要显示题名、责任者、出版信息、资源类型及最重要的馆藏情况。馆藏部分显示"Y"时，表明国内高校图书馆有收藏。单击文献题名，可进入单篇文献显示页面，查看单篇文献的详细信息。

点击"馆藏信息"，可查看到全国高校图书馆的收藏情况（图 7-13），如有需要，可通过馆际互借与文献传递进行获取。对于所属馆安装 CALIS 馆际互借系统的用户，点击"请求馆际互借"按钮，登录后进入申请信息页面，填写相应信息后点击"提交"即可发送馆际互借申请。如果用户所属馆没有安装 CALIS 馆际互借系统，可点击"发送 E-mail"按钮，采用 E-mail 方式向馆际互借员发出馆际互借申请。

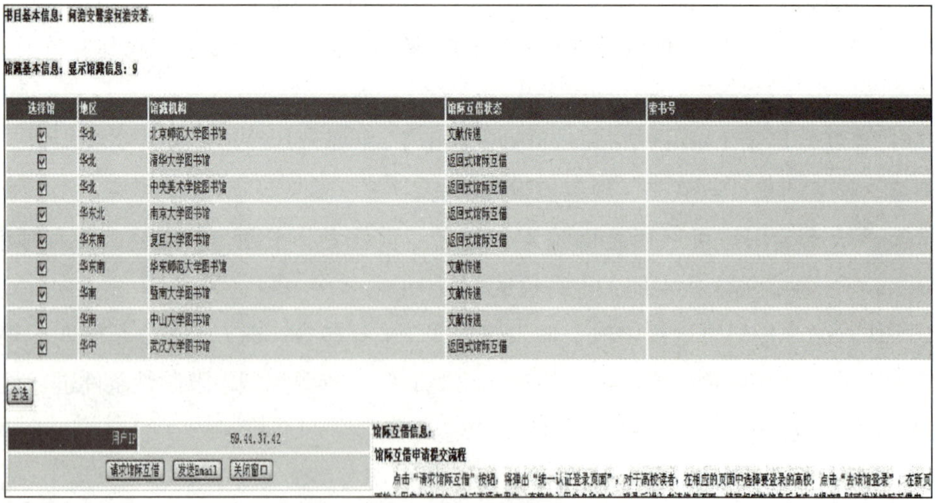

图 7-13　CALIS 的馆藏信息界面

（二）CASHL

CASHL（http：//www.cashl.edu.cn/）是中国高校人文社会科学文献中心（China Academic Humanities and Social Sciences Library）的简称，是在原教育部领导下，本着"共建、共知、共

享"的原则建设的为全国高校、哲学社会科学研究机构提供的综合性文献信息服务的文献保障服务体系，也是全国唯一的人文社会科学文献收藏和服务中心。

CASHL 的资源和服务体系由两个全国中心、5 个区域中心和 10 个学科中心构成，目前已拥有 781 家包括高校图书馆和其他人文社会科学研究机构在内的成员单位。

1. 资源发现　CASHL 将所有的资源，包括文章、期刊、图书、大型特藏、区域文献、电子资源、古籍、学科特色资源、国家哲社期刊、民国期刊、前瞻研究等整合到"资源发现"栏目下（图 7-14），用户可根据自身的需要进行检索，并实现电子全文下载，或通过馆际互借及文献传递获取全文。

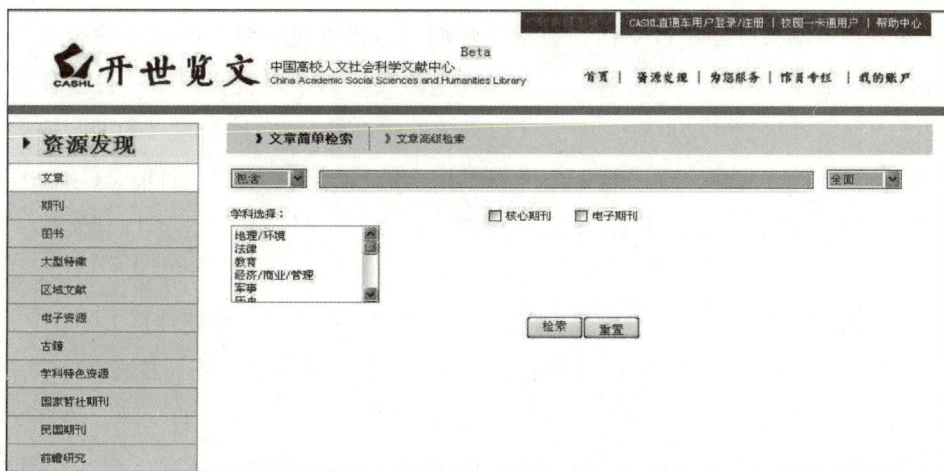

图 7-14　CASHL 的资源发现主页

（1）文章　收录了 CASHL 成员馆的外文期刊文献，可选择学科类别。

（2）期刊　收录了近 2 万种人文社会科学外文期刊，核心期刊 4505 种，提供目次的分类浏览和检索查询，以及基于目次的文献原文传递服务。

（3）图书　收录了 112 万种文科专款引进的印本图书和 34 万种电子图书，提供 70 所文科专款院校图书馆的人文社科外文图书联合目录查询。可按书名进行检索，或按书名首字母进行排序浏览，还可按学科分类进行浏览。

（4）大型特藏文献　特藏文献是被公认为具科研价值与收藏价值的珍贵文献，受其价格昂贵的限制，诸多高校图书馆无力购买收藏。为了满足全国人文社科科研人员的研究需求，弥补高校图书馆收藏的空白，CASHL 于 2008 年度开始大批购入特藏文献。首批引进大型特藏文献多为第一手的原始档案资料，涵盖历史、哲学、法学、社会学、语言学、经济学等多个一级重点学科，涉及图书、缩微资料、数据库等不同介质，系北大、复旦、武汉大学等知名学者强力推荐。可按题名进行检索，或按期刊首字母进行排序浏览，还可按学科分类进行浏览。

（5）区域文献　收录日文、俄文、韩文期刊，可按题名进行检索，或按期刊首字母进行排序浏览，还可按学科分类进行浏览。

（6）电子资源　收录 CASHL 购买的国外数据库，包括 JSTOR、PAO、Gale LRC、PsycARTICLES（期刊 / 全文），ECCO、EEBO、MyiLibrary、AHI、HUP Archive eBooks（图书 / 全文），Confidential Print：Middle East、Foreign Office Files for China（档案 / 全文），USCSS（综合 / 全文），AHN（报纸 / 全文）。这些数据库，用户大多可通过 CASHL 文献传递

服务获取所需文献。

（7）古籍（http：//rbsc.calis.edu.cn：8086/aopac/jsp/indexXyjg.jsp）　高校古文献资源库是在CALIS（中国高等教育文献保障系统）专题特色库项目之"高校古文献资源库"建设的基础上，进一步联合了包括香港中文大学、澳门大学在内的国内24家具有古籍馆藏特色、古籍馆藏丰富的高校图书馆，继续建设高校古文献元数据、书影与全文资源库。资源库于2012年4月建设完成。建成后的数据库，古籍书目元数据达到63万余条，书影图像22万余幅，电子图书近9万册。

（8）学科特色资源　收录两个全国中心、5个区域中心和10个学科中心自有特色资源，提供相关链接，供用户检索。

（9）国家哲社期刊　国家哲学社会科学学术期刊数据库是可供开放获取的中文全文数据库，目前收录精品学术期刊600多种，全文260余万篇。其中，包括国家社科基金遴选并重点资助的国内顶级社科期刊200种，中国社会科学院主办期刊78种。收入的期刊绝大部分为入选中国社会科学院、北京大学、南京大学三大评价体系的核心期刊。目前，CASHL直通车用户和一卡通用户都可通过CASHL主页检索浏览国家哲学社会科学学术期刊文献，并下载全文。

（10）民国期刊　收录了复旦大学、厦门大学、华东师范大学、福建师范大学、上海大学、绍兴文理学院、中国科学院上海生命科学信息中心生命科学图书馆7家图书馆的馆藏，包含民国期刊7000多种，涵盖诸多学科，内容广泛、多样、全面，涉及当时的文学、语言文字、社会科学、历史地理、教育、经济、政治、法律、哲学、宗教、军事、体育、艺术、图书情报、新闻、自然科学、数理化、医药卫生、农业、工业、交通运输等门类。CASHL用户可通过主页检索并发出文献传递申请，获得收藏馆提供的民国刊文献传递服务。

（11）前瞻研究　收录历年由CASHL经费资助的"新信息环境下CASHL资源与服务拓展设计研究"前瞻性课题结项报告，面向公众免费开放获取，希望国内外从事信息管理和信息服务相关研究人员从中受益。

2. 一站式检索　CASHL主页面可实现资源发现中的文章、期刊、图书、区域文献、大型特藏文献的一站式检索。用户可选择资源类型、学科、字段输入检索词，如"心理学"，实现简单查询（图7-15），也可利用高级检索选项，输入多个词进行检索。

图7-15　CASHL主页的一站式检索界面

在检索结果与浏览页面，用户可通过左侧语种、出版年、刊名、学科、作者选项筛选文献，也可利用上方检索框，输入检索词，进行二次检索（图7-16）。

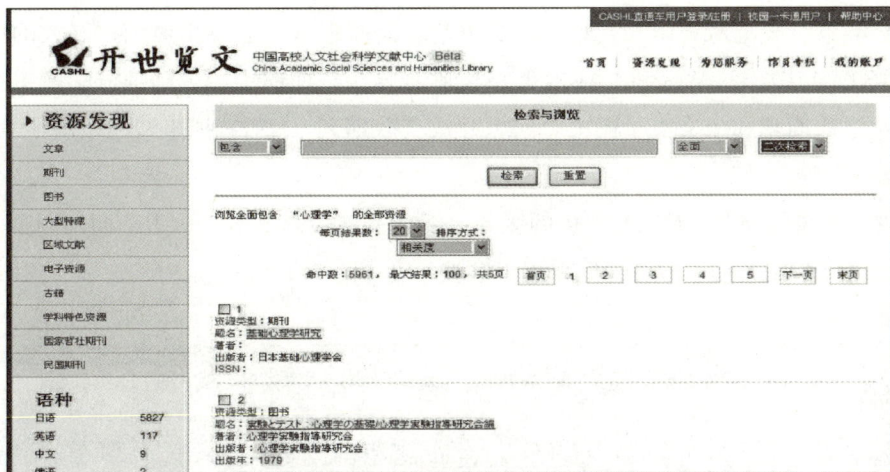

图7-16　CASHL的检索与浏览界面

用户单击文献名称，可看到文献详细内容及馆藏地址，点击"收费标准"，可查看CASHL馆际互借与文献传递收费标准明细，点击"我要部分章节"，注册用户支付一定的费用就可获取所需的文献。

（三）国家科技图书文献中心

NSTL（http：//www.nstl.gov.cn/）是国家科技图书文献中心（National Science and Technology library）的简称，是经国务院批准成立的一个基于网络环境的科技信息资源服务机构。中心由中国科学院文献情报中心、中国科学技术信息研究所、机械工业信息研究院、冶金工业信息标准研究院、中国化工信息中心、中国农业科学院农业信息研究所、中国医学科学院医学信息研究所、中国标准化研究院标准馆和中国计量科学研究院文献馆组成。

1. NSTL的资源组成　主要由印刷本文献资源和网络版全文文献资源两部分组成。

（1）印刷本文献资源　以文摘数据库的形式体现，可通过文献传递请求原文。主要包括以下内容。

1）西文期刊　收录1995年以来的1.3万多种学术期刊，每周更新。

2）外文会议论文　收录1985年以来世界各地出版的学术会议论文，每周更新。

3）国外科技报告　收录1978年以来的美国政府研究报告，每月更新。

4）日、俄文期刊　收录2000年以来的1266种日文、479种俄文的重要学术期刊。

5）外文学位论文　收录2001年以来，美国ProQuest公司博硕士论文资料库的优秀博士和硕士论文，每年更新。

6）国外标准　包含ISO、IEC、英国、德国、法国、日本标准。

7）中文期刊　收录1989年以来国内出版的4350余种期刊。

8）中文会议　收录1980年以来国内召开的全国性学术会议论文，每月更新。

9）中文学位论文　收录1984年以来国内高等院校的博士和硕士学位论文，每季更新。

10）中国国家标准　包括强制性标准和推荐性标准。

11）计量检定规程　收录1972年以来的计量检定规程、计量检定系统、技术规范及计量基准、副基准操作技术规范。

12）中外专利　北京恒和顿创新科技有限公司提供的中国、美国、英国、法国、德国、瑞士、日本、欧洲专利局、世界知识产权组织等七国两组织专利文献。

（2）网络版全文文献资源　包括 NSTL 申请、面向中国大陆学术界用户开放的国外网络版期刊。NSTL 与中国科学院和 CALIS 等单位联合购买，面向中国大陆部分学术机构用户开放的国外网络版期刊和中文电子图书。网上开放获取期刊，NSTL 拟申请网络版期刊的试用，NSTL 研究报告等。

2. NSTL 提供的服务　NSTL 提供的服务主要有文献检索、引文检索、期刊浏览、全文获取、代查代借、全文文献、参考咨询和预印本服务等（图 7-17）。

图 7-17　NSTL 主页

NSTL 申请和收集的文献信息资源绝大部分以文摘的方式，或以其他方式在 NSTL 网络服务系统上加以报道，用户可通过检索或浏览的方式获取文献线索，并可通过文献传递、代查代借等获取文献全文。用户必须注册为个人用户或公益／教育类集团用户后，方可享有文献传递、代查代借等服务。

3. NSTL 的文献检索　用户点击 NSTL 主页面上方菜单栏的"文献检索"按钮即可进入。NSTL 的文献检索包括普通检索、高级检索、期刊检索和分类检索。

以"普通检索"为例，用户选择字段，输入检索词，选择词之间的逻辑关系，选择数据库，设置查询条件即可进行检索。如检索"针灸（acupuncture）治疗中风（stroke）的外文文献"（图 7-18）。

在检索结果页面（图 7-19）上方显示各类型文献命中数量、检索条件、相关检索词等，用户可根据需要调整检索策略，进行二次检索或重新检索。在检索结果页面下方，用户可查看到命中文献的题录信息，点击篇名，可链接到该文献的详细内容页面。注册登录后，用户点击 ![按钮] 按钮，将需要的文献加入申请单，再点击 ![图标]，即可将需要的文献加入到收藏夹。

用户如需要申请全文，登录系统，选好需要的文献后，点击页面上方的 ![图标] 按钮，再次选择需要的文献，进入"全文申请"页面，设置好相关条件，填上相应内容，付款后即可通过文献传递直接获取全文。申请全文的具体操作，可参考 NSTL 主页的"帮助"。

图 7–18　NSTL 的文献检索界面

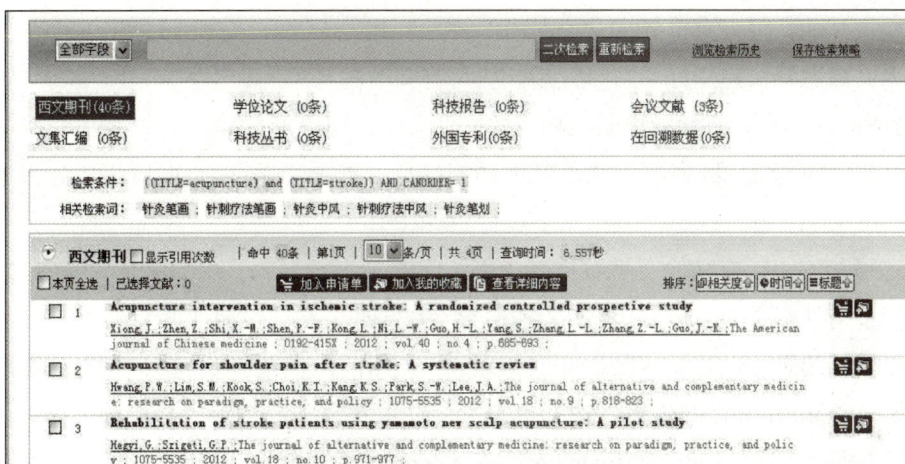

图 7–19　NSTL 的文献检索结果界面

第三节　文献利用与管理

文献利用与管理中，最重要的就是文献管理软件（Reference Management Software）的利用。文献管理软件又称为参考文献管理软件，作用主要是记录和管理文献。目前，国内外常用的文献管理软件主要有 E-Study、EndNote、NoteExpress、Notefirst、Reference Manager、医学文献王等。这些软件基本都具有以下功能：建立个人文献数据库（学习单元）、保存和管理所获取的文献、导出或导入文献、添加全文链接、对个人文献数据库进行整理和检索、论文写作中按特定格式插入参考文献、按期刊投稿要求转换论文格式、联机在线检索数据库、添加阅读笔记等。

一、E-Study

E-Study（原 E-Learning）是中国知网（CNKI）开发的一个数字化学习与研究平台，具有支持主要学术成果文件格式的阅读和管理，支持 CNKI 资源的文献检索和全文批量下载，支持深入研读文献，划词检索和标注，支持记录数字笔记，提供期刊模板、参考文献样式和学术论

NOTE

文写作工具，支持中文学术论文在线投稿等六大功能，是一款免费的文献管理软件。E-Study可以从官方主页（http：//elearning.cnki.net/）免费下载。E-Study 的主要使用方法如下。

1.建立学习单元　学习单元可帮助用户查找资料、阅读文献和知识管理。用户点击E-Study 主程序页面的"资料管理"下拉菜单中的"新建学习单元"，选择保存位置并命名，单击"保存"，即可建立新的学习单元。新的学习单元默认"要学习的文献"和"笔记素材"两个部分。学习单元内可以创建多层级文献夹，便于有效管理文献，构建知识脉络。

2.导入文献或文献夹　建立好学习单元后，可将文献添加到学习单元。右键点击学习单元内的文献夹，单击菜单中的"添加文献"，选择要添加的 1 篇或多篇文献，单击"打开"，即可导入文献。目前，E-Study 可支持的文献格式有 KDH、PDF、NH、CAJ 和 TEB，还可将Word、PowerPoint、Excel 和 TXT 文本文件自动转换成 PDF 文件阅读。

用户还可右键点击学习单元或学习单元内的文件夹，单击菜单中的"导入本地文件夹"，将包含多篇文献的文件夹直接导入学习单元中。

3.导入文献题录　建立好学习单元后，也可将文献题录添加到学习单元。在导入文献或文献夹时，E-Study 会自动将题录更新至相应的文件夹中。用户可右键点击学习单元内的文献夹，单击菜单中的"新建题录"，填写题录各项详细信息，点击"保存"，即可手工导入单个题录信息。

用户还可从 CNKI 或其他文献数据库中将文献题录批量导入 E-Study。如在 CNKI 数据库中，选择想要导出题录的文献，单击"导出 / 参考文献"，在"文献管理中心 – 文献输出"页面（图 7-20），选择"CNKI E-Learning"，点击"导出"，直接弹出选择"导入题录"窗口（图 7-21），选择想要保存的位置，选择单击"仅导入题录"或"导入并下载"即可。对其他中文数据库的检索结果，可选择 EndNote、NoteExpress 等格式输出，进入"导入题录"窗口，选择需要导入的题录文件。选择"样式过滤器"进行识别，也可导入题录。

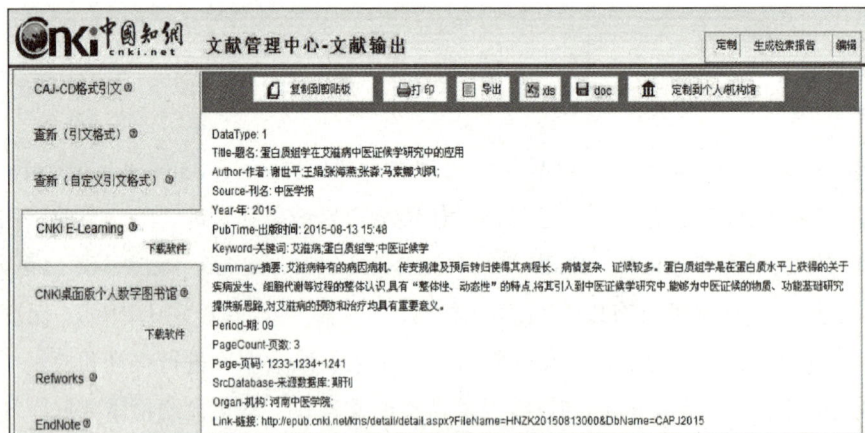

图 7-20　CNKI 的文献管理中心 – 文献输出界面

4.其他使用方法

（1）题录排序　单击学习单元内题录列表的表头字段，即可按单击的字段进行排序。

（2）更新题录信息　右键点击学习单元内题录列表的文献题录，单击快捷菜单上的"更新题录信息"，系统会自动将当前的文献题录与 CNKI 上的最新题录信息同步，并做对应修改。同时，底边栏"题录"中的内容也会自动更新。

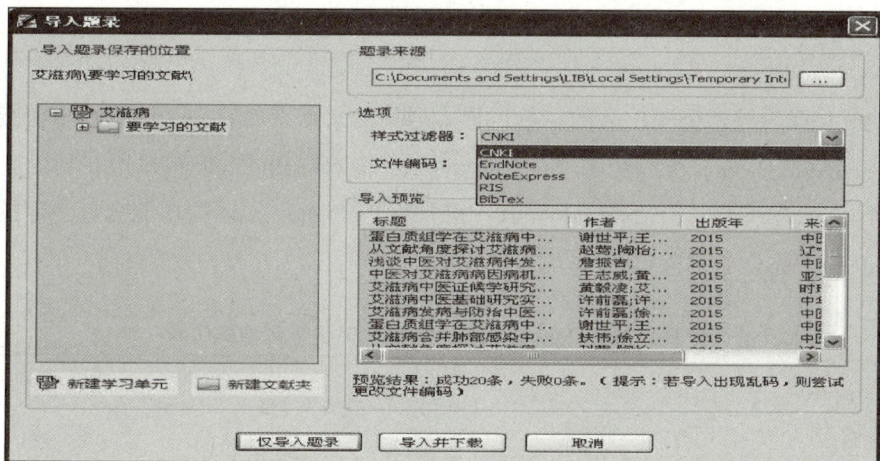

图 7-21　E-Study 的导入题录界面

（3）题录检索　点击学习单元内题录列表上方的"范围"菜单，选择合适的检索范围，输入关键词即可检索，题录列表中显示所有符合检索条件的结果，并将检索词标红。

（4）文献查重　右键点击学习单元内题录列表的文献题录，可选择"学习单元内查重"或"学习单元间查重"，设置"标题""作者""年""来源""题录类型""全文""不同文献夹"等查重条件后，即可进行查重。对查出的重复数据，可选中，进行"题录比较"，如完全重复，可直接删除。

（5）题录添加或全文下载　右键点击学习单元内需导入全文的单篇题录，单击快捷菜单上的"添加全文"，即可从本地添加该题录的原文。若右键点击单篇或多篇题录，单击快捷菜单上的"下载全文"，E-Study 可直接从 CNKI 数据库单篇或批量下载全文。

（6）插入引文　利用 E-Study 嵌入至 Word 中的插件（图 7-22），实现自动化的引文编辑。以插入引文为例。用户在需插入参考文献的位置，单击"插入引文"，在文献列表中选择将要插入到 Word 中的文献，单击"确定"，所选择的参考文献即插入到所编辑的论文的光标处，同时，在论文的最后自动插入参考文献条目。

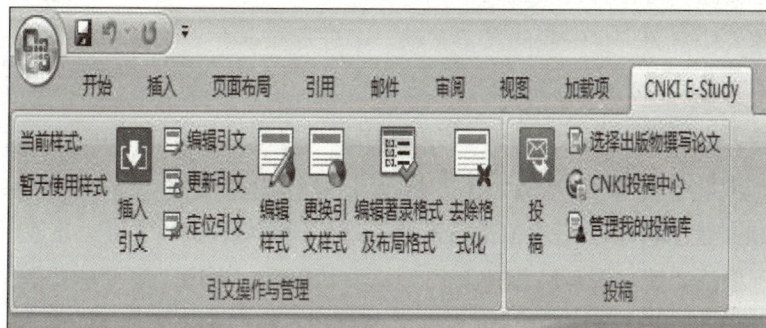

图 7-22　E-Study 在 Word 的嵌入插件界面

（7）撰写论文和投稿　主页还可通过工具栏中的"写作和投稿"功能支持国内期刊的直接投稿。

E-Study 还有很多的功能，如利用"笔记"功能进行文献学习，利用"检索工具"进行多种类型文献的在线检索，利用"写作和投稿"功能实现国内期刊的直接投稿。具体的操作方法见 E-Study 网站的中文帮助文档。

NOTE

二、EndNote

EndNote 是汤森路透公司出品的一款世界上通用的文献管理软件。该软件为收费软件，网络版本为 EndNote Basic，可以免费使用。EndNote Basic 与 EndNote 单机版在功能上有一定的区别（表 7-1）。若购买了 EndNote 单机版，相应的 EndNote Basic 的功能会有一定的增加和改变。以 EndNote Basic 为例进行相关功能的介绍。

表 7-1 EndNote Basic 与 EndNote 单机版功能比较

功能	EndNote Basic	EndNote 单机版
参考文献存储	50000	无限制
文件附件存储	2GB	无限制
书目编排格式	21	6000+
导出文献的数据库网站	100+	500+
在线检索的数据库	4	6000+
插入 Word	√	√
一键下载全文		√
文献自动更新		√
高级的文献组织功能		√
高级的 PDF 文献管理功能		√
高级的格式化及定制功能		√

登录 http：//www.myendnoteweb.com，注册后，输入用户名、密码就可进入 EndNote Basic。主页主要包括我的参考文献、收集、组织、格式化、匹配、选项、连接等菜单选项。

1.我的参考文献　可查看已收集的参考文献，有效组织与管理收集到的文献。可通过"快速检索"直接输入检索词，在"我的参考文献"中进行检索。

2.收集　即收集参考文献，菜单下包括在线检索、新建参考文献、导入参考文献等选项。

（1）在线检索　通过 EndNote Basic，免费用户可直接检索 PubMed 等 5 个常用的数据库。如果用户所在机构订购了 Web of Science 产品，可以检索包括 Web of Knowledge 所有产品在内的众多数据库和文献库目录。用户单击"选择"，选中需要的数据库进行比较简单的检索，检索式的编写规则取决于所选择的数据库。得到检索结果后，可选定需要的相关文献导入到用户已有分组或新建分组当中。检索时，用户可以通过"选择收藏夹"选项，定制常用的数据库，方便使用。

（2）新建参考文献　对无法直接获得信息的少量文献，可采用手工输入的方式实现收集。点击"新建参考文献"，选择文献类型后，按照字段填入相应的信息，点击"保存"，该文献会保存至我的参考文献"未归档"项下，用户可根据需要将其导入到相应的分组中。

（3）导入参考文献　这是 EndNote Basic 最常用的收集参考文献的方法。用户利用数据库检索，获得检索结果后，选择适当的下载格式，将检索结果以纯文本（*.txt）形式保存，导入 EndNote Basic 中即可。常用的数据库推荐格式可参考 EndNote Basic 的"帮助"中的"导入格式"。中国知网（CNKI）、维普（VIP）、万方、中国生物医学文献服务系统、中国中医药期刊文献数据库等数据库的检索结果，按照适当格式保存为纯文本时，都可以自由导入 EndNote Basic。

3. 组织　即组织参考文献，对 EndNote Basic 中用户的群组进行管理。菜单下包括管理我的组、其他人的组、查找重复项、附件等选项。"管理我的组"选项下，用户可实现新建群组、删除群组、与他人共享群组等功能。"其他人的组"选项下，用户可查看他人共享给自己的群组。"查找重复项"选项下，用户可实现不同群组间，重复性文献的删除与管理"附件管理"选项下，还可实现对文献的附件的删除管理。

4. 格式化　即对参考文献按某种固定样式进行格式化操作，菜单下包括书目、Cite While You Write 插件、格式化论文、导出参考文献等选项。

（1）**书目**　书目选项下，用户选择待格式化的参考文献群组，选择 EndNote Basic 提供的常用书目样式，按照 HTML、TXT、RTF 等文件格式将参考文献进行保存、输出到电子邮件或预览／打印。需要注意的是，用户需将待格式化的文献集中放在一个参考文献群组中，方能进行书目格式化操作。

（2）**Cite While You Write 插件**　Cite While You Write 插件可实现 EndNote Basic 边写作边引用参考文献的功能，即在利用 Word 撰写论文或书籍时，可以自动插入、编排参考文献，输出符合投稿要求的参考文献格式。

用户下载并安装"Cite While You Write"后，在 Word"工具"菜单中会自动添加上 EndNote Basic 子菜单。用户需输入 EndNote Basic 的账号和密码，才可以使用 EndNote Basic 子菜单。插入参考文献时，点击"Citations"中的"Insert Citations"选项，查找到需要引用的参考文献，然后通过"Bibliography"中的"Style"选项，选择常用的书目样式，即可实现按固定格式自动插入参考文献。

（3）**格式化论文**　在没有 Cite While You Write 插件的情况下设置论文的引文和书目的格式，用户可使用"格式化论文"。"格式化论文"通过扫描 RTF 文档中是否有临时引文来进行格式化。新的论文将以格式统一的引文和书目进行保存。

（4）**导出参考文献**　用户可将参考文献群组，以多种标准导出样式之一，将参考文献保存，导出到电子邮件或打印出来以备它用。

5. 匹配　即帮助查找最适合用户稿件的期刊。这一功能是由 Web of Science™ 提供技术支持。用户在输入稿件的标题、摘要详细信息之后，选择参考文献群组，系统就会给出 JCR® 数据、关键的期刊信息及出版商详情，帮助用户比较各项选择并进行投稿，为稿件发表选择期刊提供支持。

6. 选项　EndNote Basic 还有很多具体的功能和使用方法，如"选项"菜单下，用户可实现修改密码、电子邮件地址、个人信息，设置语种、下载安装程序和查看账户信息。"连接"可进入社区与全球的研究者、学生和 EndNote 专家联系和互动等。使用方法见 EndNote Basic 帮助（http：//www.myendnoteweb.com/help/zh_cn/ENW/help.htm）。

NOTE

附录一　MeSH 词表树状结构体系大类和二级类目（2016 版）

英文	中文
1. Anatomy [A]	**1. 解剖 [A]**
[A01]　Body Regions	[A01]　身体各部位
[A02]　Musculoskeletal System	[A02]　肌肉骨骼系统
[A03]　Digestive System	[A03]　消化系统
[A04]　Respiratory System	[A04]　呼吸系统
[A05]　Urogenital System	[A05]　泌尿系统
[A06]　Endocrine System	[A06]　内分泌系统
[A07]　Cardiovascular System	[A07]　心血管系统
[A08]　Nervous System	[A08]　神经系统
[A09]　Sense Organs	[A09]　感觉器官
[A10]　Tissues	[A10]　组织
[A11]　Cells	[A11]　细胞
[A12]　Fluids and Secretions	[A12]　体液和分泌物
[A13]　Animal Structures	[A13]　动物结构
[A14]　Stomatognathic System	[A14]　口颌系统
[A15]　Hemic and Immune Systems	[A15]　血液和免疫系统
[A16]　Embryonic Structures	[A16]　胚胎结构
[A17]　Integumentary System	[A17]　皮肤系统
[A18]　Plant Structure	[A18]　植物系统
[A19]　Fungal Structure	[A19]　真菌结构
[A20]　Bacterial Structure	[A20]　细菌结构
[A21]　Viral Structure	[A21]　病毒结构
2. Organisms [B]	**2. 有机体 [B]**
[B01]　Eukaryota	[B01]　真核生物

［B02］	Archaea	［B02］	古真菌
［B03］	Bacteria	［B03］	细菌
［B04］	Viruses	［B04］	病毒
［B05］	Organism Forms	［B05］	生物形式

3. Diseases［C］　　　　　　　　　　　　　**3. 疾病［C］**

［C01］	Bacterial Infections and Mycoses	［C01］	细菌感染和真菌病
［C02］	Virus Diseases	［C02］	病毒性疾病
［C03］	Parasitic Diseases	［C03］	寄生虫病
［C04］	Neoplasms	［C04］	肿瘤
［C05］	Musculoskeletal Diseases	［C05］	肌肉骨骼系统疾病
［C06］	Digestive System Diseases	［C06］	消化系统疾病
［C07］	Stomatognathic Diseases	［C07］	口颌疾病
［C08］	Respiratory Tract Diseases	［C08］	呼吸道疾病
［C09］	Otorhinolaryngologic Diseases	［C09］	耳鼻喉疾病
［C10］	Nervous System Diseases	［C10］	神经系统疾病
［C11］	Eye Diseases	［C11］	眼疾病
［C12］	Male Urogenital Diseases	［C12］	男性泌尿生殖器疾病
［C13］	Female Urogenital Diseases and Pregnancy Complications	［C13］	女性泌尿生殖器疾病和妊娠并发症
［C14］	Cardiovascular Diseases	［C14］	心血管系统疾病
［C15］	Hemic and Lymphatic Diseases	［C15］	血液和淋巴系统疾病
［C16］	Congenital, Hereditary, and Neonatal Diseases and Abnormalities	［C16］	先天性、遗传性、新生儿疾病与畸形
［C17］	Skin and Connective Tissue Diseases	［C17］	皮肤和结缔组织疾病
［C18］	Nutritional and Metabolic Diseases	［C18］	营养和代谢疾病
［C19］	Endocrine System Diseases	［C19］	内分泌系统疾病
［C20］	Immune System Diseases	［C20］	免疫系统疾病
［C21］	Disorders of Environmental Origin	［C21］	源于环境的疾病
［C22］	Animal Diseases	［C22］	动物疾病
［C23］	Pathological Conditions, Signs and Symptoms	［C23］	病理状态、体征和症状
［C24］	Occupational Diseases	［C24］	职业病

NOTE

［C25］　Chemically-Induced Disorders　　　［C25］　化学物质诱导疾病

［C26］　Wounds and Injuries　　　［C26］　创伤和损伤

4. Chemicals and Drugs［D］　　　4. 化学品和药物［D］

［D01］　Inorganic Chemicals　　　［D01］　无机化合物

［D02］　Organic Chemicals　　　［D02］　有机化合物

［D03］　Heterocyclic Compounds　　　［D03］　杂环化合物

［D04］　Polycyclic Compounds　　　［D04］　多环化合物

［D05］　Macromolecular Substances　　　［D05］　大分子物质

［D06］　Hormones，Hormone Substitutes，and Hormone Antagonists　　　［D06］　激素、激素替代品和激素拮抗剂

［D08］　Enzymes and Coenzymes　　　［D08］　酶与辅酶

［D09］　Carbohydrates　　　［D09］　糖类

［D10］　Lipids　　　［D10］　脂类

［D12］　Amino Acids，Peptides，and Proteins　　　［D12］　氨基酸、肽和蛋白质

［D13］　Nucleic Acids，Nucleotides，and Nucleosides　　　［D13］　核酸、核苷酸和核苷

［D20］　Complex Mixtures　　　［D20］　复合物

［D23］　Biological Factors　　　［D23］　生物因子

［D25］　Biomedical and Dental Materials　　　［D25］　生物医学和牙科材料

［D26］　Pharmaceutical Preparations　　　［D26］　药物制剂

［D27］　Chemical Actions and Uses　　　［D27］　化学活性和应用

5. Analytical，Diagnostic，Therapeutic Techniques and Equipment［E］　　　5. 分析、诊断、治疗技术和设备［E］

［E01］　Diagnosis　　　［E01］　诊断

［E02］　Therapeutics　　　［E02］　治疗

［E03］　Anesthesia and Analgesia　　　［E03］　麻醉和镇痛

［E04］　Surgical Procedures，Operative　　　［E04］　外科手术

［E05］　Investigative Techniques　　　［E05］　研究技术

［E06］　Dentistry　　　［E06］　牙科

［E07］　Equipment and Supplies　　　［E07］　设备和供应

6. Psychiatry and Psychology［F］

［F01］	Behavior and Behavior Mechanisms
［F02］	Psychological Phenomena and Processes
［F03］	Mental Disorders
［F04］	Behavioral Disciplines and Activities

7. Phenomena and Processes［G］

［G01］	Physical Phenomena
［G02］	Chemical Phenomena
［G03］	Metabolic Phenomena
［G04］	Cell Physiological Phenomena
［G05］	Genetic Phenomena
［G06］	Microbiological Phenomena
［G07］	Physiological Phenomena
［G08］	Reproductive and Urinary Physiological Phenomena
［G09］	Circulatory and Respiratory Physiological Phenomena
［G10］	Digestive System and Oral Physiological Phenomena
［G11］	Musculoskeletal and Neural Physiological Phenomena
［G12］	Immune System Phenomena
［G13］	Integumentary System Physiological Phenomena
［G14］	Ocular Physiological Phenomena
［G15］	Plant Physiological Phenomena
［G16］	Biological Phenomena
［G17］	Mathematical Concepts

8. Disciplines and Occupations［H］

［H01］	Natural Science Disciplines
［H02］	Health Occupations

6. 精神病学和心理学［F］

［F01］	行为和行为机制
［F02］	心理现象和过程
［F03］	精神疾病
［F04］	行为训练和活动

7. 现象与操作［G］

［G01］	物理现象
［G02］	化学现象
［G03］	代谢现象
［G04］	细胞生理现象
［G05］	遗传现象
［G06］	微生物现象
［G07］	生理现象
［G08］	生殖和泌尿生理现象
［G09］	循环和呼吸生理现象
［G10］	消化系统和口腔生理现象
［G11］	肌肉骨骼和神经生理现象
［G12］	免疫系统现象
［G13］	皮肤系统生理现象
［G14］	视生理现象
［G15］	植物生理现象
［G16］	生物现象
［G17］	数学概念

8. 学科和职业［H］

［H01］	自然科学
［H02］	卫生职业

NOTE

9. Anthropology，Education，Sociology and Social Phenomena〔Ⅰ〕

〔I01〕	Social Sciences
〔I02〕	Education
〔I03〕	Human Activities

10. Technology，Industry，Agriculture〔J〕

| 〔J01〕 | Technology，Industry，and Agriculture |
| 〔J02〕 | Food and Beverages |

11. Humanities〔K〕

| 〔K01〕 | Humanities |

12. Information Science〔L〕

| 〔L01〕 | Information Science |

13. Named Groups〔M〕

| 〔M01〕 | Persons |

14. Health Care〔N〕

〔N01〕	Population Characteristics
〔N02〕	Health Care Facilities，Manpower，and Services
〔N03〕	Health Care Economics and Organizations
〔N04〕	Health Services Administration
〔N05〕	Health Care Quality，Access，and Evaluation
〔N06〕	Environment and Public Health

15. Publication Characteristics〔V〕

〔V01〕	Publication Components
〔V02〕	Publication Formats
〔V03〕	Study Characteristics
〔V04〕	Support of Research

16. Geographicals〔Z〕

| 〔Z01〕 | Geographic Locations |

9. 人类学、教育、社会学和社会现象〔Ⅰ〕

〔I01〕	社会科学
〔I02〕	教育
〔I03〕	人类活动

10. 技术、工业、农业〔J〕

| 〔J01〕 | 技术、工业和农业 |
| 〔J02〕 | 食物和饮料 |

11. 人文科学〔K〕

| 〔K01〕 | 人文科学 |

12. 信息科学〔L〕

| 〔L01〕 | 信息科学 |

13. 命名群体〔M〕

| 〔M01〕 | 人群 |

14. 卫生保健〔N〕

〔N01〕	人口特征
〔N02〕	卫生保健设施、人力和服务
〔N03〕	卫生保健经济和组织
〔N04〕	卫生服务管理
〔N05〕	卫生保健质量、实施和评估
〔N06〕	环境与公共卫生

15. 出版特征〔V〕

〔V01〕	出版构成
〔V02〕	出版形式
〔V03〕	研究特征
〔V04〕	研究支持

16. 地理学〔Z〕

| 〔Z01〕 | 地理位置 |

附录二　MeSH 副主题词使用范围
（2016 版）

1. Abnormalities　畸形（A01-05，A7-10，A13，A14，A16，A17）AB, abnorm

与器官主题词组配，表明因先天性缺陷而导致的器官的形态改变，也可用于动物的畸形。

2. Administration & Dosage　投药和剂量（D）AD, admin

与药品主题词组配，表明其剂型、给药途径、用药频率、用药时间、药品数量及这些因素的作用。

3. Adverse effects　副作用（A18，D，E02-04，E06，E07，J02）AE, adv eff

与药品、化学物质、生物制品、物理制剂以及各种制品主题词组配，表明其在以诊断、治疗、预防疾病以及麻醉为目的，在正常用量或可接受的剂量情况下所出现的不良反应；亦用于与各种诊断、治疗、预防、麻醉、外科手术或其他技术操作主题词组配，表明因操作而引起的不良反应或并发症。但禁忌证除外，禁忌证副主题词"禁忌证（contraindications）"。

4. Agonists　激动剂（D01-04，D06，D09-10，D12-13，D23）AG, agon

与化学物质、药品、内源性物质主题词组配，表明这些物质对受体具有亲和力和内在活性作用。

5. Analogs & Derivatives　类似物和衍生物（D03）AA, analogs

与药品及化学物质主题词组配，表明这些物质是具有相同母体分子或相似电子结构，但其他原子或分子不同，即增加了原子和分子或被其他原子和分子取代。在 MeSH 表中无此专指的化学物质主题词或合适的化学结构族主题词时使用。

6. Analysis（分析）（D）AN，anal

用于一种物质的成分或其代谢产物的鉴定或定量测定，包括对空气、水或其他环境媒介物进行的化学分析，但不包括对组织、肿瘤、体液、有机物和植物的化学分析。对后者用副主题词"化学（Chemistry）"。血液、脑脊髓液和尿中的物质分析，分别用副主题词"血液（Blood）""脑脊髓液（Cereborspinal Fluid）"和"尿（Urine）"。

7. Anatomy & Histology　解剖学和组织学（A01-05，A07-10，A13-14，A16-18，B01）AH，anat

与器官、部位以及组织主题词组配，表明其正常的解剖学和组织学，也与动、植物主题词组配，表明其正常的解剖学及结构。

8. Antagonists & Inhibitors　拮抗剂和抑制剂（D01-06，D08-10，D12-13，D23）AI，antag

与化学物质、药品、内源性物质主题词组配，表明与其在生物效应上有相反作用机制的物质和制剂。

9. Biosynthesis　生物合成（D06，D08-09，D12-13，D23）BI，biosyn

与化学物质主题词组配，表明其在有机体内、活细胞内或亚细胞成分中的形成。

10. Blood Supply　血液供给（A01-05，A08-10，A13-14，A16-17，C04）BS，blood supply

可与器官、身体部位主题词组配，在与血管主题词组配时，如无专指的血管主题词时，可与某器官、部位的动脉、毛细血管及静脉系统主题词组配，表明器官内通过的血流。

11. Blood　血液（C，D01-04，D06，08-10，D12-13，D20，D23，D27，F03）BL，blood

用以表明血液中各种物质的存在及分析，也用于疾病状态时的血液检查和血液变化，但不包括血清诊断。后者用副主题词"诊断（Diagnosis）""血清学（Serology）"和"免疫学（Immunology）"。

12. Cerebrospinal Fluid　脑脊髓液（C，D01-04，D06，D08-10，D12-13，D20，D23，D27，F03）CF，csf

与化学物质和药物主题词组配，用以对脑脊髓液中物质的存在状态进行分析，也用于疾病状态时，脑脊髓液中物质的检查和变化。

13. Chemical Synthesis　化学合成（D02-06，D08-10，D12-13，D20，D25-27）CS，chem. Syn

与化学物质和药物主题词组配，用以表明在体外分子的化学制备。在有机体内、活细胞内或亚细胞成分内化学物质的形成，则用副主题词"生物合成（Biosynthesis）"。

14. Chemically Induced　化学诱导（C01-20，C22-23，C26，F03）CI，chem ind

与疾病主题词组配，表明因内源性或外源性物质而引起的生物学现象、疾病、综合征、先天性畸形或症状。

15. Chemistry　化学（A02-21，B，C04，D）CH，chem

与化学物质、生物或非生物物质主题词组配，表明其组成、结构、特点和性质，也用于器官、组织、肿瘤、体液、有机体和植物主题词组配，表明其化学成分或化学物质含量。但物质的化学分析和测定、合成、分离和提纯这几种情况，分别用副主题词"分析（Analysis）""化学合成（Chemical Synthesis）""分离和提纯（Isolation & Purification）"。

16. Classification　分类（A11，A15，A18-21，B，C，D，E01-07，F03，H，I02-03，J，M，N02-04）CL，class。

用于分类学的或其他系统的或层次的分类系统。

17. Complications　并发症（C，F03）CO，compl

与疾病主题词组配，用于表明两种或多种病同时发生或相继发生的状况，如：同时存在的疾病、并发症或后遗症。

18. Congenital　先天性（C01-12，C14-15，C17，C19-26）CN，congen

与疾病主题词组配，表明出生时或通常出生前即存在的疾病。但不包括形态学畸形和分娩时的损伤，后两者分别用副主题词"畸形（Abnormalities）"和"损伤（Injuries）"。

19. Contraindications　禁忌证（D，E02-04，E06-07）CT，contra

与药物、化学物质、生物和物理因素组配，表明在疾病或生理状态下，可能并不合适、不需要或不可取使用这些物质，也适用于诊断、治疗、预防、麻醉、外科手术或者其他操作。

20. Cytology　细胞学（A02-10，A12-19，B01-03，B05）CY，cytol

与器官、部位、有机体主题词组配，用于表明单细胞或多细胞有机体的细胞形态学。

21. Deficiency　缺乏（D06，D08，D12）DF，defic

与内源性和外源性物质主题词组配，表明某种有机体或生物系统缺乏这种物质或其含量低于正常需要量。

22. Diagnosis　诊断（C，F03）DI，diag

与疾病主题词组配，表明诊断的各个方面，包括检查、鉴定诊断及预后。但不包括普查、放射照相诊断、放射性核素成像、超声诊断，对于这几种情况，则需要分别用副主题词"预防和控制（Prevention & Control）""放射照相术（Radiography）"、"放射性核素成像（Radionuclide Imaging）""超声诊断"（Ultrasonography）。

23. Diet Therapy　饮食疗法（C，F03）DH，diet ther

与疾病主题词组配，表明对疾病状态下进行膳食和营养的调理。但不包括维生素和矿物质的补充，对于这两种情况，可用副主题词"药物疗法（Drug Therapy）"。

24. Drug Effects　药物作用（A02-21，B，D08，D12，G02-15）DE，drug dff

与器官、部位、组织或有机体以及生理和心理过程主题词组配，表明药品和化学物质对其产生的作用。

25. Drug Therapy　药物疗法（C，F03）DT，drug ther

与疾病主题词组配，表明通过投给药品、化学物质或抗生素治疗疾病。但不包括饮食疗法、放射疗法、免疫治疗和生物制品治疗，对于前两者分别用特定的副主题词，而对于后两者则用副主题词"治疗（Therapy）"。

26. Economics　经济学（C，D，E，F03，H，I02-03，J，N02-04）EC，econ

用于任一主题的经济学方面，也用于财务管理的各个方面，包括资金的筹集和提供。

27. Education　教育（E04，H，M）ED，educ

用以表明各个领域和学科以及各类人群的教育、培训计划和课程。

28. Embryology　胚胎学（A01-05，A07-10，A13-14，A16-18，B01，C）EM，enbryol

与器官、部位和动物主题词组配，表明其在胚胎期或胎儿期的发育。也与疾病主题词组配，表明由于胚胎因素而引起的出生后的疾病。

29. Enzymology　酶学（A02-21，B，C，F03）EN，enzymol

与有机体（脊椎动物除外）、器官、组织以及疾病主题词组配，用于表明有机体、器官、组织中的酶以及疾病过程中的酶，但不包括诊断性酶试验，对此须用副主题词"诊断（Diagnosis）"。

30. Epidemiology　流行病学（C，F03，Z）EP，epidemiol

与人类或兽医疾病主题词组配，表明疾病的分布、致病原因和特定人群的疾病特征，包括发病率、发病频率、患病率、地方病和流行病的暴发，也包括对特定地区和特殊人群发病率的调查和估计。也可与地理主题词组配，表明疾病流行病学方面的地理分布。但死亡率除外，死亡率须用副主题词"死亡率（Mortality）"。

31. Ethics　伦理学（E01-07，G09，H，I02-03，N02-04）ES，ethics

与技术和活动有关的主题词组配，用于对人类和社会价值的讨论和分析。

NOTE

32. Ethnology　人种学（C01–21，C23–26，F03，Z）EH，ethnol

与疾病主题词组配，表明疾病的人种、文化、人类学或种族方面。与地理主题词组配，表明人群的起源地。

33. Etiology　病因学（C，F03）ET，etiol

与疾病主题词组配，表明疾病的致病原因（包括微生物、环境因素、社会因素和个人习惯）及发病机理。

34. Genetics　遗传学（A18–21，B，C，06，D08，D12–13，D23，F03，G02–15）GE，genet

与有机体主题词组配，表明其遗传和遗传机制，以及正常的和病理状态下的遗传学基础。也用于与内源性化学物质主题词组配，表明对其遗传学方面的研究，包括对遗传物质的生物化学和分子影响。

35. Growth & Development　生长和发育（A01–05，A07–10，A13–14，A16–19，B）GD，growth

与微生物、植物及出生后动物相关主题词组配，表明其生长和发育情况，也与器官和解剖部位主题词组配，表明其出生后的生长和发育情况。

36. History　历史（C，D，E，F03–04，H，I，J，M，N01–04）HI，hist

用于与任何主题词组配，表明其历史情况，包括简要的历史注释，但不包括病史。

37. Immunology　免疫学（A02–21，B，C，D01–23，D27，F03，G03–15）IM，immunol

与组织、器官、微生物、真菌、病毒和动物主题词组配，表明对其进行免疫学研究，包括疾病的免疫学方面。但不包括用于诊断、预防和以治疗为目的的免疫学操作，对后者须分别用副主题词"诊断（Diagnosis）""预防和控制（Prevention & Control）""治疗（Therapy）"；也可与化学物质主题词组配，表明抗原和半抗原的化学物质。

38. Injuries　损伤（A01–05，A07，A09–10，A13–14，A16–17）IN，inj

与解剖学、动物和运动主题词组配，用以表明其受到的创伤和损伤。但不包括细胞损坏，此时须用副主题词"病理学（Pathology）"。

39. Innervation　神经支配（A01–05，A07，A09–10，A13–14，A16–17）IR，innerv

与器官、部位或组织主题词组配，表明其神经支配。

40. Instrumentation　仪器和设备（E01–05，H）IS，instrum

与诊断或治疗操作、分析技术以及专业或学科主题词组配，表明器械、仪器或设备的研制或改进。

41. Isolation & Purification　分离和提纯（A21，B02–04，D）IP，isol

与细菌、病毒、真菌、原生动物和蠕虫主题词组配，表明对其纯株的获取；表明通过DNA分析、免疫学或其他方法（包括培养技术）以显示上述有机体的存在或对其进行鉴定。与生物学和化学物质主题词组配，表明对其成分的分离和提纯。

42. Legislation & Jurisprudence　立法和法学（E04，H，I02–03，M，N02–04）LJ，legis

用于法律、法令、条例或政府法规，也用于涉及法律方面的争议和法庭判决。

43. Manpower　人力（H）MA，man

与学科、规划和项目主题词组配，表明其对人员的需求、提供、分配、招聘和使用。

44. Metabolism　代谢（A02-21，B，C，D，F03）ME, metab

　　与器官、细胞和亚细胞成分、有机体以及疾病主题词组配，表明其生化改变及代谢情况。也与药品和化学物质主题词组配，表明其分解代谢的变化（即从复杂分子分解为简单分子）。对于其合成代谢过程（即从小分子转变为大分子），用副主题词"生物合成（Biosynthesis）"。对于酶学、药代动力学和分泌，则分别用其相应的副主题词。

45. Methods　方法（E01-05，H）MT, methods

　　与技术、操作和规划等主题词组配，表明其方法。

46. Microbiology　微生物学（A01-18，A20，B01，C，E07，F03，J02）MI, microbiol

　　与器官、动物、高等植物和疾病主题词组配，表明对与其有关的微生物学方面的研究。对寄生虫方面的研究，则用副主题词"寄生虫学（Parasitology）"，病毒用"病毒学（Virology）"。

47. Mortality　死亡率（C，E02-04，F03）MO, mortal

　　与人类疾病和兽医学疾病主题词组配，表明对其死亡率的统计。但由于特殊病例引起的死亡不用"死亡率"，而用"致死结果（Fatal outcome）"。

48. Nursing　护理（C，E02-04，F03）NU, nurs

　　与疾病主题词组配，表明对疾病的护理和护理技术，还包括在诊断、治疗和预防操作中的护理作用。

49. Organization & Administration　组织和管理（H，I02，N02，N04）OG, organ

　　与机构或卫生保健组织主题词组配，表明行政机构及其管理。

50. Parasitology　寄生虫学（A01-18，A20，B01，C，E07，F03，J02）PS, parasitol

　　与动物、高等植物、器官和疾病主题词组配，用以表明其寄生虫因素。在疾病诊断过程中，寄生虫因素不明确时，不用此副主题词。

51. Pathogenicity　致病力（B02-04）PY, pathogen

　　与微生物、病毒和寄生虫主题词组配，表明对其引起人、动物和植物疾病能力的研究。

52. Pathology　病理学（A01-11，A13-17，C，F03）PA, Pathol

　　与组织、器官及疾病主题词组配，用于疾病状态时，器官、组织及细胞的结构。

53. Pharmacokinetics　药代动力学（D01-06，D08-10，D12-13，D20，D25-27）PK, pharmacokin

　　与外源性化学物质和药品组配，用于表明其吸收、生物转化、分布、释放、运转、摄取和排泄的机理和动力学。

54. Pharmacology　药理学（D）PD, pharmacol

　　与药品和外源性化学物质主题词组配，表明其对活的组织或有机体的作用，包括物理及生化过程的催化、抑制和其他药理作用。

55. Physiology　生理学（A，B，D06，D08，D12-13，D23，G02-15）PH, physiol

　　与器官、组织和有机体细胞主题词组配，表明其正常功能。与内源性生化物质主题词组配，表明其生理作用。

56. Physiopathology　病理生理学（A01-05，A07-10，A13-14，A16-17，C，F03）PP, physiophthol

　　与器官和疾病主题词组配，表明疾病状态下的功能异常。

NOTE

57. Poisoning　中毒（A18，D，J02）PO, pois

与药品、化学物质和工业物质等主题词组配，表明因上述物质而引起的人或动物急、慢性中毒，包括因意外、职业性、自杀、误用、环境污染等原因所引起的中毒。

58. Prevention & Control　预防和控制（C，F03）PC, prev

与疾病主题词组配，表明增加人和动物的抗病能力（如预防接种），对传播媒介的控制，以及对环境有害因素和致病的社会因素的预防和控制，还包括对个体的预防措施。

59. Psychology　心理学（C，E02-04，E06，F03，I03，M）PX, psychol

与非精神性疾病、技术及人群主题词组配，表明其心理的、精神的、身心的、社会心理学的、行为的和感情的等方面。也与精神性疾病主题词组配，表明其心理方面。亦可与动物主题词组配，表明动物的行为和心理学方面。

60. Radiation Effects　辐射作用（A，B，D，G02-15，J02）RE, rad eff

与有机体、器官、组织及其组成部分、生理过程等主题词的组配，用于表明电离和非电离辐射对其产生的作用。也可与药品、化学物质主题词组配，表明辐射对其发生的效应。

61. Radiography　放射照相术（A01-17，A20，C，F03）RA, radiogr

与器官、部位和疾病主题词组配，表明对其进行 X 线检查。但不包括放射性核素成像，此时须用主题词"放射性核素成像（Radionuclide Imaging）"。

62. Radionuclide Imaging　放射性核素成像（A01-17，A20，C，F03）RI, radionuclide
用于表明对任何解剖结构的放射性成像以及对疾病的诊断。

63. Radiotherapy　放射疗法（C）RT, radiothe

与疾病主题词组配，表明用电离和非电离辐射的治疗应用，包括放射性同位素疗法。

64. Rehabilitation　康复（C01-21，C23-26，E04，F03）RH, rehabil

与疾病和外科手术主题词组配，表明个体的功能恢复。

65. Secondary　继发性（C04）SC, second

与肿瘤主题词组配，表明肿瘤进程转移的继发部位。

66. Secretion　分泌（A03-16，A20，C04，D06，D08，D12-13）SE, secret

表明由于腺体、组织或器官的完整细胞活动而产生的内源性物质，经细胞膜排出，进入细胞间隙或管内。

67. Standards　标准（D（除 D23），E，F04，H，I02，J，N02-04）ST, stand

与设施、人员和规划主题词组配，表明对其合适的或可行的标准的制定、测试或应用。也与化学物质和药品主题词组配，表明其鉴定标准、质量标准和效率标准，还包括工业或职业中的卫生和安全标准。

68. Statistics & Numerical Data　统计和数值数据（E，F04，H，I02-03，M，N02-04）SN, statist

与非疾病主题词组配，用以对数值的表达，即对特定的数值集合或数值组进行描述。不包括人力分配和物资设备的供应和提供，对后两种情况，分别用副主题词"人力（Manpower）"和"供应和分配（Supply & Distribution）"。

69. Supply & Distribution　供应和分配（D（除 D23），E07，J02）SD, supply

与物资、仪器、设备、药品、健康服务设施主题词组配，用于表明可能获得上述物资或拥有上述设施的数量和分布情况。但不包括工业和职业性的食品和水的供应。

70. Surgery 外科手术（A01–05，A07–10，A13–14，A16–17，C，F03）SU，surg

用于器官、部位、组织上实施手术以治疗疾病，包括用激光切除组织。但不包括移植术，对后者用副主题词"移植（Transplantation）"。

71. Therapeutic Use 治疗应用（D）TU，ther use

与药品、生物制品和物理制剂主题词组配，表明其在疾病的预防和治疗中的作用，包括兽医用药。

72. Therapy 治疗（C，F03）TH，ther

与疾病主题词组配，表明对疾病的治疗，用于药物疗法、饮食疗法、放射疗法和外科手术以外的治疗手段，包括综合治疗。

73. Toxicity 毒性（A18，D，J02）TO，tox

与药品及化学物质主题词组配，表明对其有害作用进行人和动物的实验性研究，包括测定安全界限或测定按不同剂量给药产生的不同反应的研究。也用于对接触环境污染物的实验性研究。

74. Transmission 传播（C01–03，C22）TM，transm

与疾病主题词组配，表明对疾病传播方式的研究。

75. Transplantation 移植（A02–03，A05–11，A13–17，A20）TR，transpl

与器官、组织或细胞主题词组配，表明器官、组织或细胞在同一个体中由一个部位移植到另一个部位，或在同种或异种间进行不同个体间的移植。

76. Trends 发展趋势（E，H，I02–03，N02–04）TD，trends

用于表明事物随时间的推移而发生质变和量变的方式，包括过去、现在和未来的情况。但不包括对具体病人的疾病过程的讨论。

77. Ultrasonography 超声检查（A01–17，A20，C，F03）US，ultrasonogr

与器官、部位主题词组配，表明对其进行超声成像。与疾病主题词组配，表明对疾病进行超声诊断。但不包括超声治疗。

78. Ultrastructure 超微结构（A02–11，A13–21，B，C04，D08，D12）UL，ultrastruct

与组织和细胞（包括肿瘤）和微生物主题词组配，表明其通常用光学显微镜观察不到的微解剖结构。

79. Urine 尿（C，D01–04，D06，D08–10，D12–13，D20，D23，D27，F03）UR，urine

表明尿液中物质的存在和分析；表明疾病状态时，尿液中物质的变化和尿液检查。

80. Utilization 利用（E01–04，E06–07，N02，N04）UT，util

与设备、设施、规划项目、服务和卫生人员主题词组配，讨论其利用情况（通常用数据），包括讨论利用过度和利用不够。

81. Veterinary 兽医学（C01–21，C23–26，E01–04，E06–07）VE，vet

与疾病或技术主题词组配，用于动物自然发生的疾病。也用于兽医学中使用的诊断、预防或治疗操作。

82. Virology 病毒学（A01–20，B01–03，B05，C，E07，F03，J02）VI，virol

与器官、动物、高等植物以及疾病主题词组配，表明其病毒学研究。细菌、立克次体属、真菌用"微生物（Microbiology）"，寄生虫方面的研究用"寄生虫学（Parasitology）"。

NOTE

主要参考书目

［1］林丹红.中西医学文献检索.北京：中国中医药出版社，2010.

［2］高巧林.医学文献检索.北京：人民卫生出版社，2012.

［3］陆伟路.中医药文献信息检索.第2版.上海：上海浦江教育出版社，2015.

［4］常傲冰.中医药文献检索与利用.北京：科学出版社，2015.

［5］邓翀，辛宁.中医药文献检索.第2版.上海：上海科学技术出版社，2011.

［6］秦玉龙.实用中医信息学.北京：中国医药科技出版社，2001.

［7］蒋永光.中医药文献信息获取与利用.北京：人民卫生出版社，2009.

［8］陆伟路.中医药文献信息检索.上海：上海中医药大学出版社，2007.

［9］严季澜.中医药信息检索.北京：学苑出版社，2004.

［10］蒋永光.中医药情报信息方法.北京：中国医药科技出版社，1999.

［11］吉文辉，梁延光.中医药文献检索.上海：上海科学技术出版社，1997.

［12］严季澜.中医文献检索.北京：学苑出版社，1995.

［13］陈界.医学文献检索.北京：中国科学技术出版社，1994.

［14］吉文辉.中医文献检索与利用.南京：南京大学出版社，1992.

［15］陈鹤林，常兴哲.医学文献检索与利用.天津：天津科学技术翻译出版公司，1991.

［16］范家永，吉文辉.中医文献检索与利用.武汉：武汉大学出版社，1987.

［17］章新友.药学文献检索.北京：中国中医药出版社，2009.

［18］张兰珍.中药文献检索.北京：人民卫生出版社，2012.

［19］隋丽萍.网络信息检索与利用.北京：清华大学出版社，2008.

［20］曲保丽，张士靖.医学信息检索与利用.北京：中国科学文化出版社，2004.

［21］冯惠玲，王立清.信息检索教程.北京：中国人民大学出版社，2004.

［22］方平，夏知平.医学文献信息检索.北京：人民卫生出版社，2005.

［23］焦玉英，符绍宏，何绍华.信息检索.武汉：武汉大学出版社，2008.

［24］董建成.医学信息检索教程.南京：东南大学出版社，2009.

［25］李晓玲，夏知平.医学信息检索与利用.第4版.上海：复旦大学出版社，2008.

［26］林丹红.中西医学文献检索.北京：中国中医药出版社，2012.

［27］罗爱静.医学文献信息检索.第3版.北京：人民卫生出版社，2015.